蝶变

衢州发展二十年

李 芳 著

ZHEJIANG UNIVERSITY PRESS
浙江大学出版社
·杭州·

图书在版编目（CIP）数据

蝶变：衢州发展二十年 / 李芳著. -- 杭州 ：浙江
大学出版社，2024. 12. -- ISBN 978-7-308-25695-7

Ⅰ．K295.53

中国国家版本馆 CIP 数据核字第 2024WJ4126 号

蝶变——衢州发展二十年

李　芳　著

责任编辑	石国华
责任校对	杜希武
封面设计	周　灵
出版发行	浙江大学出版社
	（杭州市天目山路 148 号　邮政编码 310007）
	（网址：http://www.zjupress.com）
排　　版	杭州星云光电图文制作有限公司
印　　刷	浙江新华印刷技术有限公司
开　　本	710mm×1000mm　1/16
印　　张	18.5
字　　数	280 千
版 印 次	2024 年 12 月第 1 版　2024 年 12 月第 1 次印刷
书　　号	ISBN 978-7-308-25695-7
定　　价	85.00 元

前 言

廿载擘画衢蓝图　万里鹏程再扬帆

廿载擘画，奋进风正劲。

二十年前，时任浙江省委书记习近平同志经过深入调查研究和科学系统谋划，擘画实施了引领浙江发展、推进浙江各项工作的总纲领和总方略——"八八战略"。在浙江工作期间，习近平同志曾 8 次到衢州考察调研①，作出了一系列具有战略性、前瞻性、针对性的重要指示。2010 年以来，习近平同志对衢州工作作出过两次重要批示和一次重要问候。这些共同构成了"八八战略"的衢州篇章，是衢州过去取得长足进步、如今奋力勇毅前行、未来追赶跨越的最大政治优势和政治保障。

长风破浪会有时，直挂云帆济沧海。衢州坚持以习近平新时代中国特色社会主义思想为指导，以"八八战略"为总纲，深入贯彻落实习近平总书记对衢州工作的重要指示精神，经济社会各领域改革发展取得精彩蝶变。衢州市委、市政府高瞻远瞩，科学部署，做出衢州长远发展的全面规划和顶层设计；不忘初心，精准实施，引领衢州实现全方位、系统性、深层次的精彩蝶变。

读本书，知衢州，观蝶变，促发展。

---

① 中央党校采访实录编辑室.习近平在浙江(上)[M].北京:中共中央党校出版社，2021:232.

　　这本书,以"全"为核心,全方位分析衢州。

　　这是一本视野宏大、笔触细小、囊括衢州发展方方面面的书。在践行"八八战略"的二十年里,衢州历届市委、市政府坚持一张蓝图绘到底、一任接着一任干,坚定不移深入实施"八八战略",为习近平新时代中国特色社会主义思想在浙江萌发实践提供了市域生动案例和鲜活样本,从各个层面有力印证了"八八战略"的真理力量和实践伟力。行棋观大势,落子谋全局。"八八战略"在衢州的实践,八个优势和八项举措的紧密结合,构成一个区域治理的完整系统,体现了整体和部分的协同。

　　不谋全局者,不足谋一城。本书对于"八八战略"在衢州生动实践和鲜活案例的详尽论述,具有明显的全面性、立体性、完整性和系统性。书中通过八大模块分别展开详尽探索:衢州发挥体制机制优势,以市场化改革、政务服务改革、数字化改革、"县乡一体、条抓块统"改革、就业创业政策体系改革等,打开追赶跨越新通道;发挥区位优势,打造四省边际开放开发桥头堡,打造创新新高地,参与"一带一路"重要枢纽建设,探索共同富裕之路;发挥块状特色产业优势,建立高新技术产业园区、产业创新研究院体系、化工新材料科创高地,谱写GDP从百亿元到两千亿元的衢州答卷;发挥城乡协调发展优势,高质量推进新型城镇化,实施万名新农人培育行动,推行科技特派员制度,展开城乡融合发展和美画卷;发挥生态优势,保护生物多样性,建立首批"绿水青山就是金山银山"实践示范区、"衢州有礼"诗画风光带、常山"两山合作社",绘就绿色发展的鲜明底色;发挥山海资源优势,多向发力助推文化润疆,共建衢州海创园,让"山"呼"海"应奏响发展协奏曲;发挥环境优势,"最多跑一次"跑出衢州新风采,"亲清半月谈"助力企业发展,构建碳账户金融体系,以环境之"优"谋发展之"进";发挥人文优势,举办"南孔祭典",创建"南孔圣地·衢州有礼"城市品牌,打造"一座最有礼的城市",培育弘扬"崇贤有礼、开放自信、创新争先"的新时代衢州人文精神,开展"8090＋"新时代理论宣讲,进行最美人物选树,让南孔文化重重落地。

　　这本书,以"深"为目标,深层次研究衢州。

　　这是一本深入浅出、雅俗共赏、剖析衢州发展内在机理的书。山不厌高,海不厌深。习近平总书记多次强调，要坚持和运用马克思主义基本原理和方法论，勇于在实践的基础上推进理论创新，不断深化对中国特色社会主义发展规律的认识。本书理论结合实际，以中国特色社会主义理论体系为理论基础，以世情、国情、省情为现实基础，深入研究"八八战略"和"'八八战略'在衢州"的原理机理，研究"八八战略"体现的先进政党执政规律、社会主义建设规律，研究马克思主义世界观、方法论与习近平新时代中国特色社会主义思想的世界观、方法论在中国特色社会主义建设事业中的鲜活地方实践。

衢州在贯彻实施"八八战略"过程中，以优势论为指导，推进高质量跨越式发展；以系统论为指导，推进绿色可持续发展；以实干论为指导，推进稳定健康发展；以先行论为指导，推进高水平现代化发展。在"八八战略"的指引下，衢州蹄疾步稳深化改革，"最多跑一次"改革成为全省标杆，信用体系建设走在全国前列，20余项全国首创改革经验做法得到省级以上推广肯定，连续入围全国营商环境标杆城市，"县乡一体、条抓块统"改革、基层智治系统建设斩获省改革突破奖金奖；衢州坚持不懈扩大开放，主动融入长三角一体化发展，成功加入杭州都市圈，牵头组建衢黄南饶"联盟花园"，获批自贸试验区联动创新区、跨境电商综试区，杭衢高铁建设全线推进，衢九铁路、衢宁铁路开通运营。20年来，在"八八战略"的指引下，衢州市的生产总值从198.4亿元提升到2003.4亿元，人均生产总值突破1万美元，实现了经济社会发展的精彩蝶变。衢州累计实施山海协作产业合作项目3309个、到位资金2605.4亿元，过去两年外贸进出口总额连续实现36.4%和24.3%的高位增长，突破600亿元。

这本书，以"新"为特色，以新视角探究衢州。

这是一本创新突破、同频共振、善用新视角探究衢州最新发展的书。"八八战略"引领着衢州奋楫前行，步步跨越，具有超越时空、跨越时代、历久弥新的丰富内涵、独特优势和全局意义，过去适用、现在适用、今后同样也适用。过去的成绩增强了自信、强化了合力，推动形成了心齐气顺、劲足实干的良好局面。衢州市委八届四次全会指出，在新征程上，必须锚定高质量跨越式发展这个首要任务，进一步提振大干之志、狠下实干之功，汇聚形成全市上下团结奋斗推动"八八战略"走深走实、加快打造十个"桥头堡"、建设四省边际中心城市的磅礴力量,奋力书写"八八战略"衢州实践的新篇章,为浙江在推进共同富裕和中国式现代化建设中发挥示范引领作用。

"诗文随世运,无日不趋新。"紧密围绕"八八战略"在衢州的生动实践和鲜活案例,本书记录了衢州日新月异的社会变革,记录了二十年精准的数据变化,记录了随时代变迁而调整的政策改革,全面呈现新时代衢州人"勇立潮头"的新作为。区域综合实力越来越强、"绿水青山就是金山银山"转化通道越来越宽、发展动力活力越来越足、文化赋能成效越来越好……二十年的精彩蝶变,让人们真切感受到衢州取得的所有成绩、发生的所有变化,根本在于"八八战略"的科学指引;也让人们对落实"八八战略"、加快衢州发展有了更加深刻的规律性认识:改革创新始终是根本动力,必须把改革创新作为破解难题、推动发展的第一选择,以改革创新抢抓机遇、塑造机遇,进一步转化劣势、放大优势,进而实现弯道超车甚至换道超车。

"乘风好去,长空万里,直下看山河。"新征程上,衢州一以贯之地把"八八战略"贯彻落实到工作的各方面全过程,强力推进创新深化改革攻坚开放提升,在推进共同富裕和中国式现代化建设中彰显衢州担当、衢州作为。"潮平两岸阔,风正一帆悬。"相信"崇贤有礼、开放自信、创新争先"的衢州,坚持以习近平新时代中国特色社会主义思想为指导,深入贯彻落实习近平总书记对衢州工作的重要指示精神,继续深入践行"八八战略"、奋力打造"重要窗口",坚定信心、乘势而上,攻坚克难、真抓实干,一定会谱写出共同富裕和现代化先行的靓丽新篇章。

目 录
Contents

03 从百亿元到两千亿元的衢州答卷

04 展开城乡融合发展和美画卷

05 绘就绿色发展的鲜明底色

06 "山"呼"海"应奏响发展协奏曲

07 以环境之"优"谋发展之"进"

08　让南孔文化重重落地

01 打开追赶跨越新通道

进一步发挥浙江的体制机制优势,大力
推动以公有制为主体的多种所有制经济共
同发展,不断完善社会主义市场经济体制。

穿越廿载,梦圆今朝。20多年前,衢州正面临着一系列发展难题,包括经济总量需要进一步提升,经济主体活力需要加强,以及体制内素质性瓶颈日益明显。此时,时任浙江省委书记习近平同志在浙江省委十一届四次全体(扩大)会议上正式提出了"八八战略",这标志着浙江高速发展的开始。

如果说"八八战略"为衢州的发展奠定了"四梁八柱"的基础,那么开篇的第一条就是"顶梁柱"——进一步发挥浙江的体制机制优势,大力推动以公有制为主体的多种所有制经济共同发展,不断完善社会主义市场经济体制。"八八战略"就像一把打开衢州改革与发展通道的"金钥匙"。2002年12月,习近平同志到衢州考察调研,殷切寄望衢州"成为全省经济发展新的增长点",鲜明提出衢州要实现跨越式发展,成为全省经济发展新的增长点。[①] 习近平同志说:"衢州的任务很艰巨,困难和挑战还很多。要做好衢州工作,首先要自信,不是等靠要、降格以求,也不是小富即安、不思进取,而是要坚持建设一流、创造一流、达到一流,这种精神状态是搞好各项工作的保证。"[②]习近平同志不是简单地考虑对欠发达地区实施扶贫,而是从战略高度谋划衢州的长远发展。2003年7月,习近平同志第二次到衢州调研时提出,跨越式发展要把握好四个关系:一是把握好加快经济发展与保护生态环境的关系,二是把握好经济发展与社会发展之间的关系,三是把握好坚持自主发展与争取外部支持的关系,四是把握好围绕中心与强化核心的关系。[③] 这充分体现了习近平同志深邃的发展智慧,对衢州发展具有非常重要的指导意义。此后,衢州区域发展战略定位日益清晰,三衢大地迎来了全方位、跨越式、深层次、历史性的伟大变革。

2002年,衢州制定了工业立市的策略,并着重探讨了以吸引投资为核心

---

① 中央党校采访实录编辑室.习近平在浙江(上)[M].北京:中共中央党校出版社,2021:218.

② 中央党校采访实录编辑室.习近平在浙江(上)[M].北京:中共中央党校出版社,2021:219.

③ 中央党校采访实录编辑室.习近平在浙江(上)[M].北京:中共中央党校出版社,2021:220.

的发展途径;2005 年 2 月,"非公有制经济 36 条"正式发布,这为民营企业创造了一个更为宽松的发展氛围。随着一系列改革措施的实施,衢州人民群众的创业激情得到了极大的激发,民营企业逐渐成为新的经济增长点。

衢州深入贯彻党的十八大、党的十九大、党的二十大精神,科学把握新发展阶段的任务,牢固树立和贯彻落实新发展理念,主动适应经济发展新常态,坚持稳中求进的工作总基调,坚持市场化改革,将国有经济和民营经济两种所有制经济相融合,为经济发展注入澎湃动力。衢州围绕构建新发展格局,以数字化改革为牵引,迭代升级"最多跑一次"改革,"一窗受理、集成服务"改革和"无差别全科受理"改革等,并持续发力,形成牵一发而动全身的改革良好态势。此外,衢州力争成为"无证明办事之城"和"掌上办事之城",为争创四省边际社会主义现代化先行市提供了体制机制保障,成为浙江省"最多跑一次"改革主样板,在全省被全面复制推广,取得了卓著成效,为"放管服"改革交出了一份优异答卷。

政之所兴在顺民心,衢州以"最多跑一次"的改革理念为引领,推动社会在各领域更深层次的变革,全力致力于建设成为"中国营商环境最优城市"。在数字化改革大潮中,衢州立足实际、对标先进、面向未来,进一步锚定方向、明确目标、找准跑道,努力开创"全上跑道、全速竞跑、全力领跑"的新局面。

国有经济是壮大综合实力、保障人民共同利益的重要力量。衢州的国有企业在新兴产业、先进制造业、现代服务业和民生保障等多个领域的投资集中度正在持续上升。通过加快建立现代企业制度,实现关键技术与产业链核心环节的自立自强,衢州谱写了高质量发展的新篇章。浙大衢州"两院"、四省边际中心医院、海创园等一系列重点项目已经完工并开始运营。衢州西站综合交通枢纽和礼贤未来社区等一系列重大项目也在加速建设进程。特别值得注意的是,在 2012 年到 2022 年的 10 年里,衢州市国有企业的资产规模从 108 亿元增长到 2154 亿元,这一数字在 10 年内增长了近 19 倍;净资产从 62 亿元增长至 985 亿元;投资的总规模从 15 亿元增加到了 622 亿元。

民营经济兴则全局兴。在"八八战略"指引下,衢州的民营经济持续健康增长,这也成了衢州吸引投资的主战场。近几年,浙江省为了推动多种所有制经济的发展,进行了一系列改革活动,包括发布了全国首个专门支持民营企业发展的地方性法规——《浙江省民营企业发展促进条例》,以及《关于推进全省国有企业创新发展的意见》。在这一系列改革浪潮中,衢州的民营经济实力得到了进一步加强和提升,民营企业逐渐成为衢州企业上市的主力军。2022年,衢州民营企业占全部市场主体的近97%,创造了全市70%左右的地区生产总值。可以说,衢州良好的营商环境为民营经济发展打好了地基。

落地才能生根,根深才能叶茂。衢州全面提升基层社会治理水平,通过市县乡村全贯通、业务领域全覆盖、社区网格化管理、建立大统一培训新机制、完善"亲清半月谈＋政企恳谈会＋圆桌例会"协同服务常态化机制等,实现基层社会治理事件全流程协同闭环,推动基层社会治理从条块分割向整体联动转变,切实保障涉及多部门多层级、面向基层群众和企业的各类事务的高质高效办理,实现指挥体系更顺畅,统筹能力得到强化。

栽下梧桐树,自有凤凰来。营商环境是发展经济的"先手棋"、招商引资的"强磁场"、企业发展的"推进剂"。党的二十大报告提出,"营造市场化、法治化、国际化一流营商环境"。在过去几年,衢州始终牢牢牵住改革"牛鼻子",以政府自身改革撬动和引领全方位改革,让"有为政府"与"有效市场"共同发力。优化营商环境是衢州进一步增强经济增长动力的重要举措。接下来,衢州市委、市政府要继续优化营商环境,同时注重提升政务服务效能,强化为企业服务的意识,主动拓宽政企沟通渠道,架起"连心桥",聚焦企业需求,梳理"痛点""难点""疑点"和"堵点",全力打造政策匹配、扶助有力的营商环境和政务环境,让企业感受到"雪中送炭"的温暖与"雨中打伞"的贴心。

唯改革者,勇立潮头。回望过去,以"八八战略"为指引,衢州把握住了改革的历史机遇,为自身发展注入了"源头活水"。在过去的20多年里,"八八战略"中所包含的"体制机制优势论"为衢州提供了科学可行的指导,这把"总钥匙"也将继续作为衢州加速建设四省边际中心城市和争取成为"两个先行"示范窗口的目标和方向,确保其在高质量发展的道路上稳步前行。

展望新征程,衢州未来要继续坚定不移地沿着"八八战略"指引的路子走下去,坚持以习近平新时代中国特色社会主义思想为指导,深入贯彻落实习近平总书记对衢州工作的重要指示精神,忠实践行"八八战略"、奋力打造"重要窗口",完整、准确、全面贯彻新发展理念,服务和融入新发展格局,加快追赶跨越,着力塑造变革,高质量发展建设四省边际共同富裕示范区,全力打造四省边际中心城市,再创体制机制新优势,为与全省同步基本实现社会主义现代化垒石筑基、聚能蓄势,为全国共同富裕美好社会建设先行探路、创造经验。在奋力推进中国式现代化的衢州实践中,衢州必将书写更新更美的时代篇章。

市场化改革:发展满盘活

唯改革者进,唯创新者强。衢州坚持以"八八战略"为引领,努力形成体制机制新优势,坚持市场化改革基本方向,将"有为政府"和"有效市场"这"两只手"相结合,为区域经济社会发展注入了澎湃动力。

千帆竞渡,奋楫者先。衢州市政府适时"有所为",保持与市场机制的互动,坚持"刀刃向内"的自我革命。近年来,衢州以"最多跑一次"改革为牵引,撬动各领域各方面的全面深化改革,持续擦亮最优营商环境"金名片",以政府自身转型带动了经济社会转型发展。同时,充分发挥市场在资源配置中的决定性作用,多种所有制经济在公平统一、开放有序的市场环境中,活力迸发,为区域经济社会发展提供了强大的"造血细胞",走出了一条后发地区跨越式发展的新道路。

国有经济不仅是国民经济的核心动力和社会主义公有制的基础形态,而且在推进社会主义生产力的高品质增长和全体人民的共同富裕中,起到了关键的领导和示范作用。它不只是全面建设社会主义现代化大国的关键支柱,更为实现中国特色社会主义现代化提供了坚实的后盾。2002 年 10 月,衢州煤矿机械总厂作为衢州市最具影响力的国有老企业之一,成功地完成了员工身份的置换,这一事件标志着衢州市国有企业的改制工作已经基本完成。围绕"工业强市、产业兴市"的战略布局,专注于衢州的"6 + X"产业链,衢州的国有企业通过基金投资来吸引资金、项目、税收和机构。衢州引导各类社会资源投向实体经济领域,助推全市经济社会持续健康稳定发展。到 2023 年,产业基金已经投资了 43 个项目,总投资达到 109.43 亿元,并成功吸引了超过 380 亿元的社会资本。这些投资项目涵盖煤炭开采和洗选加工等多个行业。衢州国有企业的改革不仅催生了一系列新兴的民营企业,而且在"八八战略"的指导下,改革措施层出不穷,实现了企业的凤凰涅槃和浴火重生。

2012 年是衢州市国资委独立设立的首个年头。在接下来的 10 年时间里,衢州的国企进行了全方位改革。国有企业积极地参与并推动实现共同富裕、工业强市、乡村振兴、现代交通、城市有机更新和未来社区建设等多项战略任务,充分展示了国企在这一过程中的责任和贡献。衢州的国有资本和企业充分利用四省边际的地理位置优势,在农业、文化、商业和旅游领域进行投资和运营,谋划建设总长度为 280 公里、面积为 1000 平方公里的"衢州有礼"诗画风光带,并规划了 100 个未来乡村连片发展项目,旨在打造高品质发展和共同富裕示范区的普遍形态。通过实施"一企多园"和参与"一带一路"建设,推进全域开放合作。以常山县为例。该县的国有企业实施了"两山合作社 + 经营主体 + 村集体 + 农户"的"共富果园"策略,2023 年 9 月胡柚的全产业链产值超过了 35 亿元,农户的收入也增加了超过 5000 万元;在美丽乡村建设中,通过盘活闲置土地,将村庄整体开发成特色农业园区,吸引企业和资本入驻并形成产业集群效应。衢江区的国有企业探索"整村经营"的"两山合作社"改革模式,使得盈川村的旅游资源价值得到了提升,2023 年以来,全村共接待游客 35 万余人次,带动旅游消费增长近 400 万元,村集体经营性收入超 80 万元。盈川村从"一个古村"转变为"网红流量村"。

在"八八战略"的引导下,衢州的民营经济得到了持续健康的增长,这也成了衢州吸引投资的主要战场。全市涌现出一批实力强劲、创新活力十足、市场拓展有力、产业集群明显的民营企业群体,为地方经济社会快速协调可持续发展提供了坚实支撑。众多的民营企业成功地经受了市场的激烈竞争,持续扩大和增强,总体规模稳步上升,经营效益逐渐增强,产业布局持续改进,技术创新实力不断上升,大型民营企业展现出了其"高品质"和"市场竞争力"。在"十五"时期,衢州市的生产总值突破了 300 亿元,首次出现五年平均增长速度超过全省平均水平的情况。近年来,新签订的众多民间项目里,叫代锂电、吉利三电、金瑞泓和习谷科技这 4 个百亿级的制造业项目已经开始实施。在这些项目建设过程中,民营企业家发挥着重要作用。与此同时,民营企业已经成为衢州上市公司的核心力量。20 年来,衢州新增了 15 家 A 股上市或参股上市的企业,这些企业都是民营性质的,实现了上市公司在县域范围内全覆盖。

衢州市紧紧围绕民营经济综合实力显著增强、民营经济代表人士队伍及其商会组织建设水平稳步提高、服务民营经济"两个健康"工作走在全国全省前列的工作目标,高位推动,务实笃行,积极探索服务"两个健康"的务实举措,建立了一系列行之有效的工作机制,打造了一批创新性的工作品牌,搭建了一批特色鲜明的服务平台,举办了一系列有影响力的重大活动,在提振民营企业家发展信心、促进民营经济人士健康成长、推动民营经济高质量发展上,迈出了更大步伐。

政务服务改革：擦亮营商环境"金名片"

乐民之乐,忧民之忧。衢州经济高质量发展正处在关键阶段,牵住改革的"牛鼻子",进行政务服务改革,有利于持续激发市场活力,优化营商环境,给广大人民群众和市场主体带来更多、更实在的获得感。多年来,衢州以高质量发展为主线,坚持以"整体智治"现代政府的理念,不断推动业务协同、系统整合、流程再造、数据共享、实干争先、加压奋进,努力让营商环境成为衢州最大的竞争优势、最显著的城市软实力,用产业高质量发展的成效来检验营商环境金名片的成色。

衢州市文化艺术中心与政务服务中心

衢州围绕"以人民为中心"的发展思想推动"最多跑一次"改革向公共服务、公共场所、机关内部、中介机构等多方位延伸,全方位撬动各相关领域改革,将"最多跑一次"的理念方法运用到社会治理各方面,推动改革扩面延伸。

从群众和企业高效办公的角度,将关联性强、办事需求大、办事频率高的多个单一事项整合成多方协同联办的"一件事"。以衢州"多审合一""测验合一"改革经验为蓝本的做法,得到了党中央的肯定性批示。2017年4月12日,推进"最多跑一次"改革座谈会在衢州召开,衢州经验变成全省的"标配"。

衢州以"一个窗"为目标,推动政企服务变得又快又好。民之所盼,政之所向。衢州在浙江省率先探索形成"前台综合受理、后台分类审批、统一窗口出件"的"一窗受理、集成服务"模式,实现"受办分离",办事"只跑一个窗"。企业和群众只要到综合窗口提交申请材料,其余的事情在后台由各部门协同办理,让群众和企业办事从多部门跑、多窗口跑,来回跑、反复跑,变为"最多跑一次""最多跑一圈"。这一系列精准举措,实现了从"找部门"到"找政府",从"群众跑腿"到"数据代跑"。衢州进一步升级"无差别全科受理"窗口后,整合工商登记、投资项目相关的1000多个事项,实现"一窗办千事",各个主体板块也实现了内部无差别。作为浙江省政府推进"无差别受理"改革试点地区,衢州在全省率先建立"无差别受理"工作机制,同时,浙江省也将衢州"一窗受理、集成服务"模式向全省推广。

"一号改革工程"工作场景

衢州以"一平台"为媒介,让数据服务大众。数字时代,信息日新月异,加快数字化、协同化改革是推进政企改革的"关键一招"。衢州整合金融服务平台、政策服务平台、应急物资管控等24个系统,推动政策在线兑付、诉求在线直达、服务在线落地;新增政策"免申即享"、服务企业"云上社区"、招商导航、政企共治(企业管家)、金融碳账户等应用场景;创新推出企业自治监管等功能,落实事前、事中、事后"互联网+监管"做法。衢州还致力于从群众和企业办事需求出发,以"一件事"为服务核心,依托国家级信息化试点工程,推进系统融合,强化数据支撑,构建智能化办事体系,建成"无证明办事之城"和"掌上办事之城"。同时,深化国家一体化政务服务联络点建设,推进"电子营业执照+电子证照"创新试点,率先接入全国平台,完成全市1766家试点区域商家"电子身份码"的铺设工作。

衢州围绕政务服务区域一体化、便利化,结合四省边际城市实体大厅运行实际情况,迭代升级"一窗受理云平台",开发跨区域办件流转平台,实现电子材料线上流转、线上材料及时审核、办件信息实时监管规范梳理。扎实推进一体化在线政务服务(掌上办事)平台、工程建设项目全流程审批系统等省政府"8+13"重大项目。衢州参与起草国标、省标、市标共15项,承担了政务服务"好差评"两项国家标准试点。浙江省政务服务标准化技术委员会秘书处落户衢州市营商办,成为全国唯一政务服务标准化技术委员会。以衢州市营商办为主承担的"最多跑一次"改革省级标准化试点项目,获得浙江省标准化领域最高奖项"浙江省标准创新贡献奖"。

深化三民工程:打造基层社会治理新模式

国以民为本,社稷亦为民而立。在衢州,有个家喻户晓的"三民工程",即民情档案、民情沟通、为民办事全程服务。

"邻礼通·三民工程"应用图

2006年8月15日,时任浙江省委书记习近平同志到衢州市衢江区接待群众来访,了解民情,倾听民意,解决群众困难。2010年3月,习近平同志对衢州"三民工程"作出重要批示:"寓管理于服务中,寓监督于参与中,推进了基层民主政治建设和农村经济社会发展。"①

牢记殷殷嘱托,感恩切切关怀。近年来,衢州贯彻落实习近平总书记重

---

① 贾玥,盛卉.龙游县委书记:"三民工程"得到中央高度肯定[EB/OL].(2012-11-21)[2023-12-01].HTTP://POLITICS.PEOPLE.COM.CN/N/2012/1121/C99014-19649712.HTML.

要指示精神,聚焦城乡社区治理存在的社情底数不清、沟通渠道不畅、服务力量不足等问题,以数字化改革为引领,率先开发上线"邻礼通·三民工程"应用,打造形成"民情信息全量化采集、重点人群分类化管理、社区治理多元化参与、便民服务一站式集成"的基层治理新模式。打开一扇"民意窗",架起一座"民心桥"。衢州各级党委与时俱进,不断深化对"三民工程"实现路径、机制、手段的探索创新。

纤纤不绝林薄成,涓涓不止江河生。时代在召唤,百姓有期待。衢州聚焦民情信息,在数据安全性、精准性、动态性上下功夫,为治理与服务精准赋能。建立民情信息归集工作机制,制定民情信息归集目录。截至 2023 年年底,衢州打通了公安、卫健、人社等部门 2200 万条数据,生成包括村民信息、生产资料、农房信息等的数字民情档案 16.1 万份。发挥社区网格员、党员、志愿者、外卖小哥等群体"人熟、地熟、情况熟"的优势,结合日常巡查、入户走访、隐患排查等工作,通过"邻礼通"应用将线下掌握的信息与数字民情档案进行比对验证,动态完善,改变社区工作者"单打独斗"的信息采集模式。

殷殷嘱托在耳畔,任任接力结硕果。"三民工程"代表了衢州在实际操作中所积累的关于优化基层管理和为人民提供服务的宝贵经验与创新成果。通过搭建多元化的线上、线下居民沟通、参与、反馈渠道,及时响应居民意见诉求,提升群众对社区治理的满意度。

乘势而上创新业,接续奋斗谱新篇。始终坚持"以人民为中心"的发展理念,把"寓管理于服务、寓监督于参与"真正落实、落细、落小,以务实的工作态度、高效的工作流程、扎实的工作举措、饱满的工作热情点亮"民心"。进一步优化"四化融合"的整体框架,充分利用"三联"策略,加强基层治理网络的连接,确保社会治理资源的整合、各方力量的结合、功能的整合以及手段的综合运用。始终坚守以目标、问题和效果为导向的原则,努力提升社会治理的质量,用干部的辛勤努力换取民众的幸福和安全,最终将成为推动衢州经济和社会进步的信心与驱动力。聚焦"一老一小"等重点群体服务需求,持续发力,实现居民享受服务更便捷、社区主动服务更有效、特殊人群服务更精准。

衢州还专门组织了新时代"三民工程"的部署会,决定以新时代的"三民工程"为核心,结合习近平总书记关于"八八战略""千万工程""枫桥经验"和"浦江经验"的重要指示,来策划和实施主题教育活动。

面对新形势,制胜新赛道,不断创新才有出路。坚持"以人民为中心"的发展思想,就要从价值理念、思维方式、工作方法等方面创新思路,拓展领域,提升效能。如果"为了人民"被视为一种价值观念,那么"依赖人民"则被认为是一种方法论,两者在理论上是辩证统一的。衢州深化"三民工程",坚持新时代党的群众路线,在持续优化基层治理的过程中,更加深入地为人民群众提供服务,确保为民服务深入人心,并与人民群众保持紧密的联系。

牢记嘱托、不忘初心。站在中国式现代化的新赛道起点上,衢州将开展更多创新性探索,持续深化创新,深入理解发展观念、竞争策略、实力结构、突破策略和前进动力的变化,为"三民工程"注入新的时代意义。致力于使"三民工程"始终保持创新,深入实践,坚守"一个品牌培育、历届市委接力"的原则,"一张蓝图绘到底、一任接续一任干",使"三民工程"这张金名片在新时代中散发更加耀眼的光芒。

社区网格化管理:让人民群众"幸福满格"

基层强则国家强,基层安则天下安。衢州发挥社区网格底座作用,通过进一步加强社区网格规范化建设,推动实现资源在网格内叠加,矛盾在网格内解决,实现网格化服务管理水平显著提高,网格治理能力全面提升。

江山市贺村镇湖前村网格长叶月红到村民家中宣传防电信诈骗工作

2021 年 3 月初,衢州制定出台了《衢州市进一步加强全科网格建设二十条举措》,通过六个方面来规范网格管理。2021 年 5 月底,完成全市三个试点区域专属网格试点工作,实现网格化服务管理全覆盖,为全省提供建设统一标准的衢州经验和衢州样板。2021 年年底,网格事件报办分离机制逐渐成熟,网格事件质量稳步提升,网格工作职责边界更加清晰,网格考核用人导向更加鲜明,网格团队力量更加凝聚,网格化服务管理能力全面提升。

衢州坚持贯彻"分级负责、协同处置"的原则,加强网格队伍建设,提升网格化服务管理能力。按照 2020 年 1 月 1 日起开始实施的《衢州市城乡网格化服务管理条例》内容,各级党委领导城乡网格化服务管理工作,各级城乡网格化服务管理工作主管部门负责统筹组织,做到哪里有群众、哪里有需求,哪里就有党组织、哪里就有党员。

衢州通过探索建立社区网格,填补网格化服务管理当中的"空白区域",实现网格化服务管理全覆盖:点位上通过加强网格队伍建设,增强网格团队的合力,使网格这个空间为群众带去更多网格化服务管理成果,真正打通基层治理"神经末梢",实现网格精细化管理的目标;在柯城区专业市场城、衢江区新农都农贸市场、智造新城高新产业园区开展专属网格试点工作,实现网格化服务管理全覆盖;围绕提升网格员工作能力,结合省里对网格员队伍职业化、社会化提出的新要求,加强业务培训等,切实把各类资源充分凝聚到基层工作中来,夯实基层治理底部基础。

全科网格规范化建设,变"单兵作战"为多方协同。衢州努力打造人人有责、人人尽责的社会治理共同体:充分配齐网格资源,依托党建互联互动,鼓励政府、社会、市场等主体通过各种方式参与到基层建设中,切实把各类资源充分凝聚到基层工作中来,夯实基层治理底部基础;充实配强网格力量,撬动多元力量参与基层治理,条块结合优化网格治理队伍,通过招募倡议、动员激励、培育培训、协商共赢等方式,挖掘一批"带想法、带能力、带资源、带团队"的居民骨干,变"要我负责"为"我要负责";将网格团队内每一位人员、每个入格部门职责明确,逐步扭转以往"全科网格等于全能网格"的模式,凝聚网格"一长三员"、部门之间的合力,实现了网格力量与部门资源融合叠加,打破了部门间、网格间人员协作壁垒。

同时,衢州充分发挥党员先锋模范作用,深化完善在职党员"双报到"制度,把基层党员编入网格治理中,把网格力量发展成为党员,引导党员当好基层治理"排头兵""先锋队";进一步规范"网格＋"治理,遵照"三不可、五同步"原则,落实"网格事务准入审查"制度,加强数字赋能,推进智慧网格建设;建立健全网格队伍的考核指导机制,严格落实网格"三不可、五同步"原则和要求,切实为网格减负增效,从而保障城乡网格化服务工作有序运转。

基层治理的主体是人,对象也是人,衢州把"以人为本"贯穿到基层治理全过程各领域：积极发挥网格员"人熟、地熟、人脉广"优势，在常态化上门走访、政策宣传、信息收集中，为群众解难题、勤服务，实现"小事不出户、琐事不出格、大事不出网"，真正把网格服务延伸至"最后一公里"；以"党建"为圆心拓宽服务半径，创新建立群众议事、群众"点单"平台，常听群众声音和诉求，以需求为导向从心理、物质、生活等方方面面提供多元服务。

经过多年的探索实践和总结提升，衢州网格智能化水平偏低、能力偏弱等问题逐步得到了改善。尤其在疫情防控期间，网格化管理、网格团队合力得到了充分考验和检验。依托网格这个最小治理单元，通过"五包一网格"，网格队伍和各个部门把防控工作落实到点、到户、到人，每个人的素质能力在大考中得到了实战检验，网格化管理的功能作用为群众所熟知和认可，实现了"上下联通、一站通办"，切实提升了基层服务效能。

数字化改革:赋能民生福祉

数字浪潮一往无前,数字化改革是一项系统工程。衢州通过数字赋能,对基层治理进行全方位、系统性、重塑性变革,打造基层社会治理"即时感知、科学决策、主动服务、高效运行、智能监管"的新平台、新机制、新模式。

衢州以数字化改革为引领,进行基层治理四平台本地化部署工作,构建大数据治理体系:充分利用城市数据大脑中的各项支撑能力,构建以"智治"支撑模块为基础的应用支撑架构,打造高效协同社会治理全周期闭环;聚焦数字化改革五大领域,开展整体智治场景化集成应用,以全市一体联动的整体智治态势"一张图"为窗口,充分发挥掌上指挥体系作用,提升数字化联动指挥效能。

衢州以跨层级、跨地域、跨系统、跨部门、跨业务等多业务场景化应用为牵引,构建平台支撑、事件流转、指挥协同、标准规范、态势感知"五个一"体系,赋能全域多业务高效协同,激活数字化改革内生动力,加快构建党建统领的整体智治体系,为推进治理体系和治理能力现代化提供系统性解决方案和现实版操作路径。

衢州按照全省一体化智能化公共数据平台建设要求,迭代升级全市统一的数据共享交换和开放平台,全面推进公共数据归集、存储、分析、处理、共享和开放;建设数据清洗处理平台,制定数据质量评估标准规范,建立数据问题反馈机制;在全面归集数据的基础上,构建数据大治理体系,充分利用城市数据大脑中的各项支撑能力,构建以智治支撑模块为基础的应用支撑架构。优化完善社会治理"一件事"支撑模块,推动"用数据说话、用数据决策、用数据管理、用数据创新"。

衢州迭代升级基层治理四平台,进一步完善基层治理四平台系统架构和功能,打造统一的事件中心,畅通事件流转,充分发挥四平台核心枢纽作用;

不断叠加、拓展个性化应用场景,推进基层治理四平台与条线业务系统有机衔接、深度融合,闭环流转,将乡镇(街道)模块与基层治理四平台深度融合,打造衢州基层治理四平台——党建统领、经济生态、治理执法、便民服务创新模块,打破条线壁垒,优化资源配置,畅通信息汇聚、流转督办、综合研判、绩效评估等工作环节,全面提升乡镇(街道)的统筹协调和综合管理能力。

衢州依托"浙政钉"统一架构,打造全市统一的"一钉通"掌上指挥体系,扩大"一钉通"应用场景,配合社会治理"一件事"支撑模块人事匹配链,针对高频高需求、低频高风险、"民转刑"风险等各类重大多跨事件场景,构建预案精准、协同有力的联动指挥体系,实现人员力量看得见、呼得通、调得动,实现事件处置流程全掌握、指令一键达。在前期形成的"业务调研—制定基础数据模板—配置协同预案—上线应用"的工作流程基础上,针对沉淀的协同数据,探索开发督考、指标数据提取等成果展示模块,打造"上线—运行—成果展现—督考深化"的集成闭环。

衢州进一步发挥基层社会治理"一件事"综合集成调动资源的能力和优势,结合数字化社会治理标准化试点,加快推进基层社会治理"一件事"综合集成工作规范的制定完善,推动基层社会治理从条块分割向整体联动转变,切实保障涉及多部门多层级、面向基层群众和企业的各类事务的高效办理,形成可复制可推广的基层社会治理"衢州样本",为全省乃至全国基层治理体系和治理能力现代化建设创新与实践,提供鲜活的"衢州经验"。

衢州依托省、市、县三级公共数据平台、城市数据大脑资源池,形成统一发布、多端适配、分级分类、数据同源的市、县、乡整体智治态势图,对数字化改革成效、城市运行指标、各类城市要素及各类专题进行分类展示;通过各专题下钻,进行不同专题的详细展示;持续推进社会治理分析研判平台建设,通过接入 17 个"一件事"数据的分析研判应用,实时展示"一件事"事件协同流转动态监测和处置效能,完善"事件受理、分流处理、指挥调度、督办反馈、协同联办"的闭环,变"事后查"为"事前防",提升治"未病"能力。

"县乡一体、条抓块统"改革:推进社会治理现代化

近年来,衢州紧紧抓住了全国首批市域社会治理现代化试点的有利时机,以数字化改革作为总体导向,并以推动"县乡一体、条抓块统"的改革为主要手段,通过重塑治理结构、优化治理体制和完善治理体系,成功解决了权责匹配难、资源下沉难和县乡协同难等一系列问题,全方位地激发了社会治理的新活力,全力构建了基层治理现代化的典范,并致力于建设四省边际共同富裕示范区。

蹄疾步稳,全速起航。衢州"县乡一体、条抓块统"改革专班围绕推进共同富裕示范区建设,按照六大体系 21 项任务要求,建机制、破难题、强运行,推动一系列制度性、理论性、实践性成果落地;坚持以数字化改革为引领,市县乡村上下联动、协同作战,改革进程明显加快,攻坚氛围不断浓厚,应用场景持续迭代,改革成效逐步显现。

唯有改革,才有出路。衢州以事项为切入点,明确了县和乡的权力和责任。2021 年 11 月,衢州制定了全国首份"属地管理"清单,整理出乡镇(街道)的权力清单 142 项、政务服务事项清单 586 项以及"属地管理"事项清单 68 项,这有助于实现部门职能的重新定位和乡镇的效益提升。资源优化配置,构建扁平化的指挥系统平台。创新"掌上指挥"的协同指挥应用,确保"市县乡村格"五级联动指挥体系的高效运作。到 2023 年 5 月已成功处理全市 11289 起掌上指挥事件。

衢州锚定打造中国基层治理最优城市目标,党委统揽绘就"一张图",高位推动拧成"一股绳",下好市域治理"先手棋",创新构建党建统领基层治理体系。自 2020 年被确定为全省"县乡一体、条抓块统"改革试点市以来,积极探索建设基层治理"大脑",并努力构建一个高效、协同、整体和智能化的基层治理体系。

衢州建立基层治理"一件事"视频调度机制,先后 5 次召开"一件事"调度会议,对 17 个"一件事"具体任务拆解和上线运行过程中存在的问题进行研

究和解决。建立常态化调研督导机制,按照"一月一督导、一月一排名"要求,围绕"八件套"等内容,通过交流谈话、实地走访、查阅资料等形式,对各乡镇(街道)开展三轮专题调研,倒逼各项工作任务落地落实;针对阶段性重点任务,组织市专班各工作组开展专项调研,加快具体任务攻坚进程,目前已对"大综合一体化""一支队伍管执法""一网智治"等工作开展专项调研,并形成"七个一"评估报告。

守护城市的底色,离不开高水平的治理。衢州夯实基层治理"两专"干部队伍,通过"导师帮带"、组织培训等形式,切实提升基层执法队伍、综合信息指挥室工作人员、网格员等群体专业技术能力和专业科学精神,探索将"四维考评"作为"两专"素养的重要考核手段。针对"四维考评""一件事"上线运行等改革事项开展专题培训。推动改革实现从盆景到风景、从展示到应用、从被动到主动、从人海战术到数字化应用、从多系统到一系统的"五个转变",加快各项任务攻坚突破和实战化运行,不断提高基层群众的获得感和满意度。

衢州基层治理"一件事""大综合一体化"行政执法改革等重点领域取得了重大突破,已梳理形成 41 项制度成果,3 项工作被列入省级及以上标准化试点项目,市委党校编撰《"县乡一体、条抓块统"改革的衢州实验与未来设计》,浙江大学公共政策研究院完成《衢州市"县乡一体、条抓块统"改革评价报告》。2021 年 11 月,时任浙江省委书记袁家军在衢州调研"县乡一体、条抓块统"改革工作情况时强调,并在省委改革办呈报《关于"县乡一体、条抓块统"改革进展情况及下一步工作打算的报告》中指出:要聚焦高效协同、整体智治,坚持"一把手"抓、抓"一把手",全面总结和复制推广基层治理现代化的"衢州经验",全省域推进"县乡一体、条抓块统"改革,加快推动"152"体系与"141"体系衔接贯通,努力打造充分展现中国特色基层治理制度优势的浙江样板。

打开衢州地图,星罗棋布的示范点已照亮衢州的天空。衢州将以试点项目为新的发展起点,持续优化其社会治理结构,坚守并拓展新时代的"枫桥经验",努力预防和解决"五大风险",深入推进"五治融合",全力支持省委的三个"一号工程",不断提升衢州社会治理的标杆形象,并在推进政法工作和社会治理现代化的道路上,持续创作出宏伟的篇章。

深化"平安衢州"建设：锻造平安之基

　　"凡君国之重器，莫重于令。"衢州发展正处在一个起势突破的关键阶段，尤其需要一个平安稳定的发展环境。要全力护航发展，为中心工作保驾护航、为重点工程拔钉清障；要全力保障平安，在建设平安衢州上冲锋在前；要全力服务百姓，大力推进"警务融治"改革，拓宽服务领域、延伸服务触角、提升服务效能。

　　筑牢根基方能行稳致远，平安城市方能阔步向前。衢州紧抓机制创新，在深化"平安衢州"建设统筹协调体系上下功夫。依法打击违法信访等十大行动，使一批批陈年积案隐患得到妥善化解。建立每日会商研判、指挥调度、排查除险、人员稳控、暗访督导、通报晾晒等"六每"机制，确保工作落实落地。2022年，除险保安晾晒专项工作位列全省三类地区第一。

　　"平安"二字值千金，平安是和谐的基础、发展的前提、人民的福祉。衢州聚焦政治安全、社会治安、社会矛盾、公共安全、网络安全等风险，构建衢州市域社会治理指数，实现对市域平安稳定状态动态评估，并对市域社会治理风险开展预判预测预警。完善平安考核评价体系，发挥考核指挥棒作用，研究制定年度县（市、区）平安建设工作考核细则、年度市级部门平安建设工作考核细则和年度平安考核专项工作指标赋分办法等考核细则。完善平安创建任务指标体系，发挥平安办牵头抓总、统筹协调作用，清单化逐条逐项分解落实考评指标，层层明确创建任务。完善系列平安创建标准体系，细化以平安企业、平安校园、平安宗教活动场所、平安工地、平安交通、平安旅游、平安医院、平安食品、平安金融、平安家庭为重点的十大系统（行业）平安创建和平安村（社）创建标准，不断深化系列平安创建。

　　紧抓源头防范，在有效化解社会矛盾纠纷上下功夫。坚持和发展新时代"枫桥经验"，把矛盾纠纷解决在基层、化解在萌芽。以县镇村三级覆盖的

"6070"调解协会、"三衢和姐"和品牌调解室为重点,完善"线上+线下、速调+联调、本土+专家"调解工作三大模式,以有解思维、法治思维为重点,以"双清双治"行动(即矛盾纠纷与重点风险隐患动态清零、常态清仓,重点村社治理、重点领域整治),推动就地及时化解矛盾纠纷、防范风险隐患,实现访、警、诉三源共治,并以此建立相关治理指标,开展年度百个"枫桥式"单位(团队)创建活动。

紧抓基层基础,在夯实平安建设底座上下功夫。紧盯影响和制约平安衢州建设源头性、基础性和根本性的问题,扎实开展平安建设活动,着力补齐政治安全、社会治安、社会矛盾、公共安全、经济金融安全、网络安全等"六大领域"短板弱项,全面打牢基层党组织基础、制度基础、能力基础和保障基础。完善网格化管理、精细化服务、信息化支撑的基层治理平台,健全完善"综治中心+网格化+信息化"城乡社区治理体系。完善"村社—网格—微网格"三级治理架构,确保在"网中有格—格中有人—人在格上—事在格里—吹哨响应"的基础上,通过在职党员回归网格,协助动员居民群众、区域单位、机关干部等力量凝聚到基层网格周围,让人人都能主动参与基层治理,形成共建共治共享的基层治理新格局。

国以安为宁,业以安为兴,民以安为乐,"平安"归根结底是群众的"心安"。衢州对准数字法治"平安与稳定、执法与司法、普法与服务、制约与监督"四条跑道,强化专班建设,持续做优数字法治系统"1+6+5"架构,坚持市县一体、挂联作战,开展重点攻坚、查漏补缺、头脑风暴、专家把脉、研判会商。精准梳理数字法治系统应用底账,加强数字法治一本账管理,争取数字法治"好应用"、数字化改革"最佳应用"、"一地创新、全省共享"榜单和改革突破奖等。通过持续强化和创新社会治理手段,以及改良社会治理模式,攻坚克难、久久为功。不断巩固党对社会组织的领导地位,为推进基层治理现代化提供坚强保证。衢州在筑牢平安建设基石、提高综合治理能力的基础上,让人民群众美好生活的安全底色和幸福成色越来越足。

人才强市战略高效实施：广聚英才善用之

济济多士，乃成大业；人才蔚起，国运方兴。城市要发展，产业要跃迁，人才是最大变量。近年来，求才若渴的衢州深入贯彻科技创新和人才强省首位战略，聚焦于"创新制胜"的主要方向，坚持以人才为驱动力，优化政策、加强平台、聚集人才、加强生态，四省边际人才科创桥头堡建设蹄疾步稳，青年发展型城市建设勇毅笃行。

于斯为盛，唯才是兴。衢州搭建重大科创平台，筑巢引凤。随着衢州"才聚大花园 共建桥头堡"青年人才汇聚系列活动拉开帷幕，一批批风华正茂的青年在衢州相聚，为建设四省边际中心城市拼搏奋斗。百年未有之大变局加速演进，科技创新成为战略博弈的主战场。衢州以优质平台集聚人才，全面加强与浙江大学、电子科技大学等20余所高校院所的合作，先后建成浙大工程师学院衢州分院、浙大衢州研究院、电子科技大学长三角研究院等重大人才科创平台。狠抓四省边际科创走廊、科教园区、科研院所、企业平台、创新"飞地"建设，形成了"高校院所—创新飞地—人才创新园—专家工作站"四位一体的创新平台体系。

发展因科技而兴，因人才而胜，因创新而进。浙大衢州"两院"联合巨化集团等企业，成功创建"浙江省高端化学品技术创新中心"，是浙江省山区26县唯一一家省级高端化学品技术创新中心。还组建了衢州膜材料创新研究院、衢州化工新材料创新研究院、衢州高端电子化学品创新研究院、衢州动力电池和储能研究院等4家研究院，下一步将继续争创国家技术创新中心。电子科技大学长三角研究院创成省级新型研发机构获评唯一省无线电产业基地称号。同时，坚持"一县一产业一研究院"，扎实推进校地合作，县级研究院实现零的突破。

抓人才就是抓发展、抓创新，抓未来。人才是产业发展资源，人才带动产业，创新产业需要"最强大脑"。六大标志性产业链是衢州六大发展引擎，围绕六大产业链，衢州抓紧抓实人才科创关键变量，立足产业链、创新链、人才链、资本链、服务链"五链"融合,壮大人才基本盘,优化人才队伍结构,全方位引进、培养、用好人才,确保人才的成长与产业的进步同步推进。要想在激烈的市场竞争中立于不败之地,必须依靠科技创新,只有不断地进行技术创新,才能使企业永葆生机和活力。千军易得,一将难求。衢州聘请了6名院士来担任六大产业链的首席科学家,并组建了院士团队"一事一议"绿色通道,构建一站式入驻服务,优化科研设备"公用共享"机制等,引领衢州产业高质量发展。

青年因城市而聚,城市因青年而兴。近年来,随着时代锂电、吉利三电等一批百亿级项目落户衢州,一大批青年人才集聚衢州。如何进一步将衢州打造成为四省边际青年心生向往的集聚地、成长成才的新高地、创业就业的首选地、品质生活的乐享地,是一个长远话题。衢州摸排重点产业企业人才缺口及需求,积极对接重点高校就业部门,成立百校引才联盟,推出"百千万"南孔精英招聘计划,建成省级人力资源服务产业园,打响"人才周"高校招才品牌。衢州市委人才办、团市委、市人社局等部门打出系列招才组合拳,吸引青年人才。近年来,衢州引进大学生数量持续增长。2022年衢州引进大学生4.6万人,比2021年增长7%。其中,引进博士111名,比2021年增长32%。

衢州专注于提供优质服务,并持续改进人才培养环境,为更多优秀人才提供更加优质、高效、便捷的服务保障。对于高级人才来说,他们更加重视事业成长的可能性和发展潜力。衢州着力打造开放包容平台,搭建沟通桥梁,紧紧围绕人才的创新和创业,实施了精准服务,并结合"工业强市、产业兴市"的策略,进一步完善了人才吸引和留任的政策框架。发布一系列关于青年人才培养、企业员工招聘和推动高品质就业创业的政策,编纂2023年《衢州青年服务"一本通"》。积极策划和执行针对青年民生的实际行动,通过多元化的方式营造一个友好的环境,并创新性地开展了包括友好社区、乡村、企业、园区和青年之家在内的十种不同类型的青年发展友好单元的建设,打造青年发展型城市。

想青年之所想,让青年人才更有决心与城市"双向奔赴"。五湖四海,英才汇聚。"崇贤有礼、开放自信、创新争先"的衢州,正以"加快打造四省边际中心城市"为目标,加速人才科创"桥头堡"建设,为全市产业高质量跃迁提供源源不断的第一资源、第一动力。

完善就业创业政策体系:推进高质量就业

就业是最大的民生,实现更全面、更高质量的就业是推动全体人民共同富裕的关键基础。衢州市第八次党代会提出:要打好富民惠民组合拳,加快创造更高品质生活;要进一步完善高品质的就业和创业体系,强化对新蓝领、新农人和新工匠的培训,并健全新的就业模式下劳动者权益的保障机制。

推动创新和创业不仅是为了增加就业机会、帮助劳动者增加收入和财富,同时也是培养新的发展动力和促进经济的转型与升级的关键途径。衢州市政府紧盯"促进就业、鼓励创业"主线,把创业就业工作作为为民办实事、促进经济社会发展的重要举措,坚持从政策、资金、环境等方面激励扶持创新创业,多渠道创造就业岗位,不断提升就业质量,紧紧兜牢民生"底线",汇聚创新创业力量,推动就业创业工作实现高质量发展。

衢州以"就业创业提质增富"为核心理念,从精准高效和广泛的管用面出发,构建了政策和平台两大支柱体系。其中政策供给方面,着力提升政策的针对性和实用性,突出抓好就业服务政策、技能人才激励政策、创业扶持政策三个着力点。在政策实施方面,调整招聘补贴政策,充分利用市场导向的人力资源招聘机制,加强对重点工业企业的用工保障,完善稳定岗位和留岗的政策,并专注于支持市场主体在稳定岗位和扩大岗位方面的工作。在平台建设方面,构建多层次服务平台,创新服务模式,建立人才供需对接平台、技能提升平台、产业发展支撑平台,形成政府引导、市场主导的多元投资格局。在政策方向上,针对结构性问题,以衢州市共富培训平台和"三衢工匠"星级评定办法为核心,推出了一系列针对产业工人和新衢州人的落户、住房、教育和产业政策。这些政策旨在进一步改善就业环境,推动产业与城市的融合,完善稳定就业的政策体系,并有效地解决了补贴政策范围狭窄、认定门槛高和补贴申请流程过多等问题。

衢州以人力资源服务产业园为中心,致力于建立人才汇聚平台,力争成为省级平台,同时加速线上建设和推广,逐渐形成了一个以"政府为引导、市场为主导"的新的人才吸引模式。通过搭建公共就业信息发布平台,衢州大力实施网上招聘计划,完善在线求职渠道,推进网络就业服务体系建设。以高品质的就业社区(村)为中心,致力于建立一个全面的保障平台,并定期为基层平台的就业服务人员提供培训,以增强基层就业平台的功能,并为特殊就业困难的人群提供一对一的帮助。以全产业链为基础,搭建产业对接平台,培育新兴产业、现代服务业等新兴业态。以推动创业集群的成长为中心,致力于创建一个创业服务平台,并确保大学生创业园的顺利建设和运营。吸引更多的高级人才、高质量的团队和项目入驻,为他们提供完善和高质量的服务,从而提高孵化的成功率。加强"双创"金融的支持,优化财政资金的支持方式,整合高等教育资源来发展众创空间,并通过专业化的服务和社交化的机制来吸引和聚集有创新精神的创业者。

2023 年,衢州正式公布了名为《衢州市人民政府关于促进高质量就业创业加快打造四省边际中心城市和共同富裕示范区的若干意见》(简称《意见》)的文件,以及与之相关的配套实施细则。《意见》是为了执行衢州市委、市政府关于产业增长、人口聚集和共同富裕建设的战略决策而制定的,是一个具有里程碑意义的重要文件,其核心目标是推动高品质的全面就业,通过各种方式,如提高待遇和提供良好生活环境来留住人才。《意见》强调提高创业者在就业过程中的认同感、获得感和安全感,从而增强城市的持续发展动力和活力,推动高质量发展和高水平就业。《意见》明确提出"一城四地"的建设目标、五大"十万"项目和五大具体行动任务,并为全市在 2023 年至 2027 年这五年内的高质量就业和创业发展制定了科学的规划,明确了指导思想、总体思路、主要工作要求和政策措施。同时,在支持创业和创新、促进全面就业、帮助高校毕业生找到工作、吸引市外员工、"人才培养飞地"、提供就业和居住保障以及评估青年发展的友好单位等七个方面,相关的实施细则也已经发布。

衢州市政府颁发了一系列相关人员补贴政策,对到中小微企业就业的高校毕业生给予 3000 元到 10000 元不等的就业补贴;对个人创业者提供担保贷款及贴息,对个体工商户经营者提供创业担保贷款;对"重点人群"实行全额贴息等。

衢州构建了体现衢州人社特点的就业工作质量评估体系,并与高校合作,以提供就业方面的理论支持;创新就业指导模式,构建"三位一体"大学生就业服务体系,实现学校、用人单位和学生三赢局面。引入公正且客观的三方监管机制,定时进行信息公开,并及时向大众发布在就业和创业过程中的责任清单;完善相关法律法规制度建设,加大就业政策法规宣传力度,提高劳动者维权意识。充分利用社会监督机制,有效利用行风监督员这一专业团队,并设立专门针对就业和创业服务的投诉与建议专栏;构建"互联网 + 就业创业"模式,通过线上平台发布各类就业指导及咨询等内容,实现线上线下相结合,提高就业服务质量。周期性地进行绩效评价,并聘请第三方职业培训绩效评价机构,以对就业政策的绩效状况进行全面评估,并据此生成评估报告;强化高效便捷的数字管理机制,并利用数字化改革来盘活人社系统存量数据;构建一个矛盾和纠纷的预警系统,利用人社的业务数据和住建、税务等相关部门的共享信息,建立就业模式。

大统一培训新机制：带动"三新"人群就业致富

2022 年以来,衢州市人力社保局以高质量就业创业致富工程为抓手,大力推动"新蓝领、新农人、新工匠"等"三新"人群提技、就业、致富工作,重点聚焦"新蓝领、新农人、新工匠"的"就业提低"和"培训扩中"。

通过坚持政、校、企联动,完善政策,健全机制、注重保障,"新蓝领、新农人、新工匠"的技能提升工作取得一定成效。衢州职业培训券工作入选人社部试点,"常山阿姨"品牌在全国作试点经验推广,龙游"飞鸡"品牌入选全国扶贫典型案例,衢州农民培训工作获省领导批示。衢州市将继续按照培训"七统一"标准,即统一计划、统一标准、统一师资、统一政策、统一平台、统一资质、统一考评,打通线上共富培训平台和线下共富学院等渠道,聚焦"新蓝领、新农人、新工匠"提技致富,通过跨部门、跨地区培训资源整合,打造从技能培训到就业创业再到增收致富的"全链条、全流程、全闭环"服务机制。

通过建设"就业致富衢"应用,提高"三新"人群就业技能。线上推进培训扩面增量,在浙里办教育就业板块嵌入衢州市创新开发的"就业致富衢"应用,各部门培训信息在应用中及时归集。该应用涵盖报名、开班、结业、补贴兑现等"培训一件事"全流程功能,截至 2022 年 5 月,已归集人社、住建、农业、农村等 10 余个部门涉及的培训机构 24 家,培训师资力量 258 人,涉及培训工种 189 个,开班 34 个,培训 4126 人,并实现跨部门培训。

通过建设四省边际共富学院,提高"三新"人群培训质量。为加快打造一批特色精品课程,建设富有特色、富有活力的新型线下培训基地,四省边际(衢州)共富学院重点面向农村劳动力、产业工人等群体,加强标准规范制定,制定"统一计划、统一标准、统一师资、统一政策、统一平台、统一资质、统一考评"的"七统一"制度,加速培养通用型和实用型技术技能人才。

建设就业创业示范带,提高"三新"人群就业素质。打造沿江高质量就业带、沿边沿山特色就业示范带,实现全域无技能劳动力培训获证后 100% 增收、有就业意愿劳动力 100% 就业的目标任务。通过在社区(村)公共就业服务平台配置数字化设施推进公共就业服务信息化,实现"家门口"精准帮扶、"码上"培训、业务一站式办理,有效解决公共就业服务"最后一公里"问题。

抓培训,提升培育进度。每年公布一系列制造业企业急需的工种清单,以加强学校与企业之间的合作关系,并为企业培养急需的专业人才。建立"双师型"教师和高技能人才培养基地。依据当地产业结构的变迁,为技工院校提供专业结构调整的指导,形成了如数控技术和机械制造等特色专业。举办职业技能竞赛和培训,提高工人队伍素质。实施了名为"千名技师带高徒"的活动,该活动组织了超过 2000 名技师和高级技师,通过签署合作协议,与技能相对较差的员工进行结对辅导。创建了名为"浙皖闽赣四省边际职业培训联盟"的组织,以促进各地区之间的交流与合作。

搭平台,提升培育能力。考虑到全市在机械制造和新材料等领域的特色优势,以职业技术学院和大型企业为核心,成功建立 12 家市级高技能人才的公共实训基地和 10 家企业高技能人才的培训示范基地。开展校企深度融合的"双元制"试点,实施了"关于推进专业群建设提高学生职业综合素质"项目。鼓励职业学院与企业联手,开设订单式的培训课程,以确保人才的培养与市场的实际需求能够完美结合。在行业中率先开展"双师型"教师认定工作。利用学院和企业的平台,成功建立了 3 家国家级技能大师工作室、27 家省级工作室以及 25 家市级工作室。把考评权适度授予企业,并将全市 655 家企业纳入人才自主评价体系中。

强激励,放大培育效果。对在企事业单位紧缺职业工种对口岗位工作中能较好发挥职业技能带头人作用的技师、高级技师给予人才津贴,每年都有 20 名市首席技师被评选出来。同时,还有高技能人才被推荐参与省级以上评优选拔。

02　打造四省边际开放开发桥头堡

　　进一步发挥浙江的区位优势,主动接轨上海、积极参与长江三角洲地区合作与交流,不断提高对内对外开放水平。

衢州位于浙江省西部、钱塘江源头、浙皖闽赣四省边际,市域面积 8844 平方公里,辖柯城、衢江 2 个区,龙游、常山、开化 3 个县和江山市,户籍人口 255 万人。"衢"字的本意就是四通八达的道路,衢州历来"四省通衢、五路总头",是通往周边各地的重要枢纽,境内航空、铁路、公路、水运齐全。

习近平同志指出"立足浙江发展浙江、跳出浙江发展浙江",指引浙江走好开放图强之路,为浙江加快现代化建设打开了战略空间、赢得了战略主动、增强了战略自信。习近平同志在浙江工作期间曾 8 次到衢州调研,提出了"成为全省经济发展新的增长点""打造四省边际中心城市""从今后的发展趋势看,衢州必然是我省经济向中西部邻省拓展的一个桥头堡"①等一系列重要指示,为衢州经济社会发展指明了前进方向、提供了根本遵循。衢州始终牢记习近平同志的殷殷嘱托,忠实践行"八八战略",将衢州定位为浙皖闽赣四省边际中心城市,发挥集聚辐射作用,通过衢州的发展,辐射带动周边地区发展,奋力开辟中国式现代化浙江篇章的通衢大道。习近平同志在浙江工作时还提出了著名的"地瓜理论":地瓜的藤蔓向各个方向延展,目的是吸收更多的阳光、雨露和营养。然而,地瓜的块茎始终位于根基部,藤蔓的延展和扩张最终为的是块茎变得更为粗壮和庞大。"地瓜理论"为"跳出浙江发展浙江"提供了生动的解读,同时也展示了衢州如何通过十个"桥头堡"来构建四省的边际中心城市,并促进浙江、安徽、福建和江西的协同发展。

衢州深入贯彻落实浙江省委、省政府决策部署,全力推动西延行动落地落实,加快实现跨越式高质量发展。以打造四省边际中心城市为总目标,深入谋划、主动对接、全面融入,将区位优势转化为发展新优势。坚持"产业为王、工业强市",深入推进"融杭联甬接沪"战略协作,加强与大通道沿线和西延地区的合作,积极融入区域性协同创新体系。对接 G60 科创大走廊、宁波甬江科创大走廊,积极打造借智借力创新发展平台,大力建设"万亩千亿"新产业平台。完善浙皖闽赣生态旅游协作机制,推进"联盟花园"合作共建,明

① 中央党校采访实录编辑室.习近平在浙江(上)[M].北京:中共中央党校出版社,2021:223.

确"生态优先、绿色发展、统一规划、一体打造、政府推动、市场运作、创新机制、共建共享"的发展原则,细化规划设计、旅游交通、基础配套、产品开发、管理服务、营销推介等6项一体化重点工作任务清单。

大交通孕育大产业,大建设推动大发展。2003年,衢州第一条高速公路杭金衢高速公路全线贯通。"十三五"以来,衢州把交通先导作为首要任务,坚持交通优先发展,进一步发挥衢州的区位优势,不仅衢通四省,而且争取衢通上海、衢通长三角、衢通全世界。近年来,衢州创新省际合作的成效主要依托三大平台,一是浙皖闽赣九方经济区,二是衢黄南饶"联盟花园",三是衢饶示范区。衢州借四省边际中心开放之势谋发展之路,境内立体大交通格局基本成型,推动城市能级跃迁,是全省首个县县通高铁(动车)、县县通高速的地级市。"三衢道中"风光旖旎,争当长三角地区的美丽大花园。实施区域联动共融行动,推动有机融入大都市圈,全力实施"九网千亿工程",谋划推进重大交通项目40余个,完成总投资约1000亿元。2020年,衢宁铁路正式通车,衢州成为全省首个县县通高铁(动车)、高速公路的地级市。此外,杭衢高铁也将于2024年末建成通车。杭衢铁路(建衢段)是我国首条采用"PPP(政府与社会资本合作)+EPC(设计施工总承包)"模式运作的高铁项目,由中铁第四勘察设计院集团有限公司牵头的社会资本方主导项目投资和工程总承包建设,并委托中铁上海局集团公司代建,是浙江省大通道建设十大标志性项目之一。届时衢州与杭州的时间距离将缩短至40余分钟,衢州的交通优势将进一步凸显。

衢州借助区位优势,加快打通对外开放大通道,全面融入长三角一体化发展。成功加入杭州都市圈,获批浙江省自贸试验区联动创新区、跨境电商综试区,牵头组建衢黄南饶"联盟花园",中心城市的辐射力带动力不断增强。立足钱江源头大花园,坚持数字经济、美丽经济双轮驱动,持续优化营商环境,加速新旧动能转换,依托花园式环境,培育花园式产业,推动花园式治理。围绕长三角一体化发展,在交通等重大基础设施一体化领域,杭衢高铁全线开工,衢州港与宁波舟山港实现全面通航。

衢州充分发挥生态资源优势,创建生态市,在全省率先通过《生态市建设规划纲要》论证。全市围绕生态特色做文章,发展生态农业,建设全省最大的绿色农产品生产加工基地,如江山的蜂产业、开化的龙顶茶、常山的胡柚等;发展生态工业,建设一批生态型产业园区;发展生态旅游,打造生态旅游品牌;建设生态城镇,营造良好的人居环境,很好地保护了钱江源。开化县在全国率先实施生态立县战略,率先通过《生态县建设总体规划》专家组论证,为全省各县市创建生态县提供了宝贵经验。

"开放带来进步,封闭必然落后。"21世纪以来,衢州强调处理好内源发展和对外开放的关系,根据衢州的区位实际,充分利用四省边际中心城市的优势。站在新的历史起点,衢州根据地区经济整合的发展趋势和衢州实际,对照发展目标和对标高质量发展要求,加强政策的统一性和协调性,着力发挥区位优势,大力推进基础设施建设,积极对接发达地区的大交通网络。实践证明,在全省和全国的发展大背景下,衢州明确战略定位,规划其未来发展方向,强化自身实力,为周边地区提供服务,并积极探索四省之间的边际区域合作机制。加速建立一个共建共享、互利共赢的新型省际合作模式,并加快形成突破性进展、标志性成果和普遍性经验,以确保在全面融合的过程中实现真正的共赢。

持续利用区域优势,构建文明联盟。衢州位于浙江、安徽、福建和江西四省的交界处,地理位置十分有利。特别是从区域的文明程度来看,衢州不仅是文明浙江的重要组成部分,还是沿海和中部地区30多个市(县)文明城市群的核心区域。"浙江有礼·衢州先行"不仅体现了"浙江有礼"的先行实践精神,而且在文明创建的过程中也是先行探索和先行"出圈"的。

强化功能品质,突出特色品牌。发挥比较优势是关键,而产业集群则为其提供了重要载体和支撑。要打造四省边际中心城市,不是比高、比大、比多、比全,而是比特、比精、比优、比美,强调品质、功能和特色的优势。在省际城市的发展过程中,合作与竞争并存,只有勇于站在潮流的前沿,才能实现资源的虹吸效应,并避免资源的稀释。珍惜现有的区位优势、土地资源,即发挥好比较优势和后发优势,要奇货可居,要待价而沽,高起点、有选择地开展招商引资,吸引朝阳型产业,真正栽好梧桐树,引得凤凰来,而不是乌鸦麻雀一并来。

　　促进不同区域和省份之间的协同合作,进一步扩大对外开放程度。衢州自古便被誉为四省的交通枢纽,其地理位置具有明显优势。结合之前的一系列合作活动,衢州在浙皖闽赣四省之间建立了"有礼联盟"和"文明联盟"的坚实基础。从今后发展趋势看,衢州必然成为浙江省经济向中西部邻省拓展的纽带。因此,衢州要进一步加大与浙江、安徽、福建、江西四省九市协作区的经济合作,为加快升级合作与发展步伐奠定基础、创造条件,也为衢州的加快发展创造更多机遇。未来,衢州将进一步增强开放意识,实施开放战略,构筑开放平台,发展开放经济。

十个"桥头堡":推进各项工作的"龙头"

衢州历来就有"四省通衢、五路总头"之称,南来北往、东进西出,区位优越,位置突出,既是四省边际,更是区域中心。2002 年 12 月,习近平同志到衢州调研时指出:"从今后的发展趋势看,衢州必然是浙江省经济向中西部邻省拓展的一个桥头堡。"①衢州牢记嘱托、接续奋斗,"桥头堡"成为引领衢州发展取得历史性成就、发生历史性变革的重要关键词。2022 年 6 月,浙江省第十五次党代会明确提出"支持衢州创新省际合作建设四省边际中心城市",锚定建设四省边际中心城市战略定位,衢州在立足自身、辐射四省边际、面向全国、走向世界的发展格局下,跳出衢州看衢州,跳出衢州发展衢州,提出了打造十个"桥头堡"建设四省边际中心城市的发展战略。

G60 沪昆(杭金衢)高速五里枢纽

---

① 中央党校采访实录编辑室.习近平在浙江(上)[M].北京:中共中央党校出版社,2021:223.

解决到达理想彼岸的"桥"和"路"是关键。衢州牢记习近平总书记寄予衢州成为"浙江省经济向中西部邻省拓展的一个桥头堡"的重要嘱托,一直在努力。立足"两个先行",争当"示范窗口",任务艰巨、责任重大,构建十个"桥头堡"的目标就是将四省边际中心城市的宏伟规划转化为现实中的"桥"和"路"。

打造十个"桥头堡",以衢州为中心通过走出去和引进来"双轮"驱动,集聚四省边际优势资源,形成跨区域发展联盟,通过互联互通互用,实现共建共享共富,提出了浙江发展"地瓜经济"的衢州思路。建设四省边际中心城市,需要一个又一个引领性工程、战略性项目、标志性成果,打造十个"桥头堡",便是这个重要推手。衢州坚持系统化、可量化、清单化、显性化,循环抓、连环抓、反复抓,滚动实施、压茬推进,加快形成"滚雪球"效应,着力锻造经济社会发展新优势。

十个"桥头堡"构成了一个完备且开放的体系,每一个"桥头堡"都不是独立存在的。在全国区域经济一体化进程中,"十桥八廊"协同推进战略已经成为重要决策部署。通过构建十个"桥头堡",为创新省际合作方式、拓宽合作领域、研究合作机制、创建合作模式,并集中资源和外部力量为实现衢州经济和社会高质量发展提供了明确的方向。此外,衢州的现代产业链供应链已经实现了跨省扩展,致力建设四省边际人才科技创新中心,并创建一个全域旅游联盟。这可以保证四个城市(衢黄南饶)的市场和资源能够紧密结合,从而形成一个稳固的发展联盟,这将大大增强衢州在经济和社会发展中的韧性。

通过打造十个"桥头堡",可以充分利用周边地区的优势资源,加速衢州经济从高速发展向高质量发展转变。这有助于促进省际区域产业结构优化、绿色清洁能源转型、公共服务提档升级、数字化治理全面提升、文化文明深度融合、生态治理协同共治、居民生活水平进一步提高,加速发展方式绿色转型,构建现代化的绿色生产生活方式。通过实施省际区域一体化发展策略,为区域经济和社会发展注入新的动力,显著提升了区域经济和社会发展水平。通过开放式发展实现衢州物质富足、精神富有、生态富饶、社会富裕,从而全面激发了衢州经济和社会发展的活力。

通过构建十个"桥头堡",成功突破了省际区域,形成了独具特色和优势的跨区域创新链、服务链、人才链、产业链和资本链。通过实施跨区域的"五链融合"策略,衢州的发展实力实现了幂级增长。以"六大产业链"为核心,充分利用各市的自身优势,进行跨区域延链补链,集结了强大的创新资源和人才、最优质的营商环境和最丰富的资金支持。在共享的公共服务体系、互联的交通运输网络和数字化协同治理体系的保障下,利用跨省际区域协调发展的集成优势,形成了特色产业"长链"。这将有助于推动区域共同体从全国走向世界,不断增强衢州的经济社会发展的国际竞争力。2023年,全省启动了"315"科技创新体系建设工程。衢州牢固树立科技即产业的理念,始终把创新深化摆在"两个先行"的战略核心位置。围绕"315"科技创新体系的建设,衢州采取了六大科技创新行动,强化了高能级的创新平台建设,加速了高层次人才的培养,努力打造一个具有核心竞争力的区域创新中心,以促进衢州经济向高质量方向发展。

"开放是人类文明进步的重要动力,是世界繁荣发展的必由之路。"回望"八八战略"在衢州的20年实践,不断提高对内对外开放水平是其发展的关键一招。十个"桥头堡"就是十项"任务书",十道"考试题",十条"大跑道"。历史充分证明,衢州经济要发展,就必须敢于到开放市场的汪洋大海中去游泳,更好地服务和融入新发展格局,纾发展之困、汇合作之力、聚创新之势,不断续写开放图强新辉煌。

四省边际科创走廊：深化以研促产

扬帆远航，科学决策。2023年3月，为充分发挥衢州"四省通衢、五路总头"的地理位置优势，同时全面贯彻落实全省科技系统"学习年、行动年、服务年"活动，衢州进一步把各项目标要求细化、实化、具体化，精心谋划作风指数提升年、两专素养提升年、机关党建提升年活动，真正使工作部署既契合省科技系统的工作要求，又符合本地区的发展实际，确保可操作、能落实、见实效，聚焦"创新制胜"主方向，锚定打造四省边际人才科创桥头堡战略目标。

衢州"四省边际科研仪器共享"应用场景

科技兴则产业兴，科技强则产业强。衢州主动拉高标杆、对标一流，在创新平台建设、院士团队引进、创新主体培育、创新生态营造等方面采取了一系列有效举措。衢州市科技局聚焦"315"科技创新体系建设,有序推进高端化学品技术创新中心实体化运营,实现自我造血功能,加大院士团队招引力度,争取集聚五支院士团队在衢工作。加快推进动力电池和储能研究院、衢州资源化工创新研究院建设,打造衢州化工资源高质量发展的新引擎。出台四省边际人才科创桥头堡政策细则,建立四省边际科创圈区域合作协商机制。

积极拓展和延伸浙大衢州"两院"合作模式,进一步探索符合衢州产业发展规律与高质量发展相匹配的共建创新研究院路径。举办重大创新平台的签约揭牌仪式和院士成果发布会,并与厦门大学、南京工业大学和有机无机复合材料国家重点实验室签署了战略合作协议。加大力度引进一批重量级的院士团队,为创建国家高端化学品技术创新中心奠定坚实基础,并进一步加大全省战略科技实力,为化工新材料产业的发展注入更多活力和源头活水。

围绕省级"315"科技创新体系,衢州集中关注了六大主导产业的关键前沿和核心技术,对创新链技术领域的瓶颈和产业链断链断供的风险进行了全面调研,并向全社会公开征集技术需求。在此基础上,提出了打造八大研发平台的具体方案。对高端装备制造以及其他五大产业链的供应链进行了深入整理,并努力吸引上下游的企业来补齐短板。更进一步建立重大共性技术创新平台,构建区域科技创新网络。策划"一产业一创新研究院"和"一县一研究院"的建设项目,加强政府、产业、学术和研究的协同合作,进行关键技术的引领攻关。培育壮大一批科技领军人才和团队,打造一支高素质科研队伍,为实现新跨越提供有力支撑。实施超过 100 个具有前瞻性和战略性的市级关键核心技术攻关项目,并努力争取至少 10 个项目被选为"双尖双领"等省级重点研发计划项目。

科研强不强,还要看科研主体有没有形成合力。衢州致力于推动科研管理的改革,为各大学和科研机构创造了一个优质的科研氛围。将"负面清单+包干制"的改革策略扩展至全市事业单位,确保科技创新人才和他们的团队拥有充分的技术决策、资金管理和资源调配权利,从而使财政资金真正服务于科研人员的创新活动。完善以成果转化为主线的科研项目管理制度,实施项目申报与评审分离制度。开展科技人才激励机制改革,并在省高端化学品技术创新中心试验新的科技成果转化模式,同时探索如何在人才科技领域建立尽责、容错和免责机制,以激发创新和创业积极性。深化高校科研机构分类管理制度改革,完善学科体系建设,优化学科专业结构布局,提升区域创新能力。努力建强浙江大学衢州"两院"和电子科技大学长三角研究院等重要的科技创新平台,建设赋予科研人员职务科技成果所有权或长期使用权的试点项目,支持跨职务科技成果的作价投资和自主创业,以加速激发科研人员的创新活力。

瞄准靶向,立足当前。通过一系列举措,衢州充分发挥了地理位置优势和政策优势带来的叠加效应,科技水平火速提高。2022 年,衢州在全国城市创新能力百强排行榜上名列第 61 位,相较于前一年提升了 10 位,成为四省九市中的佼佼者;建成国家创新型试点地区之一;成功建立了省级高端化学品技术创新中心;省级高新技术产业开发区实现对整个县域的全面覆盖;新材料和先进制造基地建设成效显著;高新技术产业的投资增长速度为 116.4%,在全省处于领先地位;科技创新能力显著提升。高新技术产业的增加值增长了 11.3%,在全省排名第二;规模较大的工业企业在研发方面的投资增加了 22.8%,居全省前三位。

电子科技大学长三角研究院:打造创新新高地

电子科技大学长三角研究院于 2020 年 1 月 5 日签约,2020 年 4 月 15 日揭牌。研究院努力在电子信息等领域建成全国一流、国际先进的集成果转化、科研育人和专业技术培训等于一体的创新创业平台。研究院项目总投资 46 亿元,总用地面积约 495 亩,于 2020 年 9 月 30 日开工建设,2021 年 11 月整体入驻,传承着电子科技大学"求实求真、大气大为"的校训,围绕"315"科技创新体系重大工程、赋能衢州六大标志性产业链和打造四省边际人才科创桥头堡的目标,在平台开发、科学研究、人才培养、成果转化等方面,取得了一系列重要成果。

电子科技大学长三角研究院

摆兵布阵,科学谋划。研究院大力建设高水平人才高地,创新人才引育机制,引进高层次科研人员 100 余人,其中欧洲科学院院士,以及我国长江学者和杰青等在内的国家级人才 10 人,省级人才 3 人,其中浙江省引才计划入选1人,获浙江省自然科学奖一等奖1人,获浙江省生物信息学学会自然科学二等奖1人,具有高级职称的研究人员80余人。研究院建有浙江省博士后工作站,获批国家级博士后科研工作站,与电子科技大学联合招收博士后,现有博士后合作导师23人,先后引进博士后11人。

研究院催生了浙江省无线电产业基地,为衢州经济社会发展特别是数字经济发展注入了新动能。研究院持续发挥在电子信息领域的优势长项,加强学科建设,创新招引人才,研究孵化项目,全方位助推四省边际人才科技桥头堡建设。

研究院坚持"人才强院""科创兴院"战略,着力开展产教融合育人模式,为地方产业发展培养急需的高层次应用型人才。研究院瞄准重大科学问题与"卡脖子"关键技术,加强原创性引领性科技攻关,加快高能级科创平台建设。依托高能级平台积极开展高水平科创,截至2023年11月,申请发明专利160余项,获得软件著作权40项,发表高水平论文200余篇,25个项目获得国家自然科学基金资助;签订横向项目45项,1项科技成果经浙江省科技厅推荐入围第二十四届中国国际高新技术成果交易会。

研究院坚持创新链与产业链深度融合,积极吸附产业、支撑产业。瞄准衢州市企业发展突出问题与现实需求,解决科研与市场需求脱节问题,实现创新链和产业链的精准对接。持续与企、事业单位开展科研合作项目100余项。作为浙江省经信厅、衢州市人民政府、电子科技大学共建的"浙江省无线电产业基地"的重要建设单位,研究院积极做好产业规划工作,筹建"浙江省无线电设备检测中心",推进无线电产业发展,助力衢州产业转型升级。同时,研究院联合校友会,充分利用校友在电子信息行业中的优质资源,探索新形势下的成果转移转化,促进产学研用结合,帮扶企业、吸附企业,促成了浙江无端科技股份有限公司、浙江电科智盛科技有限公司等一批独角兽企业、国家高新企业来衢投资投产。

集中精力,创新引领。研究院从零开始、拔地而起的诞生历程,是衢州科研进程的生动写照、衢州速度的真实体现和衢州格局的充分展示。研究院将继续对接衢州产业,开展技术攻关,促进企业转型升级,为衢州高质量发展注入最大增量,并积极探索极具特色的校地合作新模式,立足衢州、服务浙江、影响全国。

浙大衢州"两院":助力高质量发展新征程

学所以益才也,砺所以致刃也。浙大衢州"两院"是浙江大学工程师学院衢州分院、浙江大学衢州研究院的简称。在衢州市委、市政府和浙江大学校领导的关心指导支持下,浙大衢州"两院"创新管理团队,勠力同心,团结奋斗,推动"两院"建设实现跨越式发展。2021年9月29日,浙大衢州"两院"常山港院区及中试实验实训基地正式落成启用。这是新时代浙江大学深化校地合作、高质量服务区域重大战略的一件大事,是浙大化工学院"双一流"建设进程中的重要里程碑。

衢州市和浙江大学携手创造了不平凡的过去,校地双方同心协力结出了累累硕果。浙江大学将世界一流的科研和教育资源注入衢州,服务衢州,助推衢州高质量发展;衢州市委、市政府高度重视,各级部门主动服务,广大建设者日夜奋战,浙大精神、浙大力量与衢州发展、衢州速度的结合,树立了校地合作的样板。浙大衢州"两院"继续秉持求是创新的浙大校训,在集聚和培养高端创新人才,攻克重大关键核心技术,推动科研成果转化落地等方面,取得了更多的标志性成果,为衢州产业创新、科技创新提供了更加强劲的动能。

浙大衢州"两院"立足衢州化工新材料产业基础和浙江大学科研优势,深化科教融合和产教协同创新机制,积极探索卓越工程人才培养特色模式,强化工程引领,将专业人才培养由实验室延伸至工厂车间,校内、校外双导师给予基础和应用双向指导,把论文写在企业车间,把成果运用于实际,加快培养具有创新能力和国际竞争力的工程技术人才。浙江大学、巨化集团有限公司、浙江大学衢州研究院研究生联合培养基地先后获批浙江大学校级专业学位研究生实践基地、浙江省研究生联合培养基地。

浙大衢州"两院"坚持创新驱动发展战略,抢抓机遇、乘势而为,构建"基础研究+技术攻关+成果产业化+科技金融+人才支撑"全过程创新生态链,发力源头创新、打通创新链条、广聚创新人才、建设高能级科创平台,架起科研服务产业、产业反哺科研的"双向车道",实现创新链产业链"双向融合",助力衢州打造新材料产业发展高地,为后续产业化源源不断输送优质成果。先后获批省新型研发机构、省技术创新中心、省工程研究中心、国家自然科学基金基础科学中心。

浙大衢州"两院"积极发挥学科交叉优势,培育集成创新优势,联合高校、企业、行业协会等开展协同集智攻关,高水平建设浙江省高端化学品技术创新中心和高端医用聚合物材料浙江省工程研究中心等省级新材料重大创新平台,强力推进国家重点实验室和国家技术创新中心建设,在氟硅钴新材料、电子化学品、新能源等新材料领域突破了一批重大关键核心技术,产出了以等离子体制备技术和超高纯锂离子电池电解液技术为代表的一批标志性科研成果。

浙大衢州"两院"充分利用平台优势发挥"磁场"效应,围绕产业链布局人才链,依托人才链壮大产业链,助力衢州打造新材料产业人才集聚高地。截至 2022 年 12 月,已构建了一支高水平、具有国际竞争力、结构完备的人才队伍,其中科研与技术人员 141 人,包括中国工程院院士 1 人,国家级人才计划入选者 7 人,国家级青年人才计划入选者 14 人,衢州市有突出贡献中青年专家 1 人,衢州市"115 人才"计划入选者 11 人,已招录具有博士学位研究人员 143 人。

浙大衢州"两院"在主动对接国家战略中实现高质量发展,胸怀"国之大者",服务高水平科技自立自强,进一步培育和壮大新能源新材料等新兴产业,推动化工等传统优势产业迭代升级,打造全国领先的产教研融合发展的创新创业平台。充分发挥浙江大学的综合优势、学科特色,主动融入衢州经济社会发展,构建高校地市产业联动的一体化校企合作新模式。在深入对接产业前沿需求中,培养高水平的创新人才,主动拥抱创新创业的浪潮,加强与巨化集团等龙头企业的对接,围绕产业前沿需求,抓好教育教学和人才培养工作以及党建工作。

西向创新省际合作：推动西延行动落地

2020年11月，《义甬舟开放大通道西延行动方案》正式印发实施，衢州作为义甬舟开放大通道西延的重要战略支点，首次被纳入义甬舟开放大通道建设。衢州深入贯彻落实浙江省委、省政府决策部署，全力推动西延行动落地落细落实，以打造四省边际中心城市为总目标，深入谋划、主动对接、全面融入，将区位优势转化为发展新优势，高水平建设浙江内陆开放的战略支点和义甬舟开放大通道西延桥头堡。

追求卓越，坚韧前行。衢州积极向外扩群，与安徽省亳州市签订战略合作协议，参与推动义甬舟开放大通道西延行动方案实施；加强与宁波舟山港、义乌国际陆港合作，努力打通东向出海、西向出境的国际国内物流通道。以衢州机场迁建、衢州港区建设、铁路货场搬迁及国家各层面鼓励多式联运发展等相关政策为契机，打造港口航运物流基地、陆港现代物流基地、空港综合服务基地。

龙门吊昼夜运转，运货车穿梭不息。衢州凭借"公、铁、水、空"四位一体的交通枢纽优势，加快构建"大开放"体系、"大交通"格局。一艘艘满载集装箱的货轮进港出港，浙江自贸试验区衢州联动创新区获得授牌，商贸物流产业获省"一县一策"精准扶持，第四批国家多式联运示范工程的申报工作有序推进。随着空港新城筑基工程的深入实施，浙西示范物流枢纽基本建成，临港临空经济、商贸物流、现代服务业共生共荣，一座四省边际物流中心、枢纽之城必将冉冉升起。

厚植优势，落地见效。衢州加快构建与四省边际中心城市相匹配的现代综合交通体系，进一步发挥衢州"承东启西、联南通北"的综合交通优势。在铁路方面，主攻杭衢铁路，破难题、抢进度，项目进展顺利，在全省率先突破取土场政策变化难题。衢武铁路成为《国家综合立体交通网规划纲要》长三角至粤港澳主轴通道部分，衢丽铁路试行全国第一个全过程咨询铁路项目。在公路方面，杭金衢高速拓宽加快建设，于2022年9月建成通车。甬金衢上高速完成线位方案审查,力争提前至与金华段同步开工。在航运方面,完成衢州市多式联运枢纽港总体规划研究编制工作,枢纽港项目列入《浙江省综合立体交通网规划(2021—2050 年)》。常山江航电枢纽项目纳入国家《"十四五"现代综合交通运输体系发展规划》,成为衢州第一个被纳入国务院批准的规划的交通项目。衢州大力推进现代服务业提质转型,进一步激发衢州商贸物流活力,加快打造"聚浙西、通四省、联全国"的区域物流集散中心。

开放自信,科学谋划。衢州积极构建"3384"建设体系,以建成"一平台、一基地、一高地"为目标,打造"一体两翼"多片区联动发展格局。《中国(浙江)自由贸易试验区衢州联动创新区总体方案》获浙江省自贸办批复。召开开放型经济发展暨中国(浙江)自由贸易试验区衢州联动创新区建设推进会,自贸试验区衢州联动创新区和衢州首家外贸综合服务企业"衢州市融易通外贸服务有限公司"揭牌成立。国家级跨境电子商务综合试验区线上综合服务平台正式上线运营,制定新一轮支持跨境电商发展的政策工具箱,以政策撬动项目推进。线下公共服务中心和跨境电商生态服务体系建设全面推进,培育龙游五金机械、衢江特种纸、柯城休闲用品三大跨境电商产业集群试点,助力本地企业开展跨境业务。

衢江区坚定不移地执行"工业强区"的战略方针,稳步推动工业经济的提升项目。衢江区以"亩均碳均论英雄"的改革理念来引领工业平台的整合和提升,主动参与全市六大标志性产业链的提升工程,实行"招大引强"和"腾笼换鸟"策略,以推动规模以上企业实现专精特新升级和企业上市的"凤凰行动"。大力推进"三化联动",助推绿色发展转型跨越。通过一系列的组合拳策略,工业经济得到了质的提升和效益的增长,高能级的创新平台实现了"零"的重大突破,工业特色的"冠军"不断涌现,并被评为知识产权示范区和"浙江制造"品牌培育区。重点围绕新能源、高端装备制造业和生物医药三个领域加快布局,积极谋划一批重点项目开工投产,全力助推区域转型跨越发展。廿里工业功能区正在全力构建一个省级的特色生态产业平台,同时低效企业的整顿和基础设施的建设也在稳步前行;维珍产业园和仙鹤股份等亿元规模的产业项目正在快速实施,以通用高分子有机材料为核心的产业发展新模式已经初步确立。

浙皖闽赣国家生态旅游协作区:共建生态旅游"朋友圈"

　　浙皖闽赣四省自古以来山水相依、地缘相近、人缘相亲,特别是四省交界区域,生态条件优良、旅游资源丰富、文化底蕴深厚,是中国生态保护与建设、旅游经济发展条件比较优越的区域。2014 年 11 月,浙江、安徽、福建、江西四省人民政府共同发起申请,建议设立浙皖闽赣国家生态旅游协作区。

95 号联盟大道

　　党的十八大以来,以习近平同志为核心的党中央高度重视区域协调发展。党的十九大报告明确指出,实施区域协调发展战略,建立更加有效的区域协调发展新机制。为了贯彻落实长江经济带的建设和长三角地区一体化发展的国家战略,创建世界级的生态旅游目的地和加速浙皖闽赣国家生态旅游协作区的建设进程,四个省份联合发布了一份名为《浙皖闽赣国家生态旅游协作区"半价游"合作协议》的文档。该协议是全国首个关于跨省、跨部门开展"半价游"合作的规范性文件,对加强我国生态文明制度创新具有重要意义。为了全方位提升"依法治旅,依法兴旅"的执行水平,四个省份的各级文化旅游质量监督执法机构,在建立了更加紧密和务实的合作关系基础上,联合发布了《浙皖闽赣国家生态旅游协作区旅游执法投诉联动机制(试行)》。

浙皖闽赣(衢黄南饶)之间,将各自的制度创新在其他区域推广;浙皖闽赣(衢黄南饶)之外的制度创新,同样可以在浙皖闽赣(衢黄南饶)内拿来推广;全国其他自创区、自贸区、综试区等的制度创新,也可以在浙皖闽赣(衢黄南饶)进行尝试,符合发展实际的则进一步予以推广。在衢州开放工作的推进背景之下,四省边际相关单位定期跨层级、跨区域、跨领域召开联席会议,如浙皖闽赣国家生态旅游协作区线上推进会、浙皖闽赣(衢黄南饶)"联盟花园"合作开发推介会、浙皖闽赣四省边际职业培训联盟成立大会等。

衢江区正致力于成为华东地区著名的康养休闲胜地,争取打造一座华东生态福地、康养之城。自从成为 G20 杭州峰会农产品主供地、作为全国首批农产品质量安全县唯一代表亮相全国"双安双创"现场会,衢江区对国家非遗杨继洲针灸文化资源进一步挖掘,成为世界针灸康养大会永久性会址,成功地举办了世界针灸康养大会、中国极限运动公开赛总决赛和中国帆船城市超级联赛等活动。如今,衢江区已经成为省级的示范文明城区和全域旅游示范区,"衢州有礼·康养衢江"的城市形象也在不断地得到深化和提升。

远可望,近可游,居可养。循着空港新城的规划蓝图,港城融合、城市畅通、城市花园等工程稳步实施,"三馆一中心"、文体健康产业园等高端生活配套设施加快建设,樟潭古埠、望江苑未来社区智慧康养 IP 稳步构建,一座宜居宜业宜游的现代化城市轮廓越来越明晰。

诗画风光带山水间,尺方间文化创意园、六春湖高山滑雪旅游度假区、新田铺田园康养综合体等总投资超 400 亿元的十大文旅标志性项目串珠成链。康养禀赋吸引总投资 60 亿元的"梦回唐朝国风溯唐"项目落户,不久的将来,全球最大规模沉浸式水秀溯唐文化体验度假区也将在此地呈现。

"95 号联盟风景道"是指在衢黄南饶"95 号联盟大道"基础上,按照"一道(风景道)一带(旅游带)一区(拓展区)"的"鱼骨状"线性空间布局建设的景观大道、风情廊道、产业纽带。衢黄南饶"95 号联盟大道"长 1995 公里,串联衢州、黄山、南平、上饶 4 个市的 9 个国家 5A 级旅游景区。2023 年 7 月,"95号联盟大道"正式开通,成为一条风光大道、旅游大道、文化大道。

衢黄南饶"联盟花园"：旅游"一家亲"

浙江、安徽、福建、江西四省在生态保护、建设以及旅游经济发展方面条件比较优越。衢州、黄山、南平、上饶四个城市都是浙皖闽赣国家生态旅游协作区的成员，这四个城市的自然风光和文化习俗都非常相似。近年来，衢黄南饶四个城市以创建国家生态园林城市为目标，积极践行全域旅游理念，大力推进旅游业转型升级。依据《浙皖闽赣(衢黄南饶)"联盟花园"合作共建框架协议》的规定，四个城市计划将"联盟花园"发展成为跨省域旅游合作的先锋区域和美丽经济幸福产业的聚集地，目标是将其打造成具有独特特色的国家级旅游休闲城市群和世界级的生态文化旅游目的地。

黄衢南高速公路开化段

2021 年 1 月 22 日,浙皖闽赣(衢黄南饶)"联盟花园"建设工作领导小组第一次会议暨衢黄南饶"联盟花园"签约仪式以视频连线的形式在浙江衢州、安徽黄山、福建南平、江西上饶四个城市同步召开,四市共同签订《浙皖闽赣(衢黄南饶)"联盟花园"合作共建框架协议》,承诺将"联盟花园"创建工作纳入各自党委、政府工作重要内容,标志着浙皖闽赣探索合作共赢新机制迈出了实质性步伐,吹响了四省跨区域一体协同发展的集结号。

衢黄南饶四个城市本是浙皖闽赣国家生态旅游协作区的成员,又因其山水相依、风俗相近和人缘良好的特点,共同构建了一个"联盟花园"。为了实现这一目标,需要突破行政区划的界限,加强城市与城市之间以及各部门之间的协调合作,建立和完善浙皖闽赣生态旅游的协作机制,并基于各自的差异化竞争优势来创新生态文化旅游目的地的新格局。通过构建完善的联动协作模式,积极推动浙皖闽赣国家生态旅游合作区的建立。与此同时,四个地区的政府实施了多项策略以增强合作,从而促进经济增长。

推进基础设施配套一体化。编制"联盟花园"旅游地图,建立四市旅游在线导览查询平台。制定了"联盟花园"景区(点)道路交通指引标志标识设置规范,在四市重点景区、高速公路、车站、码头、机场设置了规范统一的旅游交通指引标志标识。推进旅游惠民便民服务体系建设,在高等级景区、车站、机场、酒店等场所实行服务提升工程。完善公共服务设施的旅游服务功能,推进无障碍设施、旅游厕所、景区停车场、城市旅游线路泊客点、旅游标识系统等便民服务设施建设。统筹旅游集散中心网络建设,实行资源共享、统一平台、联网售票。

推进产品开发一体化。聚焦四市优质生态文化旅游资源,做好传统团队游产品的串联和提升,打造国际知名、国内一流的核心旅游产品品牌,共同打造世遗风景廊道产品、古城古镇古道历史古迹体验游产品及儒释道文化传承产品。精准聚焦不同消费群体,共同谋划推广一批多样化、个性化、品质化的旅游线路和产品,提炼核心吸引力,增强体验性和趣味性。重点聚焦年轻人群体等消费主力军,加强小众游、研学游、夜间旅游、私人定制游等各类新型旅游消费模式的创新探索,做强做精名山之旅、世遗之旅、水上之旅、红色之旅、乡村之旅、生态之旅、康体之旅、茶文化之旅等特色主题旅游。

推进管理服务一体化。整合四市旅游数据资源，实现数据资源共享，集约高效推进数据资源体系、应用支撑体系、业务应用体系的研究和利用，重构旅游商业模式、消费生态、管理方式，达到决策咨询"一朵云"、游客服务"一码游"、数字监管"一张网"的目的。健全和完善区域旅游标准体系，重点推进旅游企业管理、环境卫生、旅游安全、节能环保等地方性标准建设。建立旅游综合协调、旅游案件联合查办、旅游投诉统一受理等综合监管机制，全面提升无障碍旅游管理服务水平，不断优化旅游市场环境。

推进营销推介一体化。充分挖掘四市共同的资源品质、文化脉络，提炼具有鲜明文化特征、浓烈地域风情的统一对外旅游形象。围绕主题形象，统一设计一套标识系统、一套宣传资料、一部宣传视频等品牌宣传作品。坚持四市"互为发源地、互为目的地"理念，互设旅行社或分支机构、旅游接待集散中心以及旅游企业连锁店、专卖店等，探索推进连锁模式和品牌输出合作。联合出台旅游惠民政策，探索推出景区"一卡通""旅行护照"等产品。加大旅游协同发展扶持力度，制定出台四市统一的激励奖励政策，鼓励旅行社客源互送共招、产品合作共推，符合条件的给予相应的游客组织奖励。

衢饶示范区：探索共同富裕之路

浙江、江西两省山水相连、文化相近、人缘相通,历史上交往非常密切。2019年2月,为构建浙赣两省开放发展大通道、"山海协作"大平台,践行"绿水青山就是金山银山理念",促进两省优势互补培育边际经济新的增长极,浙赣两省主要领导高位推动,两省发改部门密切联动,选定在浙赣两省三县市交界处建设衢饶示范区,规划总面积20平方公里,由此拉开了衢饶示范区建设的序幕。

党的二十大报告明确指出:"着力推进城乡融合和区域协调发展,推动经济实现质的有效提升和量的合理增长。"[①]这是一个重大的理论创新与实践突破。浙赣边际合作(衢饶)示范区,位于浙赣两省的交界处,是浙赣两省基于规划共绘、平台共建、产业共融、要素共享、生态共保的原则,突破传统行政区划限制,探索建立新的省际合作模式。

历时3年,从"打基础"到"见成效",浙赣边际合作(衢饶)示范区(玉山片区)的建设框架已全面拉开,目前已经成功实施了三个"5020"项目,总投资金额高达百亿元;新签署了两个"5020"项目合同,预计总投资额为60亿元;目前正在预备2个入园的"5020"项目。更为关键的是,曾经横亘在不同区域之间的发展不均衡和不充分的沟壑,正在随着跨省山海合作的新尝试而逐步减少。基于新发展理念,衢州的江山、常山和上饶的玉山三个地区,共同构建了一个优势互补、高质量发展的区域经济布局,探索"三山"共富的路径。

浙赣边界,山水相依,现在更是从"邻里"变成了"一家"。一侧是常山和江山这样具有项目优势的地方,另一侧则是玉山这样拥有土地资源的地方。

---

① 习近平.高举中国特色社会主义伟大旗帜 为全面建设社会主义现代化国家而团结奋斗——在中国共产党第二十次全国代表大会上的报告[M].北京:人民出版社,2022:28-29.

这两个地区从产业转型到了"飞地经济",并通过"资本＋技术＋管理优势"的模式,进一步整合了"土地＋劳动力＋自然资源优势",从而激发了跨区域的深度合作,为当地居民创造了更多增收致富的途径。毗邻的玉山县岩瑞镇的太平村与常山县白石镇的草坪村联手创建了一个共同富裕的果园。太平村总共流转了 100 亩的高标准农田,其中 70 亩用于村集体的自主经营,另外 30 亩则通过土地入股的形式与草坪村共同经营。草坪村不仅提供了品牌和运营渠道,还引领村民发展了致富产业。

衢饶示范区位于长三角城市群、海西经济区城市群和长江中游城市群这三大城市群的地理核心位置,是 G60 科创走廊中的关键节点。衢饶示范区不仅是实施长江经济带发展战略的关键平台,也是长三角一体化战略的强有力支持;创建衢饶示范区有助于充分利用浙江在科技、人才、资本和改革创新等方面的优势,以及江西在生态和低成本要素等方面的优势。这将有助于东部经济发达地区与中部内陆地区实现高质量的资源对接,并为区域协调发展提供一个示范性的模板。创建衢饶示范区不仅是对国家东部生态旅游示范区建设的一种创新实践,而且对于浙赣边缘的"大花园建设"也是有益的。

2023 年 7 月,玉山与常山的合作计划"再加码",目标是深化两省交界地区的合作示范,探索生态环境与基层治理的协同作用,推动基础设施、公共服务和美丽经济的共建共享等方面签订战略合作框架协议。首批涉及的常玉快速通道、衢饶示范区公交站、职业教育联动共享、异地就医结算制度、环境空气质量联防联控、燃气管网互联互通和联合招商等 24 个项目正在有序推进,为浙赣边际合作(衢饶)示范区注入了源源不断的活力。

衢饶示范区建设是践行"绿水青山就是金山银山"理念、主动融入长三角一体化发展国家战略的生动实践,也是深入实施"地瓜经济"提能升级"一号开放工程"、提升衢州西向战略支点开放功能,加快建设四省边际开放开发"桥头堡"的重大举措,对浙赣两省边际打造新经济增长极具有重要的战略和现实意义。

建成全国首个大宗货物"公转水"在线应用平台：
大道通"衢"向未来

衢州市始终坚持交通优先发展,加快构建公、铁、空、水"四位一体"现代综合交通网络体系,交通先导实现全面突破。2020年4月17日,浙江省全面推进高水平交通强省建设动员大会在杭州召开。会上,衢州市被授予浙江省交通强国建设试点单位。此后,衢州加快发展步伐,建成全国首个大宗货物"公转水"在线应用平台,提速建成杭金衢高速改扩建二期。

由于衢州的碳账户建设走在全省前列,加上衢州的产业水运需求较大,浙江省大宗货物"公转水"在线应用试点最终在衢州落地,这也是全国首个"公转水"在线应用试点平台。2022年8月29日,随着两声清亮的船笛鸣鸣,浙钱江货00719号货轮载着836.35吨砂石货物缓缓驶入衢州港衢江港区大路章作业区。该货轮始发自江苏常熟港口,抵达衢州后,立刻通过浙江省货物运输"公转水"在线应用衢州试点平台上传了路程、载货量等信息,平台根据该货轮"公转水"运量核算成碳减排量并发放积分。这也是该平台正式上线后的第一笔业务。在这个试点平台上,平台会根据"公转水"运量核算碳减排量并发放碳积分,分级分类给予政策支持。

交通运输作为国民经济发展的基础性行业,是主要的碳排放源之一,其中约80%来自公路运输。研究表明,公路运输碳排放强度约为水路运输的10倍,推进"公转水"可有效减少交通运输领域碳排放。"公转水"试点遵循数字化改革理念,依托港口作业系统,准确计量"公转水"运输量、碳减排量,并开创性地将"公转水"减碳量与企业用能预算指标实行增减挂钩,同时辅助其他针对性激励举措,有效引导企业"公转水"。如今,试点已初见成效。

在未来,大宗货物"公转水"在线应用试点要进一步提质拓面。衢州要在现有基础上进一步推广应用,引导更多运输需求走水路;丰富平台服务、监管功能,让减排功能依托业务功能之上。各相关市交通运输部门借鉴衢州经验,结合各地实际加快谋划设计公转水应用场景,积极研究出台各类针对性激励政策,引导发挥市场主体作用,向运输结构调整要减排量。浙江省港航管理中心进一步将"公转水"在线功能纳入"数字港航"体系,实现数据联通、流程贯通、功能融通,逐步构建水运的碳达峰模块。

杭金衢改扩建二期是浙江省"大通道"建设重点推进项目,也是浙江省交通集团全面打赢综合交通三年大会战的关键工程、民生工程。项目建成后,连接上杭金衢改扩建一期以及沪杭高速,浙江将拥有首条贯穿全省的双向八车道高速公路大通道。项目新增婺城、龙游港、衢江、柯城 4 处互通及连接线,主要是为了进一步优化区域路网结构,打造综合交通体系,促进地方经济发展和方便群众出行。项目涉及金华、衢州两地四个县区,需要沟通协调土地、环保、水保、交通、乡镇、村委、运营等多个单位部门及周边百姓,指挥部听取各方诉求,寻求最佳方案,加大投入,快速有序推进,切实建成民生工程。

2022 年建成的龙游港互通也是惠及民生的亮点工程。龙游港互通的建成,打通了龙游港区与高速公路之间的连接,进一步完善了龙游县水路、公路相融合的交通体系布局,对促进浙西龙游区域经济发展发挥着重要作用。

衢江航运开发：激发"江"活力

钱塘江中上游的衢江（衢州段）航运开发项目是衢州自建市以来首个自主组织和实施的大规模水上运输项目，同时也是钱塘江中上游航运复兴工程的一个关键组成部分，该项目的总预算投资大约为 32.44 亿元。该工程主要聚焦于航运和发电，同时也具有改善水质和灌溉的多重价值。它从衢州市区的两个港口开始，一直延伸到金华洋埠，并按照四级航道的设计规划，总长度为 57 公里。

衢江港区大路章作业区

因水而生，依水而兴。改革开放以来，随着经济社会发展和人民生活水平提高，对水上运输需求越来越大，水运经济得到快速发展。20 世纪 70 年代后，衢江的航线被迫中断。经过多年努力，终于实现了通航的百年梦想。2003 年，衢江（衢州段）的航运开发项目被正式提上了议事日程。2011 年，红船豆枢纽和船闸工程成为首个开工建设的项目,这标志着衢州航运事业的复兴,并激发了其勇往直前的雄心壮志。2019 年 1 月 2 日,断航半个多世纪的衢江航运重新全线开放,开港以来货物吞吐量累计突破 1500 万吨。57 公里长的衢江航道穿越了浙江的中西部和东部沿海地带,它已经成为连接"山上浙江"和"海上浙江"的重要水上通道、交通枢纽和经济动脉。

衢江作为浙江省第一大河钱塘江南源兰江的上游主流,具有较为丰富的水资源。衢江航运的规划执行对于优化衢州市的综合运输结构以及推动衢州市的经济和社会进步都具有深远的影响。衢江航运开发工程通航后,衢州的水运节点优势更为明显。向东看,衢州与长三角地区的其他城市可以更加紧密地结合,大宗物资可以通过衢江航道在衢州与沪杭甬等地进行交流,甚至可以通过京杭运河连接到更远的苏北地区。向西看,衢州是一个关键的省际节点城市,衢江有助于推动周边省市和东部沿海地区的物资流通,这将在加强宁波港等港口与钱塘江水系、鄱阳湖水系、长江中游的连接方面发挥重要作用。

锻造更强实力,开启广阔未来。2022 年 8 月上旬,衢州水运发展再次传来振奋人心的好消息:钱塘江中上游常山江(辉埠—双港口)航电枢纽项目一期工程可行性研究报告获省发展和改革委员会批复。常山江是钱塘江中上游航道的重要组成部分,该工程的实施对推动交通运输绿色发展、贯彻落实交通强省战略、完善区域综合交通运输体系建设等方面具有重要意义。2023 年 1 月至 3 月,衢州港共完成港口吞吐量 155.8 万吨,比去年同期增长 71.9%,增速全省第一,其中集装箱 719 标箱。

交通,让发展血脉畅通。航道,串起条条致富线。围绕做深做广衢州港在四省边际的多式联运枢纽的辐射力、影响力,进一步加强市场开拓、客户群体挖掘,引导港口运营单位有组织、有计划地进行市场调研走访,全面掌握周边地区潜在货源信息及货运需求,并同步做好衢州港水运优势、服务项目的推介宣传,努力开发新客户,吸引新业务落地。以龙游港区为例,该港区根据货物情况分析及客户走访,针对纸浆客户新开发了上海瀚渝国际物流有限公司,2023 年一季度已装卸 1 万吨纸浆,同时对接常熟威特隆与城北开发区建立纸浆仓库事宜,促进了纸浆吞吐量稳步提升。

参与"一带一路"重要枢纽建设:共谋"丝路"美好未来

浙江在"一带一路"建设中起到了关键的枢纽作用。被誉为"四省通衢、五路总头"的衢州,在历史上一直是海上丝绸之路的重要节点。进入新时代,衢州将区域开放视为其最重大的改革措施。衢州积极参与"一带一路"枢纽建设,丝路经济实现快速发展。

衢州"一带一路"商贸合作项目,作为浙江省对外开放的十大重要举措之一,是由衢州市政府与南南合作促进会共同策划的。这是衢州市政府"大花园"项目的核心部分,计划在大约三年的时间里,在衢州的高铁小镇上建设一个集投资洽谈、会展贸易、现代物流、跨境电商、转口集散、保税仓储、研发设计、金融结算、咨询服务等多功能于一体的新型投资贸易中心。这个创新项目显著增强衢州以及浙皖闽赣四省边际广大区域的国际开放程度。

2017 年,衢州在共建"一带一路"国家经贸合作项目的进出口总额中占比近三成。衢州实现进出口总额 366.54 亿元,增长 29.3%,增幅位列浙江省首位,其中出口 261.64 亿元,进口 104.90 亿元。服务贸易进出口总额约 31 亿元。新批外商投资企业 25 家,合同利用外资 5.77 亿美元。新批境外投资项目 7 个,中方境外投资额 1.71 亿美元,开山股份、健盛集团列入 2017 年浙江本土民营企业跨国经营 30 强。

2018 年 6 月 28 日,"一带一路"(中国·衢州)国际经贸合作活动在衢州举行。来自 20 多个国家的驻华大使、驻沪总领事馆和使馆馆员、企业家等近百名外宾参加活动。该论坛上,衢州与 4 个国家的 4 个项目签约。

2019 年 6 月 28 日上午,以"开放大通道,智慧大花园"为主题的第二届"一带一路"(中国·衢州)国际经贸合作大花园论坛在衢州举行,来自超过 30 个"一带一路"共建国家的驻华大使和驻沪总领事,南南合作促进会、外国在华商务机构、浙皖闽赣四省九市的代表，以及进出口商和投资商等多方面的企业界人士，齐聚衢州，共同赴约"大花园"，共同探讨"丝路"经济的美好前景。

"去年，我出席了首届'一带一路'（中国·衢州）国际经贸合作论坛，并见证了衢州国际经贸中心开馆仪式，没想到短短一年时间，成果这么大！了不起！"南南合作促进会的会长吕新华表示，他看到衢州国际经贸中心正在逐步成为衢州以及浙皖闽赣四省边际地区与各国进行经贸文化合作交流的重要平台，感到非常欣慰。他坚信，"一带一路"国际经贸论坛这个项目平台将会成为衢州对外开放的重要桥头堡，成为各国展示国家形象、开展国际交流与合作的良好平台，也将是各国打开衢州和浙皖闽赣四省市场的重要通道。"南促会将一如既往地支持衢州开展国际交往所做的工作，全心全意为中国企业走出去、办实事、办好事。"①

衢州国际经贸中心坐落于衢时代创新大厦，是衢州对外开放的显著标志。该中心已经在韩国、委内瑞拉、哥伦比亚、印度尼西亚、瑞士、古巴、巴基斯坦、俄罗斯等36个国家设立了展示馆和展览馆，展示了各国的经济、文化、自然资源和投资环境等多方面的内容，成为各国整体形象的一个缩影。厄瓜多尔的驻华大使卡洛斯拉雷亚首次访问衢州时表示，"南孔圣地·衢州有礼"给他留下了难以忘怀的记忆。厄瓜多尔与中国之间的金融合作关系一直十分紧密，据他了解，2018年的双边贸易总值已经突破了57亿美元的大关。衢州所组织的各种活动，对于"一带一路"共建国家在贸易、旅游和投资等多个领域实现合作与共赢都非常有益。

2019年，衢州已与200多个国家和地区建立了贸易合作关系，并与全球13个城市形成了友好城市关系。此外，700多家外国企业选择在衢州进行投资和创业，而50多家衢州的本地企业也开始走向国际，积极开拓市场。衢州，一个日益开放和国际化的城市，正在从"四省通衢"的模式逐渐转变为"衢通世界"的模式。

---

① 马振寰.从"四省通衢"到"衢通世界" 衢州与"一带一路"沿线国家经贸合作水平持续提升[N].中国日报网，2019-06-29.

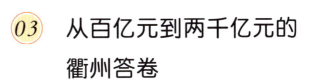

03 从百亿元到两千亿元的
衢州答卷

进一步发挥浙江的块状特色产业优势,加快先进制造业基地建设,走新型工业化道路。

20 年来,衢州坚定不移走新型工业化道路,强力实施"工业强市、产业兴市"战略,深入开展工业强市十大专项行动。经过 20 年的努力,成功建成"一个全覆盖""两个创新地""三个高新技术""六大标志性产业链"的极具特色的工业、产业体系。"一个全覆盖",就是形成高新技术产业园区县域全覆盖。"两个创新地",就是指省高端化学品技术创新中心和全省首创的"创新飞地"。"三个高新技术",指产业创新研究院体系初步形成、科技特派员夯实共同富裕底板和企业科技特派员模式的首创。"六大标志性产业链"指新材料、新能源、集成电路、智能装备、生命健康和特种纸产业链。新材料产业具有代表性的是华友钴业和巨化集团有限公司,新能源产业具有代表性的是一道新能源和吉利三电,集成电路产业具有代表性的是金瑞泓科技(衢州)有限公司,智能装备产业具有代表性的是禾川科技和红五环,生命健康产业具有代表性的是华康药业,特种纸产业具有代表性的是仙鹤股份和夏王纸业。衢州大力推进产业链、创新链、人才链、资本链、服务链"五链"融合,构筑六大标志性产业链,推进了一批十亿百亿级先进制造业项目落地。

2023 年 8 月 16 日,衢州市委"八八战略"实施 20 周年新闻发布会召开。会上发布,2002—2022 年,衢州规上工业总产值从 131.7 亿元增加到 2857.6 亿元,投资、消费、出口年均分别增长 15.8%、12.6% 和 20.4%;全市生产总值从 198.4 亿元提升到 2003.4 亿元,是 20 年前的 10 倍多,人均生产总值突破 1 万美元。2022 年至 2023 年,衢州新引进固定资产投资超百亿元制造业项目 8 个,主板上市或过会企业从 6 家增加到 17 家,浙大衢州"两院"、电子科大长三角研究院建成运行,省高端化学品技术创新中心成功创建,规上工业总产值两年增长 50.2%。

2002 年,衢州市委、市政府确立了"工业立市"战略,大力发展特色经济。过去的工业园区里各种不同类型的企业混杂在一起,特色不明显,优势不突出。因此,衢州跳出传统工业园区的发展思路,突出特色,促进整合,建立高新技术产业园区,努力向现代产业基地方向发展,实现了经济快速增长。产业创新研究院体系初步形成,推动产学研用深度融合;打造化工新材料科创高地,战略科技力量显著增强。顺应集群化、信息化、国际化和生态化发展趋势,衢州抓住新一轮全球产业结构调整的机遇,通过招商引资发展新兴产业,通过科技创新提升传统产业,推动"主导产业高端化、特色产业规模化、传统产业高新化",走出一条互动互补、集聚集约、创新创优、绿色低碳高效的新型工业化之路。以浙江省战略性新兴产业发展规划和产业集聚区发展规划为指导,大力推进衢州特色产业发展。重点抓好衢州绿色产业集聚区"一芯三片"的高端发展、创新发展、绿色发展、集群发展,成为中心城市重要组团和特色产业配套改革的载体,核心区力争升格为规模超千亿元的国家级开发区。

衢州制定了灵活性、组合型的政策制度,相关政策具有很大的灵活性,可大也可小。按照"市域统筹、核心引领、圈层联动、协同推进"的发展思路,在发展区域特色经济中,衢州市委、市政府坚持有所为和有所不为,重点在产业发展布局、宏观调控、吸引投资、创造良好发展环境上发挥作用,全面推行科技特派员制度,夯实共同富裕底板。同时,加强引资引智工作,与高等院校科研单位进行联合,实行产学研结合,充分利用高等院校、科研院所的人才和技术优势加强科技攻关,为特色产业发展提供持续的技术支持,不断推进优势产业在发展过程中持续的技术创新和产品创新。

在竞争激烈的市场环境中,建立自己的品牌形象和竞争优势是至关重要的。华友钴业、仙鹤股份、红五环、元立集团等企业,通过打造自身的品牌和优势,在激烈的发展竞争中占有一席之地。在推动发展的过程中,市政府、各个县市区和开发区都需要明确各自重点发展的产业基地,并进行科学的分工合作,以共同构建具有高品质和品牌影响力的产业基地,从而推动经济转型和升级。加强基地与园区之间的联系与互动。强调激发各个方面的积极参与,确保有明确的重点并按照不同的层次进行推进。突出产业集聚区、特色产业基地等重点项目的建设。衢州明确自己的定位,深挖其独特之处和强项,并寻找与众不同的产业基地建设策略。衢州是浙江省第二大钢铁基地、浙江省特种纸生产基地和亚洲最大的装饰原纸生产基地、华东著名水泥生产基地和省级千万吨水泥熟料基地。

近年来,衢州紧紧抓住创新这个"牛鼻子",通过科技创新加快改造衢州传统产业,以更高的站位、更宽的视野,主动对接和融入长江经济带,通过跨区域创建创新飞地,研发创新水平持续提升。通过共建创新载体,聚集科技、人才、项目等创新资源,补好创新平台建设滞后的短板,加快科技成果产业化步伐,为衢州营造"大环境"、建设"大配套"、深化"大协作"、打通"大通道"聚焦发力。

衢州高度重视服务体系的资金投入和建设,正在加速制定和完善旨在鼓励和支持产业基地服务体系建设的各项政策和措施。衢州市委、市政府致力于优化运营环境,通过推动研发设计、人力资源管理、创业投资以及信息服务等多个公共服务平台的建设,以营造有利于广大企业发展的优质外部环境;为了提升投入的效果,在产业基地的服务体系建设中遵循适度超前的原则,重视形成一个完整的系统和优势,从而为产业基地的进一步发展提供坚实的支撑;为了提高公共服务的效率,创新服务供应方式,积极推动服务外包,并鼓励相关服务业企业成长和发展。逐渐将产业基地与各种公共服务相结合,为企业提供服务采购,并加强评估、考核和监督机制。

立足衢州的特色产业优势,加快先进制造业基地建设,走新型工业化道路,注重创新,推动产业的信息化、自动化、数字化、智能化、可持续化、品牌化发展。

抓好创新、突出主责,细耕"动力源"。创新是一个企业生存和发展的根本。衢州企业认真落实中央和浙江省委关于科技创新的战略部署,聚焦浙江省数字经济创新提质"一号发展工程",围绕浙江省三大科创高地建设和"315"科技创新体系建设,进一步完善科研体系,加大人才引育力度,大力开展自主创新和开放创新,着力攻克一批"卡脖子"技术,全面提升科技创新实力,实现产业链与创新链深度融合,在绿色产业、绿色技术、绿色制造、绿色用能等方面发力用劲。

聚焦特色、树立品牌,争当"排头兵"。在全球化的今天,没有特色难以立足,没有独特的竞争优势难以大发展。企业必须以更加包容的姿态,积极融入国内国际双循环新发展格局,依据自己的企业特色,形成自己的竞争优势,掌握更多的核心市场、资源、人才,努力提高核心竞争力,必须以更大的格局、更强的担当抓住发展机遇,推进业务重构、系统重塑、组织变革,着力打造横向打通、纵向贯通、协调有力的一体化推进格局。谋求强强合作、兼并重组的机遇,促进企业不断做强做优做大,争当行业发展"排头兵"。

明确绿色、低碳发展,把好"方向盘"。节能降碳是时代对传统制造业企业生存发展提出的新挑战、新要求,也给企业转型升级指明了方向与途径,还为企业的可持续发展提供了新机遇、新空间。适时投资水电站、光伏发电、风力发电和生态林业,争取用尽可能多的绿色能源、森林碳汇,在国家规定时间之前实现碳达峰、碳中和。继续实施厂区"绿化、美化、硬化、亮化"工程,建小型动物园、植物园,变工厂为公园,变厂区为景区,把企业打造成为"绿树成荫,鸟语花香,风景优美"的生态花园式绿色工厂。在节能降碳、低碳发展上做文章,在优化工艺技术上动脑筋,在提高生产各个环节的利用率上下功夫,提高能源使用效率,降低单位能耗;以节能降碳为抓手,把好低碳环保的"方向盘"。

探索智能、数字科技,激活"一池水"。衢州注重科技这一重要抓手,大力提升数字化、智能化发展水平。努力进行供应、生产、销售、管理、服务的全流程系统性数字化改造,发挥好自动化、数字化、智能化对企业发展的重要推动作用。以绿色低碳为引领,以数字化、智能化为抓手,以提高全员劳动生产率为目标,与优秀企业和高校、科研院所合作,加大投入,引进先进技术、工艺、软件、系统,一个车间一个车间改造,一个分厂一个分厂提升,一步一个脚印,积小胜为大胜,让数字化、智能化为企业赋能,激发企业活力。

高新技术产业园区：当好工业发展"后劲生"

2002 年 6 月,衢州高新技术产业园区由浙江省政府批准成立。2013 年 12 月 20 日,园区被国务院批复为国家级高新区,是目前国内唯一同时具备氟和硅两个产业发展基础的高新技术产业开发区,同时也是一个多区合一的综合园区。衢州高新区面积共计 117.21 平方公里,东至下山溪、南至 315 省道、西至江山江东岸线、北至沪昆铁路,集聚了巨化集团、华友钴业、仙鹤股份、五洲特纸、牧高笛、一道新能源等重点企业 1100 多家。

一家高新区,带动一座城。衢州锚定高新区进位目标,强力推动"五链"深度融合、相互赋能,推动高新区加速形成具有国际竞争力的现代化产业体系,真正打造成为全市高质量发展的主引擎。在产城融合方面,衢州高新区制定了详细的发展蓝图,将通过调整园区的空间布局、加强整体空间管理、增强基础设施的建设,来打造一个产业、城市和人才深度结合的创新和创业环境。

衢州高新区的发展有着明显的优势。地理位置非常优越,靠近经济发达地区,便于在产业链上下游进行合作和协同发展。并且,衢州良好的创新创业氛围和政府支持政策为高新企业提供了有力的保障和支持。此外,高新区在人才引进、知识产权保护、资金扶持等方面也有相应的政策优势。近年来,衢州深入实施"工业强市、产业兴市"战略,培育发展了新材料、新能源、智能装备、生命健康、特种纸等六大标志性产业链,形成完备的产业链与产业集群。坚持"政府主导、市场运作、依托巨化、开放开发"的原则,以中俄科技合作为特色,以建设"氟硅之都"为目标,吸引和鼓励各类科技人员入园创新创业、孵化和培养高新技术企业,大力发展高新技术产业。

衢州高新技术产业园区的特色产业发展基础扎实。已经建立了包括有机硅材料、光伏新能源和智慧大健康在内的"3 + 1"特色产业体系。坚持以市场为导向,大力推进产业结构优化升级,积极推动传统产业向高端化转型。将科技创新视为推动发展的首要动力,深度实施"绿水青山就是金山银山"理念,专注于"生态立市、产业兴市、创新强市"的目标,围绕"有机硅、糖醇"两大核心产业链来布局创新链,培养高技术服务业,努力打造四省边际绿色科创岛。

2018—2022 年,江山市、龙游县、常山县和智慧新城、开化县先后成功创建省级高新区,衢州成为浙江首个省级高新区全覆盖地区。衢州通过省级高新区的认定,引导高新区聚焦科技创新主责主业,理顺管理体制机制,制定科技创新专项政策,打造具有重要引领作用的创新平台和具有优势特色的产业高地。

2022 年,衢州市全年 GDP 首次破 2000 亿元大关,增速位列全省第二。同年,衢州市工业投资、制造业投资、高新技术产业投资分别增长 46.3%、60.3%、116.4%,增幅均居浙江省内第一。衢州将坚定不移地沿着"八八战略"指引的路子走下去,以高新技术产业园区为引领,加快打造世界级先进制造业集群,开启工业高质量发展的新征程。

产学研用深度融合:促进高质量发展

创新是发展的第一动力,人才是发展的第一资源,创新驱动实质上是人才驱动。衢州市高度重视培养科技创新人才,尤其注重培养大学生的创新创业能力,推进产学研用的深度融合,为实现区域经济和产业高质量发展提供了有力的人才支撑。2022 年以来,衢州市科技局持续推进创新深化,对标省市重点工作部署,搭平台、强攻关、促融合、抓改革,推动各项重点工作落细落实,初步形成了产业创新研究院体系,推动产学研用深度融合。聚焦产业技术前沿、贴近企业需求,引培结合,构建六大主导产业"一产业一研究院"、6 个县(市、区)"一县一研究院"技术创新体系,为衢州产业创新提供战略支撑。目前已拥有浙江大学衢州研究院、电子科技大学长三角研究院(衢州)、衢州资源化工创新研究院、浙工大生态工业创新研究院等一批研究院。

为全面贯彻落实党的二十大精神和习近平总书记关于科技创新的重要论述,扎实推进"315"科技创新体系建设工程,按照"集约、高效"原则,统筹现有高校、科研院所和优势企业创新资源,建设六大标志性产业创新研究院。以浙大衢州研究院为依托,联合巨化集团、凯圣氟化学、中天氟硅、中宁硅业、富士特等优势企业,成立新材料产业创新联盟,建设衢州新材料产业创新研究院。加强关键核心技术攻关和新产品研发,实现进口替代,打造国际国内领先的高端化学品材料产业创新高地。

衢州以各优势产业为依托,建立各产业创新研究院。以衢州动力电池和储能研究院为依托,联合吉利三电、鹏辉能源、华友钴业、一道新能源等优势企业,成立新能源产业创新联盟,建设衢州新能源产业创新研究院,加强关键核心技术攻关和新产品研发,打造国际国内领先的新能源产业创新高地。以衢州学院为依托,联合衢州市智能制造技术与装备研究院、浙江省空气动力装备技术重点实验室、浙江省高速列车传动系统运行研究重点实验室等创新平台,以及开山集团、禾川科技、志高机械、中浙高铁等优势企业,成立高端装备产业创新联盟,建设衢州高端装备产业创新研究院。以造纸工业生产力促进中心为依托,联合中国制浆造纸研究院(衢州分院)、浙工大生态工业创新研究院、浙大衢州研究院等创新平台,成立特种纸产业创新联盟,建设衢州特种纸产业创新研究院。以电子科大长三角研究院为依托,联合东南数字经济发展研究院、金瑞泓等创新平台和优势企业,成立集成电路(无线电)产业创新联盟,建设衢州集成电路(无线电)产业创新研究院。

衢州重视产学研用融合,大力实施基于五步提升的协同育人实践。2023年年初,浙江省发展和改革委员会等10个部门公布了省内2021—2022年度"五个一批"产教融合工程项目名单,衢州工商学校现代造纸专业有两项入选,其中合作企业浙江金昌特种纸股份有限公司入选了产教融合型企业单位;衢州工商学校与浙江恒川新材料有限公司"基于五步提升的协同育人实践"的合作模式入选省合作协同育人项目。"基于五步提升的协同育人实践"合作项目是学校深化产教融合、实现校企同频耦合、推动学校长效发展的产物。

围绕衢州产业发展的关键技术和产品,产业创新研究院体系初步形成,推动产学研用深度融合,构建由企业带动、产学研紧密结合、产用协同良好、支撑服务体系健全的产业发展生态体系,为衢州产业转型升级提供科技支撑。

打造化工新材料科创高地：让创新热潮涌动

2022年，以浙大衢州"两院"和巨化集团为核心，成功创建浙江省高端化学品技术创新中心，在山区26县拔得头筹，是全省首批六个技术创新中心之一，也是衢州首个省级战略性科创平台。该中心围绕高端电子化学品等方向进行研发，努力建设成为化工新材料产业"卡脖子"技术自主创新的基地，建成国内一流的引领型、突破型、平台型的高端化学品重大创新平台。对标国家级技术创新中心建设标准，强化组织、人才、政策等保障。聚力"高原造峰"，依托省高端化学品技术创新中心，聚集全国高端人才资源，形成化工科研产业高地。已成功引进段雪院士、孙世刚院士、徐南平院士、陈建峰院士团队，共建创新研究院。

截至2023年2月，衢州智造新城已经启动了69个市级关键项目，并已累计完成了31亿元的投资。衢州的主导产业为新材料产业，这一产业主要集中在氟硅新材料、动力电池材料和电子化学材料这三个核心领域。2022年，全市新材料产业达到了规模以上产值850亿元，与前一年相比增长了46.3%。衢州正在全力推进工业强市的十大专项行动，目标是围绕六大产业链构建千亿级的先进制造业集群，同时也在布局创新研究院，推动重大科创平台的建设，并加强与市、校之间的合作，以集聚人才和吸引智慧。

为了满足六大产业的创新需求，衢州市政府与南京工业大学、厦门大学和北京化工大学超重力教育部工程研究中心分别签署了合作协议，共同建立了衢州基地、膜材料创新研究院、高端电子化学品创新研究院和化工新材料创新研究院，致力于实现"引进一个院士、带来一个团队、带动一个产业"的生动局面。

衢州市科技局精心策划并制定了《重大科创平台融合地方创新发展实施方案》和《衢州市高能级科创平台比晾晒实施方案（试行）》。这些方案旨在加强创新主体与创新要素之间的联系，并推动产学研合作项目实现全覆盖。加快培育壮大七大战略性新兴产业集聚区。目前，衢州正围绕着六大标志性的产业链，持续加强产业链、创新链、人才链、资本链和服务链的融合和集成，努力打造一系列"拆不散、搬不走、压不垮"的产业集群，推动工业发展从项目到产业、从基地到高地、从局部到全域的转变。

东南数字经济发展研究院于 2018 年在衢州成立，并在 2022 年为超过 100 家企业提供了上千次的数字化改造服务。该研究院与浙江天际互感器股份有限公司达成了战略合作协议，成为天际互感器"未来工厂"的数字孪生产品的核心供应商，通过数字孪生数据和模型的集成融合，推动企业全业务流程的闭环优化。2022 年 3 月，衢州鹏辉能源科技有限公司在衢州智造新城内占地 282 亩的一期电芯厂房刚竣工验收，首批新设备接着入场调试。2022 年 6 月份投产，该项目的首期生产能力为 10GWh，年产值超过 70 亿元。鹏辉能源利用先进的自动化生产线和储能电芯技术，推动了衢州锂电材料产业朝着高质量的方向发展。

根据衢州市科技局的统计数据，2022 年，浙江大学衢州"两院"、东南数字经济发展研究院等 7 个科技创新平台共同举办了超过 320 场的产学研合作活动，并有上千家企业参与其中；与多家企业进行了联合研发，并签署了 422 份横向合同，合同总资金为 1.42 亿元，其中与衢州企业的合作占据了 72.03% 的比例；为各企业提供了近 3000 次的技术服务，并成功转化了 73 项科技成果。

巨化集团有限公司：牢记嘱托展现新材料国企担当

巨化集团有限公司原名衢州化工厂，创建于1958年5月。为改变当时浙江省化学工业基础薄弱、农业发展需要化肥的局面，根据毛泽东主席的指示，在浙江省委、省政府的关心支持下，创建了浙江省第一家大型化工联合企业。经过多年创新发展，巨化已成为全国特大型化工联合企业，全国最大的氟化工先进制造业基地和浙江省最大的化工基地。

巨化集团有限公司厂区

巨化集团在省委、省政府的正确领导下和省国资委的大力指导下，始终践行"八八战略"，把一个以基础化工为主的老化工企业，改造提升为世界最大氟制冷剂生产基地，产业高新化、生产绿色化的先进制造业基地，确立了全国氟化工行业龙头地位，跻身全球氟化工一流企业行列。不仅企业综合实力大幅提升，而且还积极发挥链主作用，有效引领和赋能区域经济发展，以国有企业的使命和担当,交出了高分答卷。

2002 年,巨化氟化工发展之初,氟制冷剂仅有三四个产品,氟聚合物仅有 3000 吨/年的 PTFE 一种产品。如今,巨化已经拥有完整的氟化工产业链,成为大型综合性氟化工企业,基本实现了从基础氟化工到含氟高分子材料和含氟精细化学品的多品种、高档化发展,产品广泛应用于日常生活和国防、航天、电子信息、新能源等各工业部门和战略性新兴产业等领域。巨化跳出浙西,面向全国进行产业布局,从衢州到杭州、宁波,乃至海外,不断延伸发展触角。其间,巨化的销售收入和利润成倍增长,产业由衢州本埠向上海、杭州、宁波以及海外多点布局,取得了规模效益的大幅提升。

巨化氟化工完成了从第一代到第四代迭代升级,第五代制冷剂正抓紧研发,市场占有率达到40%以上,其中氟制冷剂 R134a 产能居世界首位,R125 等 7 个氟系列产品产能全国领先;获国家第四批制造业单项冠军产品称号。目前,巨化氟氯系列产品总体生产规模、工艺技术、装备水平和产品质量居于行业领先,已形成 6 大系列 130 余个品种的高端产品群,应用于航空航天、汽车行业部分关键部件,产品远销 70 多个国家和地区,在全球市场具有较大的行业影响力。巨化已经成为中国在世界氟化工行业拿得出手的一张"金名片",被业界誉为"全球氟化工看中国,中国氟化工看浙江,浙江氟化工看巨化",牢牢掌握了市场的话语权、主动权、主导权。巨化集团还依托氟氯化工产业链,先后完成了电子化学材料补链、石化板块强链、精细化学材料延链等战略布局,同时进军新能源产业和推进硅氟联动产业,共打造形成了 16 个世界单项冠军。

身处浙西衢州,肩负国企责任。巨化集团以开放包容的姿态融入衢州、赋能衢州,促进了衢州"工业强市、产业兴市"战略落地。全力推动衢州巨化高质量融合一体化发展,最大限度发挥龙头引领和辐射带动作用,促进产业链上下游企业组团发展,催生出一批产业共建、基础共享、战略共赢的氟硅钴锂企业集群。100 多家国内外优秀企业因为巨化而落户衢州,因为巨化氟化工而衍生形成产业生态。经过 20 年发展,巨化有力助推衢州市建成了国内唯一的氟硅钴锂四链齐全的国家高新园区,使之成为全球首屈一指的氟化工基地、国内硅产业重镇、钴产业龙头和锂电新材料新高地。巨化与浙江大学衢州研究院联合创建浙江省高端化学品技术创新中心，围绕高端电子化学品、高端特种聚合物、高端专用化学品、高端化学品制造生态化等4大方向开展关键技术攻关。据统计，巨化集团与衢州市属企业的直接关联度已达73%，间接关联度达92%，已成为衢州名副其实的创新发展重要引擎、招商引资重要资源、对外开放重要窗口、人才培养重要基地。

巨化集团围绕创建世界一流行业领军示范企业的目标，努力实现质量更好、效益更高、竞争力更强、影响力更大的发展，为浙江省践行"八八战略"增添新的生动实践。

一道新能源：科技创新推动绿色低碳发展

一道新能源(衢州)科技有限公司是一家以生产销售高效单晶硅太阳能电池以及高效组件等产品为主的中外合资企业,成立于 2018 年 8 月 8 日,注册资本 1.9333 亿元人民币,总用地面积约 600 亩,现有在职员工约 1900 人。2021 年实现产值约 16.8 亿元;2022 年实现产值约 46.13 亿元。

一道新能源(衢州)科技有限公司

一道新能源项目总投资约 50 亿元人民币,分三期建设。一期项目用地面积约 118 亩,设计产能为 1GW 电池 + 500MW 组件,2019 年 3 月组件线投产,11 月电池线投产。二期项目用地面积约 388 亩,设计产能为 5GW 高效单晶电池 + 3GW 高效组件,2022 年 8 月电池线投产,11 月组件线投产。共有 23 条生产线投入生产,其中组件线 8 条、电池线 15 条。公司生产的叠瓦电池其转化效率达到了行业一流水平,自主研发的轻质化组件填补了行业空白,研发的 C 端太阳能移动电源填补了国际空白。已经申请专利超过 22 项,其中 7 项专利已经获得授权,计划在未来 3 年内,新增专利技术 30 项以上。公司已经和华东理工大学、南昌师范学院开展技术合作,通过整合双方资源和优势,以电子浆料为主要方向,以高校在金属氧化物和石油化工方面的深厚积累为切入点,进行 N 型太阳能电池浆料开发。

　　光伏行业发展至今,已形成成熟稳定的产业链格局,统一尺寸的倡议对光伏产业链上下游而言都是利好因素。同时,一道新能源参与多家光伏头部企业发起成立的"光伏组件尺寸标准化研讨组",多方形成定期沟通及协同机制,推进新一代矩形硅片及其他版型组件尺寸的标准化工作,共同促进光伏行业的健康发展。一道新能源与同行携手并进,实现光伏生态圈的共赢新发展,加强协同将整个行业做大做强,在降本增效的同时实现全行业的共同价值。

一道新能源(衢州)科技有限公司生产车间

　　科技创新是同时实现经济社会发展和生态保护的关键,绿色发展是构建高质量现代化经济体系的必然要求。一道新能源深度融合大数据、人工智能等新兴技术,引领高碳工业流程的零碳、低碳再造和数字化转型,实现跨部门、跨领域低碳零碳融合创新。2023(第十届)品牌影响力发展论坛在北京召开,一道新能源受邀参加,荣获"2023 品牌影响力 100 强""2023 年度品牌影响力企业"。作为光伏行业新一线品牌,一道新能源从创立之初就坚持以科技创新赋能品牌内驱力,以业内领先的 N 型技术持续引领着光伏行业科技的发展和进步,在追求高效率、最优性价比产品的道路上不断精进。

一道新能源从中国走向世界,优质高效的组件产品赢得了海内外客户的广泛好评,成为"五大六小"电力集团长期稳定的战略合作伙伴,全球化足迹不断延伸,年度出货量跻身全球前十,中标量名列行业前茅,分散式制造拉动当地绿色可循环经济转型。在收获荣誉的同时,又站在了全新的起点上。一道新能源将在新能源光伏赛道,用科技革命助推能源结构转型,用硬核实力加强自身品牌建设,用创新融合夯实品牌影响力,用绿色低碳创造全人类的美好家园。

元立集团：不忘初心，打造"绿色工厂"

元立集团公司始建于1991年4月15日，原名遂昌钢铁厂。公司以"开拓、求实、团结、进取"为企业精神，是一家集炼钢、连铸、轧材、金属制品加工于一体的工贸结合的外向型企业。经过十多年艰苦创业，元立集团已成为全省冶金行业第二大企业，丽水市第二大、遂昌县第一大工业企业。

元立集团公司厂区

2003年，为突破发展瓶颈，元立集团到衢州进行异地技改，投资100多亿元建起了占地2000多亩，规划布局合理、技术装备先进、生产工艺优良的现代化工业企业——衢州元立金属制品有限公司，为集团的持续快速发展增添了强劲动力。2003年7月26日，时任浙江省委书记的习近平同志到衢州元立项目工地视察。2004年5月，衢州元立第一台高炉正式投产。

2004年1月7日，习近平同志再次到遂昌元立集团本部视察，参观了镀锌、瓦楞灯、螺栓、丝网等金属制品生产线，并勉励元立要抓住机遇，加快发展，取得更好的成绩。2007年，响应国家号召，遂昌元立集团本部年产50万吨电炉炼钢产能淘汰关停。由于衢州元立已顺利投产，且钢材品质和产量都有明显提升，集团金属制品生产不但没受影响，而且越做越大、越做越强。2011年，是元立集团建厂20周年，集团销售收入首次突破200亿元大关，达到了210亿元，迈上了一个崭新的台阶，并进入了发展快车道。

2018年，元立进行了超低排放改造。建设大型筒仓、原料场大棚，对煤、矿等原燃料进行封闭管理，进一步完善提升了相应工序的除尘、脱硫装置。对废水进行回收、处理、再利用。处理后的废水污染浓度降至最低，浊度比自然溪水还低，清澈见底。在水池中放养了鲤鱼，"锦鲤戏废水"成了景点。目前超低排放达标率已达95%以上。

近年来，元立集团启动总投资超过10亿元的环保节能改造提升工程。一是启动了烧结、炼铁、炼钢等工序除尘设施的清洁排放改造提升工程，使污染物排放均达到特别限值要求。二是实施料场全封闭改造，有效地解决了元立集团原料在卸车、储存、转运中出现的扬尘和雨水冲刷带走物料的问题。三是建设了余热发电能效提升技改项目，把原中温中压发电技改为高温超高压发电。技改后，年节约标煤10万吨。

2019年，元立集团根据国务院《打赢蓝天保卫战三年行动计划》和《浙江省打赢蓝天保卫战三年行动计划》相关文件要求，按照从源头防治、标本兼治的原则，全面推进企业超低排放改造和无组织深化治理。元立集团以最先进的设备投入、最整洁的环境布置打造新厂区，进一步强化现场管理提升，优化厂区物流运输；加快推进公园式、森林式的"园林化"建设，实施厂区"绿化、美化、亮化、硬化"工程，变工厂为公园，变厂区为景区。

元立集团的金属制品产业链之长为国内同行之最，从炼铁、炼钢、轧钢再到各类终端消费产品；元立牌金属制品大批量出口到中东、东南亚、欧美、非洲的近百个国家和地区，元立品牌已跨出国门，走向世界。

信息化、智能化、数字化是制造业发展的趋势。元立集团启动两化融合管理体系贯标、远程集中计量、自动化诊断等一系列信息化改造项目，希望通过对生产过程的信息化、智能化控制,实现提高生产效率、减员增效的目标。目前,元立集团正在通过加快信息化、智能化建设,提高劳动生产率、降低劳动强度、改善作业环境。

元立集团党委结合企业实际,探索实施了"党政齐心、党委聚心、党建强心、党群暖心、党员同心"的"五心党建"工作法,有力地保障和助推了企业的发展壮大。党委开展的"党员身边无事故""质量效益年",以及各种技能大比武等一系列活动,真正把党建活动融入生产经营全过程。元立集团秉承绿色高质量发展的理念,把元立集团打造成自动化程度最高、产品质量最稳、环境最优美的"绿色工厂、旅游工厂、智能工厂"。

华友钴业:全球新能源锂电材料行业领导者

　　衢州华友钴业新材料有限公司于 2011 年 5 月 30 日在衢州市市场监督管理局登记成立。其经营范围包括氯化钴(中间产品)、硫酸钴(中间产品)等。2021 年 11 月,被工业和信息化部办公厅确定为第三批工业产品绿色设计示范企业。2023 年 3 月 31 日,荣获"浙江省五一劳动奖状"。

衢州华友钴业新材料有限公司

　　近年来,随着全球双碳政策的大力推行、能源结构转型的加速推进和汽车行业电动化智能化的技术革新,推进新能源汽车的发展已经成了全球汽车行业向绿色方向转型升级的关键路径,同时也是新时代中国汽车行业追求高品质发展的战略决策。目前,我国已初步形成了以"三纵两横"为主要骨架的新能源汽车产业链条,在新能源汽车行业中占据重要地位。锂电池和锂电材料产业,作为新能源汽车价值链中的核心和关键部分,随着新能源汽车的迅速普及,其市场规模也在持续扩大,为市场带来了巨大的发展机会。三元材料体系作为锂电池正极材料的主要技术路径之一,在近几年内经历了技术的迅速迭代和创新。在电池生产制造过程中,对原材料的需求不断增加。由于高镍和高电压的三元材料在能量密度、轻便性和低温表现上具有明显的优越性,它们已经逐渐成为三元动力电池未来的主要发展方向。

2022年对华友钴业来说是不平凡的一年。面对国内、国际诸多不利因素,华友钴业顺应时代趋势和自身发展规律,稳中求进、稳中快进,可持续发展、高业绩增长、高质量发展、高水平开放均取得突破性进展。以最大努力、最好结果应对各种挑战,实现了从中国制造业民营企业500强向中国民营企业500强的历史性跨越,取得了历史性进步、创造了历史性成就。

2023年9月,中国企业联合会、中国企业家协会发布了"2023中国企业500强"榜单,华友钴业凭借2022年度630.34亿元的营业收入,首度上榜,位居第363位,实现了从中国民营企业500强向中国企业500强的历史性跨越,取得了前所未有的提质进位!

衢州华友钴业新材料有限公司生产车间

美国《福布斯》杂志发布了2023年"全球上市公司2000强"排行榜(Forbes The Global 2000),中国(包含港澳台)有391家公司上榜。得益于营业收入、利润、资产规模、市值等各项指标的稳健表现,华友钴业首度登上榜单,位列 1376 位。除了全球企业榜单(The Global 2000),华友钴业入围福布斯的榜单还有"2022 福布斯中国可持续发展工业企业 TOP50""2023 福布斯中国锂电产业链 TOP100"等。

华友钴业自成立以来经过了多次战略调整,首先主要聚焦探索、挖掘及积累钴铜矿资源,主要通过并购重组、上市募集资金等方式进行上游资源布局;然后紧跟新能源行业向上发展趋势,通过持续加大自主研发、入股国外上游资源龙头企业股份、研究开发海外优质矿源或成立项目合资公司等方式逐步布局新能源业务;最后通过整合优质资源并运用收并购、定增、战略合作等方式增强垂直一体化能力,以不断减少企业成本压力和拓展新增长曲线。未来,华友钴业将持续加强高效的产业协同、领先的技术创新、优质的客户结构及开放的资源布局等核心优势,在激烈的市场环境中保持有利的竞争地位。将继续秉持"创造客户价值 引领产业发展"使命,发扬"自强不息、追求卓越"的华友精神,奋力争先创优,向着世界一流企业阔步迈进。

吉利三电系列项目开工：再创"衢州速度"新纪录

衢州吉利三电项目位于智造新城东港工业园区，主要生产新能源动力电芯、电池包、三合一电驱系统以及储能系统。新能源系列产品大部分为适配智能纯电动平台架构而开发，主要服务于吉利集团战略转型升级。2022 年 5 月 28 日，浙江吉利控股集团有限公司与衢州市人民政府签订了动力电芯、动力电池包及储能、电驱系列项目投资协议，计划固定资产总投资约 150 亿元。7 月 18 日，吉利三电系列项目开工，再创"衢州速度"新纪录。

吉利三电主要业务包括：动力电芯、电池、电驱、动力储能以及动力电池等。新能源汽车产业是当下最热的赛道之一，吉利三电项目建设完成后，衢州将具备新能源动力电芯、电池包、三合一电驱系统以及储能系统的生产与供应能力，成为新能源汽车储能核心生产基地，对衢州新能源动力系统产业链构建和智能装备制造产业平台的打造具有里程碑的意义。

吉利三电系列项目围绕高质量经济发展进行挂图作战、清单推进、闭环管理，在确保施工安全、工程质量的同时，推动项目建设提质增效。吉利三电系列项目对衢州高质量经济发展的推动还体现在进一步深化配套产业招引，以及开展"双碳"领域合作上。在各领域深化合作，推进吉利与衢州深度融合，让吉利成为衢州产业乃至整个城市的一个鲜明标识。

吉利三电系列项目对整个衢州企业发展起到了示范引领作用。衢州市委、市政府积极对接与全面推进吉利三电系列项目的实施，从内部发展与运营方面共同发力，推动企业的持续快速发展，在提升企业发展成效的同时，也在经济发展过程中全面融入衢州人文精神。例如，把南孔文化、创新精神积极融入吉利三电系列项目建设中，努力提升核心圈层品质，并取得了良好的发展成效，体现出厚实的内部物质保障和思想保障。吉利三电系列项目以数字技术为支撑手段，全面实现企业发展的数字化转型，搭建起企业发展的适配平台,并建立健全完善的开发体系,构建了外部保障体系,起到了引领示范作用。另外,杭衢高铁也将进一步推动和保障吉利三电系列项目发展。杭衢高铁建成后,杭州与衢州的交通时间将缩短至 40 分钟左右,便捷的铁路交通网,更加保障了企业的发展成效。

吉利三电系列项目是推动衢州经济高质量发展的重要途径,有利于树立创新、协调、绿色、开放、共享的新发展理念,有利于加快产业链、创新链、人才链、资本链、服务链"五链"融合,产生集聚集群优势,从而形成技术含量高、经济成效好、创新力充足的新发展体系,进一步推动"衢州延链补链强链、打造新能源汽车产业集群",带动衢州经济的高质量发展。"衢州和吉利的合作恰逢其时、未来可期",吉利三电系列项目展现了"崇贤有礼、开放自信、创新争先"的新时代衢州人文精神,并将这种精神化为现实动力融入提升城市跃迁的实践中。吉利在衢州推出的三电系列项目势必会对衢州的产业布局产生深远影响,并确保吉利在中国甚至全球电动汽车产业中占据领先地位。

衢州市委、市政府全过程全方位服务吉利三电项目建设,为其保驾护航。2022 年,吉利与衢州的三电项目签约之后,衢州迅速成立了专门的吉利项目建设服务团队,为项目提供从头到尾的全面服务。2022 年 12 月,吉利三电专项工作已全面启动并取得阶段性成果。为了推动吉利的三电项目,衢州市委和市政府的主要领导每个月都会召开总结性会议,同时还会有政企联席会议,分管的副市长也会召开每两周一次的会议,以协商解决各种具体的困难。在进行电力线路迁移项目时,国网衢州供电公司动用了大量的人力物力,用 75 个昼夜和 1800 个小时,成功打破了 35 千伏电力线路迁移工程全流程建设的最短用时纪录。同时还对原有配电网络进行改造升级,实现配网自动化和台区线损精细化管理。后续的项目在临时用电和测试用电等方面都得到了迅速而高效的解决,从而确保了项目能够正常地投入生产。

仙鹤股份：一"纸"独秀的衢州特种纸产业

仙鹤股份有限公司位于衢江区天湖南路，专注并致力于各类特种纸、纸浆、纸制品和相应化学助剂的开发和生产。公司成立于 2001 年 12 月 19 日，占地 3000 亩，在全国范围内拥有 5 个制造基地，52 条现代化造纸生产线，3500 多名员工，于 2018 年 4 月 20 日在上交所主板上市。

仙鹤股份有限公司

仙鹤股份致力于提供高品质的特种纸产品，包括烟草行业配套系列、家居装饰材料系列、商务交流出版印刷材料系列、食品与医疗包装材料系列、电气及工业用纸系列、日用消费系列，共六大系列 60 多个品种，年产量超过 100 万吨。

仙鹤股份积极推进质量管理体系认证、环境管理体系认证、职业健康安全管理体系认证三体系管理方针,先后获得首批"浙江省绿色企业""浙江省名牌产品""浙江省转型引领示范企业""浙江省著名商标""国家高新技术企业""中国驰名商标""国家级绿色工厂""浙江省信用管理示范企业""国家企业技术中心""省级重点企业研究院"等荣誉。

仙鹤股份于 2016 年与中国造纸研究院衢州分院成立专家工作站,2017年与衢州学院建立博士工作站,2018 年与衢州学院一起成立衢州学院仙鹤研究院。每年投入的研发费用占主营业额的 3% 以上,积极参与标准的制定,已发布的主导或参与制定的标准有国家标准 5 项、行业标准 5 项、浙江制造标准7 项,已授权发明专利 49 项。

2022 年 11 月 22 日,第七届中国创新挑战赛(浙江)暨 2022 年浙江省技术需求"揭榜挂帅"大赛新材料行业现场赛在建德市举行,仙鹤股份荣获新材料行业赛二等奖。仙鹤股份有限公司现场发布了"天然绿色抗菌型蔬果保鲜包装纸的开发"技术需求。通过解决该技术需求,提高纸张的空气、水汽的阻隔率,确保果蔬与空气隔绝;有效解决了天然植物源抗菌保鲜剂协同抗菌作用机制不清,保鲜剂配方精准设计困难及对温度敏感、易挥发释放、存留时间短等问题,初步实现 5000 吨/年的产能规模,实现销售收入近 2000 万元,利润300 余万元。

2022 年,仙鹤股份有限公司总部实现产值约 27 亿元,入库税收 1.76 亿元。公司的战略目标及经营理念为:以"家文化"建设为引领,和谐发展;以ISO9001 质量管理体系为抓手,精准管控;以 ERP 信息化管理为工具,高效快捷;以科技和人才为支撑,创新驱动;以绩效考核为手段,追求卓越;以"浙江制造"为标准,迈向"中国制造"。将仙鹤股份打造成为"国内领先,国际一流"的高性能纸基功能型新材料的领军企业是仙鹤人的共同目标。

夏王纸业：全球装饰纸行业的领航者

　　夏王纸业有限公司成立于 2004 年 11 月，位于衢州市智造新城，是由夏特欧洲股份公司和仙鹤股份有限公司共同投资成立的合资企业，主要从事装饰原纸的制造和销售。公司的主导产品是装饰板专用装饰面纸，主要用于地板装饰、家具装饰、厨具装饰等。产品销往全国各省、市、自治区，远销东南亚、澳大利亚、美洲及欧洲等地。公司一直以来年产销量均稳步上升，业绩在同行业特种纸中名列前茅。

夏王纸业生产车间

　　2011 年 6 月、2015 年 1 月、2018 年 11 月及 2021 年年底，夏王纸业的二期、三期、四期及五期生产线分别投产，形成了年产量超 38 万吨装饰原纸的生产能力的夏王公司，已经成为全球高档装饰原纸最大的生产企业。公司无论在产品质量、新产品开发还是在销售服务品质上都具有极强的国际竞争力。

夏王纸业先后获得了"中国驰名商标""全国厂务公开先进单位""国家高新技术企业""国家级绿色工厂""浙江制造品牌认证""浙江名牌产品""浙江出口名牌产品""浙江省服务型制造示范企业""浙江省专精特新中小型企业""浙江省疫情防控重点保障企业""浙江省第二批文化成长型企业""浙江省节水型企业""2019中国家具产品创新奖""衢州市国际合作示范企业""衢州市著名商标""衢州市政府质量奖""环境友好企业"及连续多年的"工业企业上台阶奖""衢州市制造业30强企业""衢州市制造业纳税30强"等荣誉称号。

安全是企业的生命线。为提高全体员工的安全意识,提升公司的安全管理,避免安全事故发生,确保全体员工及员工的家庭幸福安康,夏王于2022年举办了4次关于安全、质量、职工技能的竞赛。全员参与质量管理,全面稳定和提升公司质量,质量是企业的生命。夏王持续提升公司的质量管理水平,严格贯彻质量体系标准,将质量贯穿于全过程,提高全体员工的质量意识,提升夏王的品质管理。

夏王纸业有限公司党支部要求全体党员团结一致、奋力拼搏,为了公司创造更多的效益,每位党员带动身边同事,一起营造积极氛围,党支部成为公司亮丽的风景线。每位党员或者向党组织靠拢的积极分子都要起到带头模范作用,时刻以党员的身份严格要求自己,思想上不能放松。

夏王纸业一路走来,始终以"致力于全球装饰纸行业的领航者"为愿景,以"以纸代木、以纸代塑,缔造绿色幸福空间"为使命,积极推动装饰纸行业国内、国际市场领先发展。实施"品牌战略",拥有明确的品牌价值理念和明晰的市场定位,"KINGDECOR夏王"品牌已经跻身国际一流的装饰纸行业舞台。夏王的产品在各个方面都具有非常出色的表现力,引领着中国和全球市场。

金瑞泓科技(衢州)有限公司:我国半导体工业的中坚力量

　　金瑞泓科技(衢州)有限公司、金瑞泓微电子(衢州)有限公司是由我国少有的具有硅单晶锭、硅研磨片、硅抛光片、硅外延片及芯片制造的完整产业链集成电路企业——杭州立昂微电子股份有限公司投资建设的高新技术企业。其中科技公司从事集成电路用8英寸硅片业务,注册资本7.075亿元人民币,成立于2016年12月15日。微电子公司从事集成电路用12英寸硅片业务,注册资本45.8亿元人民币,成立于2018年9月19日。

金瑞泓科技(衢州)有限公司车间

　　芯片被视为信息产业的核心,对于国家的信息安全起着至关重要的作用。芯片主要以硅作为基本材料,随着芯片技术的不断进步,对硅片的质量标准也逐渐提高。在过去,12英寸硅片的关键技术一直被外国企业所控制,几乎占据了全球市场90%的份额。杭州立昂微电子股份有限公司在半导体行业深耕了20年后,凭借科技的不断进步和自主创新,成功解决了"卡脖子"问题,并实现了12英寸硅片的大规模生产。在2016年的12月,立昂微的"藤蔓"扩展到了衢州,并在衢州正式注册成立了金瑞泓科技(衢州)有限公司。从2017年开始,公司着手建设立昂微集成电路产业园,并开始了8英寸硅片的生产扩张以及12英寸硅片的产业化进程。

金瑞泓始终专注于硅材料和新型半导体材料的研发与生产,它是国内独一无二的半导体行业领军企业,拥有完整的硅单晶锭、硅研磨片、硅抛光片和硅外延片制造产业链。经过多年的努力,金瑞泓成功地利用了半导体产业链的长期和深度优势,与衢州的主要产业,如化工产业,实现了资源互补。这不仅带动了半导体材料和电化材料等相关产业的集中发展,还推动了衢州经济的转型和升级,形成了产业链、供应链、资金链和人才链等多方面的比较优势。

金瑞泓始终坚守自主研发和创新原则,成功突破了一系列关键技术难题,突破了国产产品的替代瓶颈,并顺利完成了产业化进程。2010年,金瑞泓科技股份有限公司、浙江大学硅材料国家重点实验室、中国电子科技集团公司第十三研究所和第五十五研究所共同承担的"8英寸硅片研发与产业化及12英寸硅片关键技术研究"就是"十二五"国家第二个重大专项"极大规模集成电路制造技术及成套工艺",简称为"02专项"。从全球集成电路行业发展现状来看,"02专项"的实施有着深远的国家战略意义。分布在日本、美国、德国的半导体硅片生产企业占据了全球90%以上的市场份额,提升国产硅片材料研发及生产能力是关乎振兴民族半导体产业、提升集成电路产业竞争力和供应链战略安全的重要使命。

自牵头承担"02专项"以来,金瑞泓依托公司高端研发团队及关键核心技术,专注于8英寸硅片材料的自主研发及生产,精益求精突破技术瓶颈,截至2017年年底,该企业已建成8英寸硅片的全系列生产线,形成月产8英寸硅抛光片12万片、硅外延片5万片的生产能力;自主开发了12英寸单晶生长技术。"02 专项"目前已经申请发明专利 52 项,有 35 项获得授权。

技术改变生活。许多技术层面颠覆式创新往往发生在不为大众所知的领域。硅片材料不仅是事关国家军事、通信等领域战略安全的基础材料,在日常生活中也扮演着重要角色。日常使用的手机、智能汽车,都要用到硅片材料。这是一个巨大市场,也是技术上的必争之地。2017 年 5 月,金瑞泓之所以能承担并且顺利通过"02 专项"各项验收,得益于技术和研发、产品、产业链整合等方面的先发优势。

追求纯净完美是金瑞泓的宗旨。近年来,金瑞泓主持或合作参与的"重掺磷直拉硅单晶的制备技术及应用""微量掺锗直拉硅单晶"等项目先后获评省科学技术奖一等奖、技术发明奖一等奖等奖励。金瑞泓获批国家火炬计划重点高新技术企业、国家创新型试点企业,产品除国内市场外,更是远销美国、日本、加拿大、马来西亚和韩国。"02 专项"的成功实施,标志着企业成长为民族半导体工业的中坚力量,有力支撑着我国集成电路行业的发展。

禾川科技:"小县城"里的"大科技"

禾川科技股份有限公司成立于 2011 年 11 月,是一家专注于工业自动化产品的研发、制造、销售及应用集成,致力于为智慧工厂提供核心部件和系统集成解决方案的企业,产品广泛应用于光伏、机器人等领域,具备完整的自动化产品线,在光伏、3C、锂电与机器人等行业具备极高的占有率。

禾川科技坚持质量为本,以技术创新为依托,不断创新技术。主要产品包括伺服系统、PLC 等,覆盖了工业自动化领域的控制层、驱动层和执行传感层。近几年,禾川科技不断在产业链的上游和下游扩展业务,涉及上游的工业控制芯片、传感技术以及下游的高级精密数控机床等多个领域。

禾川科技生产车间

禾川科技是国家高新技术企业、浙江省省级重点企业研究院、浙江省工业信息工程服务机构、浙江省省级高新技术企业研究开发中心、浙江省省级工业设计中心、浙江省省级企业技术中心、国家级专精特新"小巨人"企业。截至 2022 年 3 月 16 日，公司共拥有 19 个发明专利、82 个实用新型专利、67 个外观设计专利、80 个软件著作权以及 9 个集成电路布图设计的专有权。

为保持公司核心竞争力，避免技术流失，禾川始终把核心技术的保护作为研发工作中不可缺少的重要环节，采取了严密的技术保护措施，并在实践中取得了良好效果。禾川科技采用"研、产、销垂直整合"的管理策略，坚持核心技术自主研发、核心产品自主生产、重要部件自主加工制造的研发生产相结合的模式。在保证公司掌控核心技术的同时提高产品质量，能有效整合供应链，将资源集聚至核心部件，提升性能的同时在成本上形成竞争优势，也为公司在生产周期、交货期以及定制化需求等方面提供了有效保障，增强了公司综合竞争力。

2022 年 4 月 28 日，禾川科技股份有限公司成功上市。这标志着龙游第一家科创板上市企业诞生，浙江山区 26 县也由此迎来了首家科创板上市企业。在打造共同富裕示范区的背景下，作为全省共同富裕示范区建设"缩小地区差距"试点和山区 26 县跨越式高质量发展生态工业样本县，龙游也迈向了适合自己发展的"桥"和"路"。

禾川科技龙游工厂作为禾川股份产品制造加工基地，负责禾川股份市场端的"弹药输送"，是营销市场人员的生命线，也是企业持续发展提升的核心单位。龙游工厂生产工业自动化全系列产品，涵盖伺服系统、控制器、视觉系统、编码器、变频器、触摸屏等。禾川股份自成立以来，对龙游厂区的投入、提升、改造是持续的，坚持将龙游工厂打造成国内领先的自动化产品与零部件生产加工基地一直是禾川人的目标，更是一种信念。禾川科技十年磨一剑，从 2011 年 11 月落户龙游工业园区，围绕工业自动化核心部件，无论年景好坏，禾川科技每年都坚定地把销售额的 10% ~15% 投入研发。2021 年 12 月，禾川科技在中国通用伺服市场的份额已跻身国产品牌前三。

企业发展的信心和底气不仅来源于核心技术的突破，更少不了政府的大力支持。2021年,龙游县首次明确提出"科技龙游"概念,并出台《关于加快"科技龙游"建设的实施意见》等政策。建设"科技龙游",是要推进科技创新领域重大改革,围绕规上企业高新化和研发机构全覆盖,重点扶持一批新兴产业高新科技企业,加快实施一批重点科技创新攻关项目,全面提升研发投入水平,打造促进经济增长和创新创业的强劲引擎。

通过多年来的高速发展,禾川科技已赫然进入国产自动化一线品牌方阵,同时也取得了"省重点企业研究院""省级高新技术企业研究开发中心""市级工程技术研究开发中心"等多项荣誉。

红五环:空气动力机械国家级特色产业基地

红五环集团始创于 1997 年,以零资产起步,发展至今已成为国内实力最雄厚的空气动力设备、工程掘进设备制造企业之一,是国家压缩机行业协会、凿岩机械与气动工具行业协会理事单位,国标起草单位。集团总注册资金 2.45 亿元,控股 10 家子公司,是一家集技术研发、生产制造、销售服务功能于一体的现代化机械设备制造企业,被称为"空气动力机械国家级特色产业基地"的龙头企业。

红五环集团 2022 年产值 6.35 亿元。企业占地面积 476 亩。员工人数 1100 余人,其中有 100 多名中高级技术人员。集团与清华大学、中国地质大学、浙江大学、西安交通大学、中国通用机械研究院等多家科研院所建立了紧密合作关系,具有强大的产品研发能力。

红五环集团主要业务领域包括空气压缩机、露天潜孔钻车、井下凿岩钻车、手持式钻凿设备、制茶设备、压力容器等,拥有六大系列 200 多种产品。衢州市在空气动力与掘进机械领域,已形成以红五环等为龙头的一批矿山专用设备制造产业链,年产空压机 30 余万台,市场占有率全国第一,综合实力在空气动力、工程掘进行业中位列国内前茅。

在产品方面,无论是设计还是制造水平,都接近国外先进水平,多款产品填补国内的空白。集团在国内外拥有 1500 多家销售网点,产品远销东南亚、中东、非洲、欧美等地。红五环集团与美国英格索兰、瑞典阿特拉斯·科普柯等世界 500 强企业建有合资公司及合作项目。红五环集团还被评为国家高新技术企业、浙江省技术创新优秀企业,是浙江省专利示范企业,拥有国家专利 100 多项。多年来,该集团技术中心以行业发展需求为导向,以促进企业与行业共同发展为宗旨,充分利用企业自身优势,开展有市场前景的高新技术研究,成为具有精良和完善试验手段的试验平台,以应用研究为支撑、产业转化为主的高端新型装备产品的研发基地,为企业未来的发展战略提供技术支撑。

红五环集团是国内实力最雄厚的压缩机、凿岩机械制造企业之一,是国家压缩机、凿岩机械与气动工具行业协会的理事单位,全国压缩机、凿岩机械、旋转电机标准化技术委员会委员单位。该集团作为省机械行业重点企业、省技术创新优秀企业,国家级高新技术企业,多次承担省重大科技专项和首台套产品。红五环集团内部加强资源线平台和产品线平台建设,包括研发管理部、压缩机技术部、掘进技术部、工艺技术部及技术委员会,拥有50多位中高级技术人员。与中国通用机械研究院和西安交通大学等多所国内外科研院所建立长期合作,形成了多方位的创新团队建设渠道。并结合工程技术人才培养计划,多层次组织或参与国家和国际性的学术会议、标准制定、国内外研修、联合技术攻关,培养和引进领军型技术人才,为提升企业核心竞争力夯实人才基础。

红五环集团于1997年成立了自己的技术中心,该中心于2004年被认定为浙江省省级技术中心和省级研发中心。红五环集团股份有限公司还拥有行业专家及年富力强的工程师队伍。以全国技术能手徐建雄为首的徐建雄技能大师工作室成立于2012年12月,以培养高技能人才为宗旨的技能大师工作室,自成立以来先后获得衢州市重点工作室、浙江省优秀工作室和国家级工作室称号。工作室成立后,已承担起红五环集团股份有限公司的技能人才培养、技术攻关、成果转化重任,为企业技能人才的培养和技术创新提供了一个技术交流的平台,不断提高技术人员和技术骨干的学习力、创造力和战斗力。

不忘初心,牢记嘱托。红五环二十多年磨一剑,从消化吸收到自主创新,从衢州制造到衢州智造。红五环的发展之路是10年求生存、10年强发展,而在未来的10年里,将着力补短板,和国际一流企业携手走得更远更高。"以世界的资源为我所用,以世界的市场为我的市场。"红五环正在重整行装再出发,朝着勇毅前行创未来的方向行稳致远。

华康药业：共创甜美事业，共享健康生活

华康药业股份有限公司是一家在全球范围内处于领先地位的功能性糖醇国家高新技术企业，涵盖了研发、生产、销售和服务等多个领域。华康药业是第一家在糖醇类 A 股主板上市的企业，同时也是中国轻工业百强企业、全国食品工业优秀龙头食品企业、国家知识产权优势企业、国家绿色工厂、浙江省隐形冠军企业以及浙江省科技领军企业。

华康研究院科研人员正在做实验

华康药业有 40 年的糖醇生产历史，建有国家企业技术中心、国家博士后科研工作站、中国轻工业糖醇应用技术重点实验室、省功能性糖醇重点企业研究院、省工程研究中心等省部级科研平台，承担科技部国际科技创新合作重点专项、国家火炬计划、浙江省领军型创新创业团队、浙江省"尖兵""领雁科技计划项目"等省部级重点项目 20 余项。

经过多年发展,华康药业已建成立足中国、面向全球市场的产品销售网络,覆盖国内大部分地区以及世界主要发达国家和地区,成功开拓了国内外众多知名客户,具备较强的客户资源优势。华康药业的产品遍布全球80多个国家和地区,与国内外客户建立长期战略合作关系。其中,木糖醇市场占有率连续多年保持世界领先,被工信部评为"制造业单项冠军产品"。

多年来,华康药业持续研发、投产新产品,不断完善和丰富产品线,在巩固木糖醇行业领先地位的同时,积极拓展山梨糖醇、麦芽糖醇、赤藓糖醇、果葡糖浆等多种功能性糖醇及淀粉糖产品的生产,可根据客户的需求提供差异化的产品,有针对性地为其进行产品定制和产品研发,并为客户提供一整套技术支持及解决方案,充分满足全球客户和合作伙伴多样化的产品需求。与此同时,华康药业严格遵循海外市场对产品的高要求。除多项国际质量体系认证外,华康还通过了清真认证、犹太认证,华康药业旗下赤藓糖醇、果葡糖浆获得美国 NOP、欧盟 EOS 有机认证证书,这些都是华康进军国际市场的"绿色通行证",也是华康股份在木糖醇市场占有率连续多年保持世界领先的不二法门。

华康药业始终将科技平台作为科创第一重器,构建高能级创新平台,不断集聚优质科技创新资源。华康药业建成了国家企业技术中心、国家级博士后科研工作站、中国轻工业糖醇应用技术重点实验室、省重点企业研究院等高能级创新平台。

华康药业始终将人才作为科创第一资源,推进高层次人才引育,竞相激发创新事业活力。一直保持与高校多个院士团队开展项目、人才全方面合作,打造了一支由国家特聘专家、"国万"领队的各级梯队的科技人才队伍,持续为华康长期创新发展提供人才智力支持。对标国际同行一流企业,持续提升人才引育质量,打造高质量、高效率的华康人才技术攻关和创新能力。

华康药业始终将技术作为科创第一抓手,开展关键性技术攻关,突破提升科技创新势能。公司持续加大研发投入力度,过去五年连续保持研发投入占比营收 4% 以上,联合国内外高校、科研院所、知名企业,开展多维度、开放式的产学研合作,创新推进技术攻关和成果转化。相继承担了国家和省重点研发项目 20 余项；获得 PCT 国际专利和国内专利授权 200 余件；起草国家、行业等标准 40 余个；获得中国专利奖优秀奖等，不断增强技术创新突破的领先优势。

糖醇蓝海下，华康秉持"共创甜美事业，共享健康生活"的使命，厚植功能糖醇产业发展基础，构建更具竞争优势的糖醇及健康食品配料产业链，积极促进全球糖醇产业制造、研发中心向中国转移，开创中国功能糖醇及健康食品配料产业高质量发展新局面，建成拥有一流技术和核心竞争力的国际现代企业，振兴民族糖醇产业，促进健康中国发展。

浙江时代锂电:敢闯敢试敢为人先

浙江时代锂电材料有限公司成立于2021年,是一家以从事化学原料和化学制品制造业为主的企业,为衢州打造高能级战略平台、建设四省边际中心城市提供有力支撑。

2021年7月18日上午,浙江时代锂电材料国际产业合作园项目(一期)在衢州智造新城举行开工仪式,这是衢州历史上单体投资最大的先进制造业项目,被列入省长工程和省重大产业项目(预选类)。这个项目由浙江时代锂电材料有限公司投资,是对新能源、新材料、新动力、新体系的全新尝试,并且建立起相关的配套设施,真正做到了人才为主、技术创新和观念先行,构建起政府、金融、企业三方合作的整体发展布局和协同结构,对推动衢州经济高质量发展起到了重要作用。

浙江时代锂电项目建设现场

浙江时代锂电的创新发展是衢州经济发展顺应社会主流的典范，秉承了创新、协调、绿色、开放、共享的新发展理念，揭开了衢州市整体推进高质量发展的序幕。不仅如此，浙江时代锂电还注重建立完善的协作机制，充分借助国家制造业转型升级基金、国家绿色发展基金、国新综改（杭州）基金、浙江省政府产业基金、衢州市政府产业基金的力量，深度开展与其他企业的合作。

浙江时代锂电不断探索企业发展的新体系、新模式。加大对人力成本、技术成本、生产成本的投入，打造专业化的创新产业体系。同时，注重企业文化建设，始终坚持和贯彻新时代衢州人文精神，把"崇贤有礼、开放自信、创新争先"的新时代衢州人文精神全面融入浙江时代锂电生产发展的各个方面，整体推动了企业的发展，展现出理论的先导作用和经济成果转化功能。浙江时代锂电发挥榜样的力量，展现出伟大的奉献精神、强大的领导能力，对于政企双方的共同合作，其以完善的产业配套、开放的资源共享、优越的运行机制起到了重大推动作用。

浙江时代锂电项目所需的资金规模庞大，面对的不稳定因素众多，涉及的领域也相当广泛。衢州控股集团与市财政局、市经信局等相关部门紧密合作，经过一年多的持续努力，成功地消除了各种投资和融资的障碍。成功地吸引了国家制造业转型升级基金、国家绿色发展基金、国新综改（杭州）基金这3个国家级基金以及省政府产业基金的共同出资，确保了第一期的66亿元资金的完整组合，并成功争取到了国家和省级基金30.9亿元。对于市政府产业基金管理团队来说，无疑是难得的，它加强了与省级基金的合作，为与国家级基金的资源整合创造了条件，并积累了丰富的投资经验，为未来的投资活动奠定了坚实的基础。

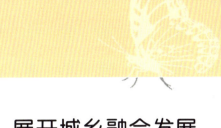

04 展开城乡融合发展和美画卷

进一步发挥浙江的城乡协调发展优势，加快推进城乡一体化。

2003年6月,"千村示范、万村整治"工程在浙江拉开历史大幕,无数乡村发生精彩蝶变,三衢大地展开了一幅城乡融合发展的和美画卷。衢州沿着"八八战略"指引的方向追赶跨越,整体规划城乡空间布局、协同推进城乡资源共享、统筹完善城乡综合配套、畅通城乡要素流动渠道、持续缩小城乡收入差距,奋力交出衢州城乡融合发展之路的"高分答卷",推动衢州城乡融合发展再上新台阶。

鸟无定栖,林茂则赴。城乡融合发展归根到底,就是要统筹推进新型城镇化,破解城乡发展不平衡、不充分的问题,探索一条城乡互补、全面融合的共富新道路。在"八八战略"指引下,衢州统筹城乡经济社会发展,形成以城带乡、以工促农、城乡一体化发展的格局,迎来全域和美的精彩变迁,取得了瞩目的成绩,极大提升了城乡居民的生活水平、生活质量、幸福感和满意度,既为实现中国特色社会主义共同富裕先行和省域现代化先行奠定了良好基础,也为全国统筹城乡发展和建设"美丽中国"积累了丰富的实践经验。

以人为核心,立足城镇化发展,城与乡"美美与共"。通过持续提升"1+5"示范段,加快景区化改造和绿化彩化提升。抓住疫情后旅游市场机遇,着力提升诗画风光带文旅服务品质,推动风光带与95号联盟大道交融联动,推进沿线露营基地、旅游驿站等配套项目建设。深化共富单元成果,示范创建和美乡村。坚持硬件建设与软件提升并进,乡村建设与乡村经营并重,推进和美乡村联建联创。建立可综合评价乡村产业发展、公共服务、村集体经济水平的共富指数模型,延展乡村就业空间,满足农民就近就业、增收致富的需要,配套竞争性奖补办法,引领乡村综合发展。开发农业多种功能,挖掘乡村多元价值,培育具有带动力、市场竞争力、可持续发展能力的产业和业态。擦亮人居环境底色,全域提升乡村风貌。以城乡风貌样板区建设为载体,推进农房整治,实施"衢派民居"示范村建设。开展主要国省道沿线"脏、乱、差"综合整治和风光带沿线失管田园、抛荒地治理,深化农村垃圾、污水、厕所"三大革命"。坚持"群众主体、创新驱动、彰显特色、建管并重"的理念,开展农村人居环境评比竞赛活动,实现村容村貌明显提升、村庄田园环境质量明显改观。

以有序集聚为特征,推动新型城镇化道路,城与乡"包罗万象"。切实加强城乡风貌提升,推进城乡设施联动发展,补齐农村基础设施和公共服务短板,开展重要节点环境综合整治,大力推进乡村杆线规范整治行动,持续提升乡村环境品质。稳步推动人口集聚,集中资源推动偏远零散自然村整村搬迁。2022年,全省"千村示范万村整治"现场会在衢州召开。20年来,衢州统筹推进城乡、区域以及经济与社会协调发展,加快推进城乡一体化发展。2002年,衢州城镇化率为31.57%。2004年,衢州以"搬得下、稳得住、富得起"为目标,开始有序引导山区农民搬迁至中心村镇和城区,随后衢州城市发展格局不断打开,南孔古城、核心圈层、高铁新城建设全面推进。同时,衢州乡村振兴活力持续焕发,未来乡村建设领跑全省,在全国率先发布乡村未来社区指标体系与建设指南,首批6个试点村核心区已基本建成。城乡收入比缩小到1.86,连续8年低于全省平均水平。2022年,衢州城镇化率提升至59.3%。

乡村振兴争上游,城乡融合入佳境。20年来,在"八八战略"引领下,衢州坚持打破"城"与"乡"界限,着力推动城乡融合一体发展,让城市和乡村都更有品质、更加宜居,衢州乡村发生了美丽蝶变,处处呈现"环境美、生态美、产业美",时时彰显"邻里和、社会和、人与自然和"。未来,衢州将继续坚定不移在加快推进统筹城乡发展上"一张蓝图绘到底,一任接着一任干",推大统筹、谋大改革。

路径融通,同步推进农业农村现代化建设。聚阳生焰,握指成拳。衢州市委、市政府充分协调各方资源,坚持把"三农"工作放在全部工作的重中之重,以业态为关键发展乡村,夯实农业的基础地位。衢州立足实际,加强农田水利基本建设和农村基础设施建设,提高农业综合生产能力;深化推进农业"双强"行动,加快现代化农事服务中心建设,加强数字农业科创园、省级农业科技园区建设,提高农业科技的孵化转化能力;加快土地集中连片流转,推进适度规模经营,培育壮大"链主"型农业龙头企业,市域一体推进"钱江源"农产品区域公用品牌打造,提高农业综合生产能力和产业化水平。

政策融合,深化城乡综合配套改革。衢州大力实施强村富民乡村集成改革,以集体经济为核心,把农村集体经济改革发展打造成共富标志性成果。以全国农村改革试验区创建为契机,开展强村富民乡村集成改革试点,推广

"两退出三保障""两入股三收益"模式。推进以县域为重要载体的新型城镇化改革,有序推进171个偏远零散村整村搬迁,转移本地农业人口4万人。深化农业农村投资"一件事+明白纸"集成改革,推广衢江"惠农通"和江山"江农投"等做法,打造助农服务直通车,推动全市大营商环境政策向农业农村延伸。

人文相融,把握未来乡村发展的形态和走势。城乡融合发展,既要因地制宜,也要凸显地域特色。2019年以来,衢州市抓住省委、省政府开展未来社区试点建设的契机,率先开启"未来乡村"试点工作。立足人口集聚、产业发展、公共服务提升等角度,深度探索组团式、片区化发展的衢州路径,初步形成"33个村探索建设+67个村同步培育"的未来乡村发展建设格局。辖区未来乡村常住居民人均可支配收入年均增幅达到11%,村集体增收超过3000万元,农民群众幸福感、获得感显著增强。开启了以改善农村生态和物流环境、提高农民生活质量为核心的村庄整治大行动。通过打造中国最文艺的乡村未来社区,实现垃圾集中收集和无害化处理、农村污水集中处理、农房和庭院全面整治,建成一大批美丽乡村精品村和美丽乡村风景线。努力绘就从"生态美"到"业态美"、从"经济美"到"生活美"的唯美画卷。

农旅融合,实施"美丽经济"扮靓乡村。衢州坚定不移保护绿水青山这个"金饭碗",着力推动县域经济绿色和数字化转型,促进科技、文创、人才、资本与农业农村深度结合,建设并不断升级"一镇一品",大力发展农文旅产业,实现一二三产业联动发展。利用自然禀赋发展特色农业,利用地域文化提升农业品牌,利用特色传承发展农产品加工业,利用农旅融合增加农民复合性收益,因地制宜壮大"美丽经济",实现"村在画中建、人在梦中游",把"绿水青山"蕴含的生态价值转化为"金山银山"。同时,通过数字和融媒体赋能等,促进"美丽消费",吸引城市居民到乡村休闲度假、自驾观光、深度体验,做好"农超对接",推动农业服务和乡村文化产品进城,优质农产品点对点订单式进社区、进食堂、进厨房,促进城乡产业深度融合。

创新融合,创新城乡融合村社联动运营模式。农民搬迁安置到城市后,城市社区如何高效运营保障服务品质,迁出农村资源如何利用产生价值均是亟待解决的问题。在创新方面,衢州在全域推进新型城镇化进程中,把运营创新摆在社区建设的突出位置,探索开展以城乡融合社区联动运营为主的"企业—社区—农村"创富联合体建设工程。以商业模式运作创新供给方式,提升社区公共服务品质,打造公益理念、企业赋能、村社联动的"百社千村"城乡结对工程,推动农村农产品直销进社区,促进消费、带动就业。在保障方面,衢州出台专项政策与地方性法规,全域推动社区公共服务运营两大模式,即以国资为主的"合作"模式和市场运作国资参与的"合资"模式,为全省率先探索走市场化经营之路。在统筹方面,考虑由市级主体统一推动迁后农村土地复垦、农产品统购统销与品牌建设,推进拆迁后优质传统村落等乡村资源开发运营,全面促进各村集体经济发展壮大,实现城乡融合互促发展新模式。

久久为功,善作善成。团石村通过"千万工程"完成了"三差村"的蝶变,溪口村则插上"未来乡村"建设的金翅膀,实现了共建共治共享共富的飞跃,大陈村用歌声唱出了村民幸福生活……村庄星罗棋布,山水田园如诗如画,未来乡村、数字农场、未来农业园区精彩绽放,一幅幅"产业兴盛、乡村美丽、农民富足"的壮美画卷徐徐铺展。衢州城乡的双向奔赴,打通了城乡融合发展的通道,必将展示出城乡融合发展的和美画卷,托举起人民群众稳稳的幸福。

高质量推进新型城镇化:城镇化与乡村振兴互促共进

党的二十大报告鲜明指出,中国式现代化是全体人民共同富裕的现代化,强调要"推进以人为核心的新型城镇化,加快农业转移人口市民化","以城市群、都市圈为依托构建大中小城市协调发展格局,推进以县城为重要载体的城镇化建设"。

衢州加快推进"以县城为重要载体的城镇化建设",提升县城综合承载能力,提高资源配置效率,加快人口集聚、优化公共服务,让人民群众有更多获得感、幸福感和安全感,是践行习近平总书记殷殷嘱托、加速城镇化进程的实际行动。

常山县紫港街道渣濑湾村

城市化是一个地方经济社会发展的"牛鼻子",对生产力布局、城乡结构调整、区域经济发展以及社会文明程度的提高具有全局影响意义。在充分发挥中心城市在接轨区域经济、省际经济中的主导作用的同时,也要注重中小城市和中心镇建设,实现全面、协调发展。20年来,衢州市注重以县城和中心镇为重要载体进行城镇化建设,进一步增强了感恩奋进的责任感和使命感,并以新型城镇化建设的实际成效,向党中央和人民群众交出了一份高分答卷。

加快推进"以县城为重要载体的城镇化建设",是打造十个"桥头堡"、建设四省边际中心城市的有效抓手。无论是十个"桥头堡",还是四省边际中心城市,都不只局限于狭义上的中心城市,仅仅包含"两区两城",而是中心城市、县城、中小城镇的组合体,涵盖的是全市域。县城是"城尾乡头",是联系城乡的重要纽带和重要节点,这一环不能弱。因此,要强化以市带县、以县带镇,一手抓中心城市能级提升,增强集聚辐射带动能力;一手抓县城承载能力提升,提高县城发展质量,加快形成完整、坚实、市县乡一体的现代化城镇体系,让老百姓能够各取所需、各得其所。

加快推进"以县城为重要载体的城镇化建设",是回应群众期盼、推进共同富裕的内在要求。推进"以县城为重要载体的城镇化建设",涵盖了城市建设、服务提升、环境改善、丰富文化生活等各方面内容,与共同富裕的内在要求是高度一致的。要满足人民日益增长的美好生活需要,就必须抓住县城这个着力点,加快补齐民生短板,更好满足老百姓对教育、医疗、养老等的迫切需求,不断增强人民群众的获得感幸福感安全感。衢州深入践行以人民为中心的发展思想,知责担责、知重负重,努力以"衢州之进"提升浙江共同富裕的成色。

近年来,围绕打造四省边际中心城市,衢州市委、市政府统筹中心城市与县城建设,统筹城乡发展,强化投入、注重创新;各县(市、区)落实主体责任,积极探索、深入实践,推动县城发展和城镇化建设取得扎实成效。以县城为重要载体,统筹推进中心城市、县城、中小城镇建设,努力走出一条具有衢州特色、绽放别样精彩的新型城镇化道路,为中国式现代化和"两个先行"贡献更多智慧力量。

城镇体系逐步完善。城区框架进一步拉开,承载能力进一步增强,"小县大城"具备雏形。大力推动农民集聚工程,2018 年以来建成安置小区(点)288个,集聚搬迁 19.2 万人。常住人口城镇化率 5 年年均提高 1.1 个百分点,4 个县城建成区扩展至 67.8 平方公里,基本形成以中心城市、县城、中心镇为主架构的城镇空间体系。

公共服务有效提升。全市域实现教育基本现代化,标准化学校覆盖率达到 97% ;每千人医疗机构床位数居全省第二,社区卫生服务中心(乡镇卫生院)达标率 89.3% ;乡镇(街道)养老服务中心实现全覆盖,建成康养联合体 8 家;基本实现 15 分钟健身圈全覆盖。

配套设施更加完备。住房条件大幅改善,城乡人均住房面积分别达到 52 平方米、81.4 平方米,均高于全国全省水平。交通更加便捷,实现县县通高速、高铁,乡镇通三级以上公路的比例超过 90%。在全省率先实现城乡饮水同质。

实施万名新农人培育行动:共富路上"一个不能少"

衢州市在全省率先实施万名农民素质培训工程,被誉为新时期的"农民讲习所",是全省千万农民素质提升工程发源地。

农用无人机操作培训

2003 年 7 月 22 日,时任浙江省委书记的习近平同志在省农办《衢州市"万名农民素质工程"的调查》上批示肯定衢州做法,要求推广衢州经验。近年来,衢州市持续深入贯彻落实"八八战略",相继成立衢州农民学院、衢州乡村振兴学院。2022 年 5 月,衢州成立四省边际(衢州)共富学院(简称"共富学院"),以全面推进"新蓝领、新工匠、新农人"培养培育为目标,着力打造千万农民素质提升工程新标杆,为高质量发展建设四省边际共同富裕示范区提供人才保障。20 年来,衢州累计培训农民超 100 万人次,培育扶持产业项目 160 多个,带动农民增收超 10 亿元,培训的月嫂、大厨、村播月薪过万元,一群年轻的乡村运营师活跃在衢州未来乡村,打造了七里、余东、龙门等乡旅明星村,培育出全国农业劳模董红专、金牌月嫂李玉仙、全国农业职业技能大赛冠军李群勇、石春生等一大批懂农业、爱农村、爱农民的乡村人才,衢州市乡村人才总量达到 19 万人,其中农民技师、技术员 1.62 万人,新型农业经营主体 1454 人,农创客 3600 人,"衢州金牌月嫂""常山阿姨""柯城余东农民画""开化中蜂养殖"等 4 个模式被评为省级农民培训促富品牌。

新农人培育行动建立了三个平台。一是建立培训机构平台。2012 年以来,衢州市相继成立衢州农民学院、衢州乡村振兴学院。2022 年又成立四省边际(衢州)共富学院,建设千人农民培训师资库,组织领办市级农民培训工作。二是建立网上学习平台。创建衢州市乡村振兴全媒体智慧平台,上线视频课程 1000 余期,将农民培训课程内容从讲堂延伸到手机端,用于农民群众在线点播、随时学习,实现讲师预约、课程定制的全程数字化管理,2022 年已覆盖 40 万农民群众。三是建立就业创业服务平台。创建衢州市就业创业致富应用平台,开发培训管理、劳动力分析、就业岗位提供等功能,推动劳动者技能提升和创业增收能力,形成"培训—就业—共富"的环形机制。

为了提升培育的实效性,培育行动中注重把握三个关键。一是注重学员遴选。聚焦农民增收、产业发展和乡村建设,掌握培训对象的基本情况、培训需求,把有产业、有需求、想创业的种养大户、新型农业经营主体、返乡创新创业者遴选出来,开展精准化培训。二是注重师资选聘。坚持业务主管部门和培训机构共同把关遴选老师,建立 1000 人的农民培训师资库,举办全市农民培训讲师大赛,选聘理论水平高、实践经验丰富、长期在农业一线的农业农村专家进行授课,确保教学质量。三是注重授课设计。根据农民自身特点和发展产业、促进就业的目的,创新"主题讲座 + 实地研学""培训 + 就业推荐""培训 + 科技服务""送教下乡 + 夜间课堂"等授课方式,努力做到工学交替、产训一体、技能为本、创业导向,提高农民培训实效。组织农业技能大赛、农民技能大赛、创新创业大赛、涉农公益活动等,展示新时代高素质农民风采。

把服务农业发展、乡村发展和农民创业创新作为农民培训的出发点和落脚点。2022 年,全市举办农业产业类培训班 156 期,培训农民 7349 人,不断促进全市农业特色产业和优势产业做大做强;全市举办美丽乡村建设、乡村运营、乡村治理等乡村发展类培训班 102 期,培训学员 4574 人,助力提升美丽乡村建设和管理水平;举办农民就业、创业类培训班 147 期,培育月嫂、家政、护理、保安、乡村休闲旅游、来料加工经纪人、电商直播等学员 7215 人,促进农民就业创业。

农村文化礼堂:使农村群众"身有所栖""心有所寄"

2013年浙江省吹响了农村文化礼堂建设的冲锋号,衢州市把建设农村文化礼堂作为加强基层宣传思想文化工作、推动乡村文化振兴的主要抓手和创新之举。文化礼堂从无到有,由盆景到风景,在三衢大地落地生根、开花结果,成为衢州和美乡村的亮丽风景,成为滋养农村群众的精神家园,使农村群众"身有所栖""心有所寄"。

衢州市以"全域化建设、规范化运行、全民化参与、品牌化培育"为重点,打好农村文化礼堂"建管用育"组合拳,把农村文化礼堂建设成为美丽乡村的风景线、乡村文化振兴的大平台、共同富裕的新标识。2021年年底,衢州建成1418家文化礼堂,实现农村文化礼堂500人以上基本全覆盖,其中五星级文化礼堂131家,四星级文化礼堂281家,三星级文化礼堂616家,创成省级示范县3个,示范乡镇20个。

盘活资源,因地制宜"建"起来。衢州市把农村文化礼堂建设工作纳入本地经济社会发展总体规划,作为乡村振兴和美丽乡村建设的重要内容,统筹土地、资金、人才等各类资源,按照选址科学、功能完善、形态美观、安全实用的原则,科学布局、分步实施,有序推进文化礼堂建设按照"五有三型"(有场所、有展示、有活动、有队伍、有机制,学教型、礼仪型、娱乐型)的建设标准,注重挖掘村庄历史、梳理村落文脉、展示乡风文明,改善农村风貌,使文化礼堂成为留住"记忆中乡愁"的重要载体。近十年各级财政投入4.41亿元,确保文化礼堂建设高标准、运行高质量。全方位盘活基层公共服务资源,实行"融合共建"模式,市委宣传部、市委组织部联合下发《农村文化礼堂与乡村振兴讲堂融合共建的指导意见》,对党群服务中心、乡村振兴讲堂、居家养老中心、儿童之家等场所进行"物理融合、化学反应",不增添基层负担,推进一个活动阵地、一组管理人员、一张服务清单的"三个一"工程。充分利用各村自然资源禀赋,注重与优秀传统文化、乡土文化、民俗文化的融合创新,在文化礼堂的建筑风格、展示内容、活动样式、模式机制等方面形成特色,做到"一村一色""一堂一品"。如结合"衢州有礼"诗画风光带建设,推进礼堂串点连线成景,打造文化礼堂示范巡礼线,形成了江山文化礼堂最美村歌专线、开化文化礼堂最美公园专线等特色路线。

迭代升级,完善机制"管"起来。以"制度＋管理"为重点,深化顶层设计、制度设计,提升"管"的强度,推进常态长效。衢州市委、市政府出台《关于推进全市农村文化礼堂建设的实施意见》《关于深化农村文化礼堂建设的实施意见》,建立市、县农村文化礼堂建设工作领导小组,把农村文化礼堂建设工作列入政府实事工程,纳入党的建设和党委(党组)意识形态工作责任制落实情况检查,作为考核评价各级领导班子、领导干部特别是乡镇(街道)领导干部的重要依据。以星级文化礼堂评定为指挥棒,建立"一周一督查""一月一通报""一季一观摩""一年一选树"管理机制,将农村文化礼堂考核列入乡镇(街道)年终考核,充分调动乡镇(街道)建设主体工作积极性,通过定期互看互学互查互评,提高文化礼堂建设水平。全市建立了以"五进"服务为核心的"文化乡伴"联盟队伍,包括 8090 新时代理论宣讲团"讲师驻堂"、文联协会"大咖驻堂"、农村文化礼堂建设工作领导小组成员单位"服务驻堂"、乡村文化能人"志愿驻堂"、第三方专业性文化团体和志愿团队"辅导驻堂";构建了衢州市农村文化礼堂"文化乡伴"联盟队伍的四梁八柱,创新"1＋1＋N 站堂联盟"共建模式,即一个"文化乡伴"队伍结对一个乡镇(街道),共同与所在乡镇(街道)的文化礼堂结成联盟开展共建活动,并制定"有一个文化乡伴工作站、有一系列公益课程、有一支特色文化队伍"等"三有"考核要求。各地结合实际探索社会化运营模式,如江山创新了"礼堂特派员"、龙游创新了"三百联盟"机制("百家站堂共建联盟""百村赛事活动联盟""百师千场培训联盟")。在用好浙江省农村文化礼堂数据管理平台"礼堂家"的基础上,打造了"数智文化空间站"。制作农村文化礼堂电子地图,推出文化线路,实现文化礼堂与"15 分钟品质文化生活圈"的有机融合。创新"云上试演"场景,通过"云上试播—热榜筛选、线下试演—优化投放"方式,及时调整演出时间、频次等,让文化活动更对口对味;设置民生服务板块,为农村群众提供通衢问政、招工招聘等服务;融合"8090理论宣讲"平台,提供驻堂讲师、网上研学等服务。

文化惠民,礼堂阵地"用"起来。根据群众生活所需,整合公共资源,聚集社会力量,向基层倾斜、往礼堂输送,推动高质量文化产品和服务可持续供给。依托"8090新时代理论宣讲团"开展周三礼堂日"讲师驻堂"活动,通过80后、90后甚至00后这一青年群体学习、宣讲习近平新时代中国特色社会主义思想,用青春的声音传播党的声音,在市县两级挂牌成立42家8090新时代理论宣讲研习基地和若干孵化中心、实训基地等宣讲培育基地,打造精品宣讲场景120余个,开展"两个先行·青春聚力""礼敬百年·青春向党""请党放心·强国有我"千场理论进基层主题活动。把文化礼堂作为"15分钟品质文化生活圈"的主载体,以"送文化""种文化""赛文化""育文化"四个阶段开展分类指导建设,由各村(社)提出需求清单,统筹市县两级文化文艺资源,从艺术门类、工作目标、服务计划、师资要求等方面精准对接,量身服务,持续推动市县94个文艺家协会及其他社会文化力量,通过引进演出活动、建立创作基地、共建联系点等形式,与农村文化礼堂结成对子,开展服务活动。每年组织"我们的中国梦"——文化进万家暨文化志愿服务下基层活动20余场次,受益观众约3万人次,加大文化科技卫生"三下乡"等12个部门公共文化资源整合力度,建立涵盖法治、教育、卫生、科技、体育、消防、禁毒等领域内容的"大菜单"制度,推出受欢迎、可持续、叫得响的服务项目,依托新时代文明实践中心,以"文化礼堂点餐、实践中心送餐"的模式,按需送入文化礼堂。结合山村实际,衢州以关爱留守妇女儿童、孤寡老人等群体为重点,创设"放学来吧""微心愿认领"等特色活动载体。

深挖特色,文明乡风"育"起来。从挖掘农民歌、农民画、农民书法等特色资源,到深化"我们的村晚""我们的村歌""我们的村礼"品牌项目,创新"五村五联"文体共富系列活动,着力提升"育"的深度。全市形成了柯城"农民画"、衢江"乡愁文化"、江山"农民村歌"、龙游"红色宣讲"、常山"农民书法"、开化"钱江源书社"等特色文化礼堂品牌,衢州文化礼堂"面子"颜值高,"里子"内涵更丰富。一方面,结合中国传统节日,传承推广礼仪活动,推出春节祈福迎新礼、清明祭祖礼、端午赐福礼、重阳敬老礼等"十礼"进文化礼堂等，通过规范礼仪流程，增强活动仪式感，让群众在庄重的仪式中，寻求更高层次情感归属。创作《衢州有礼 村民公约》《文化礼堂之歌》两首歌曲，提高文化礼堂知晓度，完成 1589 个村社的"千村修约"工作，将文明行为纳入村规民约。另一方面，围绕"礼堂有礼、同心共富"主题，选出农民画、竹编等具有乡村特色、文化特点的文创产品和特色农产品全市十佳"村礼"，制作"我们的村礼"宣传片，并选取部分"村礼"在"村播主播"直播间开展幸运盲盒点赞赠送活动，助力拓展村播新业态。柯城区在文化礼堂开展"农民当主播"培训 1600 多场，孵化培育 100 多名"村播"达人，开展"抗疫助农"直播系列活动 35 场，为 509 户当地橘农销售柑橘 358 万斤。

连续三年举办全市"我们的村晚"精品节目展演，2018 年首届全市村晚引爆网络，"衢州村晚"微博话题点击突破 3000 万＋，春节期间组织"村晚"嘉年华活动，构建市县一体"1＋6＋N"体系，同步组织村晚活动，实现同频共振。其中衢江区上方镇连续六年组织村晚，并在晚会上对"最美村民"进行表彰，引领乡风文明，营造喜庆祥和的新春氛围。

立足"一座礼堂、一首村歌"，将村歌创唱纳入文化礼堂建设要求，截至 2023 年年底，全市已创作 562 首村歌，组织了"我唱村歌给党听""来衢州听村歌"云上展播、"听着村歌游衢城"农文旅活动。在"中国村歌之乡"江山已实现村村有村歌，一批精品村歌唱进省人民大会堂，唱进北京人民大会堂，入选 G20 峰会国礼。大陈村文化礼堂从唱响《大陈，一个充满书香的地方》《妈妈的那碗大陈面》到创作《你好，江山》《大陈见面》村歌剧，打造了村歌夜间经济，每场演出能为大陈村带来 5000 余元的集体经济收入。

依托农村文化礼堂开展农民画书法培训，举办农民画书法展，创设研学情景，开设农民画"暑期来吧"课程，在"全国十大农民画村"沟溪乡余东村打造中国乡村美术馆，开辟农民画线上交易平台。围绕"百镇千村万场"农运会目标，推动村村办赛、县县比赛，每年开展排舞、健身气功、健身秧歌、拔河、气排球、地掷球等项目培训、展演，并对全市 700 多个文化礼堂增添了体育设施，建成 73 个农村百姓健身房。

　　2018 年,衢州推出以"自然之礼、人文之礼、治理之礼、未来之礼"为基本内容的"南孔圣地·衢州有礼"城市文化品牌工程。衢州重视"礼文化"传统及由此所形成的"有礼"品牌,与浙江省农村文化礼堂建设的精神主旨天然契合,具有无缝连接之巧势。衢州农村文化礼堂凝结出了具有"衢州气息"的建设经验,形成了自己的特色,其精髓与灵魂在于"礼",更加突出教化功能,并在农村移风易俗方面发挥了重要作用。

　　衢州市不懈推进、释放亮点,使农村文化礼堂建设从琳琅满目的"盆景"发展成为引人入胜的"风景"。2021 年 7 月,衢州市成为全省唯一一个市纳入共同富裕示范区建设精神文明高地首批试点城市,衢州农村文化礼堂事业开启了全新征程。

全面推行科技特派员制度：夯实共同富裕底板

2005 年起，衢州市全面推行科技特派员制度，确保全市每个乡镇都有科技特派员。各级科技特派员根据当地的区域优势和自身的专业特长，紧紧围绕"提升一个产业、致富一方农民"的目标，以项目实施为抓手，培育和发展当地支柱产业。18 年来，共选派省市县三级科技特派员 1654 人次，成为党的"三农"政策的宣传队、农业科技的传播者、科技创新创业的领头羊、乡村脱贫致富的带头人，使广大农民有了更多获得感、幸福感。

科技特派员对接服务的衢江区高家镇未来农业园

2021 年 8 月 31 日，衢州市被浙江省委、省政府评为 2019—2020 年度省科技特派员工作成绩突出单位，这是对衢州市科技特派员工作的充分肯定。衢州市科技局高度重视特派员工作，一直秉承"一把手"亲自管、亲自抓落实的机制。从 2005 年开始的 18 年间,衢州市共选派了 9 批次市级科技特派员,共计 180 余人,经费支持也从原先的每年 2 万元提高到 5 万元。近年来,衢州市科技特派员工作多次获省委、省政府表彰。

为贯彻习近平总书记关于特派员工作的重要指示精神,破解特派员专业单一性不能满足乡镇多元化需求、特派员驻点单一性不能满足全域性需求的矛盾,衢州市先后出台《衢州市深化科技特派员制度助力共同富裕示范区建设的实施意见》(简称《实施意见》),《推动科技特派员制度走深走实 7 条措施》,创新"八个一"特派员工作新模式,即"一人一乡镇""一片一战队""一业一组团""一周一下沉""一月一碰头""一季一交流""一年一总结""一任一评优"。市科技局以县域为单位,以地域相近为原则,整合省市县特派员资源,对不同专业的特派员进行编组,组成若干支片区服务战队,为区域的产业发展、农旅融合、未来社区建设等多元化需求提供专业互补的多元化服务。

创新体制机制打造科技特派员铁军。衢州市科技局秉承因地制宜、择优选派的原则,采用"两上两下"的方式精选科技特派员队伍,在按需征集名单前提下对材料进行反复核定,确保每一位科技特派员匹配乡镇需求,解决当地产业问题。根据《实施意见》,衢州市建立由县(市、区)科技部门常态化采集、甄别、凝练、整理的特派员需求库,坚持"一人一乡镇"精准选派,确保特派员乡镇全覆盖。衢州市将常年动态保持省市县特派员个人(团队)400 人以上,其中农村特派员 300 人,实现特派员乡镇与主导产业全覆盖,打造科技赋能共同富裕示范区建设的特派员铁军。

位于衢州市杜泽镇的下溪村,有近百年的丝瓜种植历史,却长期沿用传统种植技术和原始、随意的留种方式,导致本土产出的丝瓜一度陷入品种退化、品质变差、产量下降的困境。衢州市科技局采用"两上两下"的方式精选科技特派员队伍,解决当地农业问题。2021 年,下溪村丝瓜种植面积达 430 余亩,人均增收 3000 多元。2022 年,全村丝瓜种植面积增加到近 500 亩,除申报"下傅丝瓜"产品商标外,计划申报农产品地理标志认证及成立专业合作社。"寻求精选优质种苗、推广新技术可谓科技特派员驻扎乡镇开展服务的基本功。"衢州市科技局农社处负责人介绍,仅 2019—2020 年间,衢州市共实施省市科技特派员项目 157 个,投入科技专项经费 2417 万元,引进推广优质水稻、衢春大豆、鸡尾葡萄柚等农业新品种 140 个,推广病虫害安全防治等农业新技术 175 项,为农户和企业增收提供品种和技术保障。通过科技特派员对接企业,衢州积极帮助乡镇和企业创建各类农业创新载体,使得服务更为集中、高效。

以创新载体建设为依托服务一批乡镇和企业。衢州市科技局借助科技特派员积极帮助乡镇和企业创建各类农业创新载体。截至 2023 年 12 月,衢州市已成功创建国家农业科技园区 1 个,省级农业科技园区 6 个,省级重点农业企业研究院 2 个,国家级星创天地 5 个,省级星创天地 9 个,农业领域省级产业创新服务综合体 3 家,省级以上农业科技园区和星创天地已实现县域全覆盖。开化县通过"科技特派员 + 农业示范区 + 农户"模式开展"池淮水果玉米示范基地""箬山大棚芦笋示范基地"等特色农业基地建设,帮助农户组建农业合作社 30 余家。龙游县通过"共享特派员"机制,依托特派员个人及特派员单位团队成功建立专家工作站,创建渔业星创天地,打造协同创新平台,拓展服务覆盖范围。

市科技局鼓励特派员扎根基层、进村入企,尤其是联合企业开展新品种新技术的引进、示范与推广。根据《实施意见》,特派员工作将更注重特派员团队与创新主体协同开展关键核心技术攻关、重大科技成果转化推广,坚持每个月围绕地方产业发展多元化需求,集中碰头研讨解决办法。采取多种形式培训一批高素质农民。为使新技术新品种能真正带动广大农民增产增收,市科技局充分发挥科技特派员的学术专长和团队优势,采用示范基地现场教学、集中讲授、点对点咨询等模式,开展多层次、多形式的实用技术培训。2021—2022 年间共举办各类实用技术培训累计 200 多场次,发放各类实用技术资料 1 万多份,累计培训农民 1 万余人次,解决技术难题 1000 多个。通过授人以渔,培育了一批掌握农业生产新技术、增收致富新途径的高素质农民。

衢州市以实施乡村振兴战略和实现共同富裕为目标,进一步深化科技特派员工作,加强与科技特派员派出单位院校合作,加快推进一县一研究院落地,力争在"全校服务全域"等合作模式与合作方式创新上取得新突破,形成衢州特色的科技特派员工作经验,力争成为浙江推进山区 26 县"两个先行"的桥头堡。

建设科技小院：点燃乡村振兴新引擎

科技小院是中国农技协和中国科协农技中心为推动农业产业发展和农业人员技术培训，提出的一种将人才培养、科学研究与社会服务很好结合在一起的模式，是开展科技创新、人才培养和"四零"服务，指导农户增产增收，推进农业发展和乡村振兴的新模式，也是团结科技工作者服务"三农"和实施乡村振兴战略的有力抓手。科技小院必须具有一定的产业优势，属于当地主导产业或特色产业，有主推的农业品种、技术或示范区，对当地的农业产业发展有较强的技术支撑。

2020年，在市科协的积极推动下，衢江白及科技小院建立，成为全省首批科技小院之一。2023年4月，中国农村专业技术协会批复同意设立柯城柑橘科技小院、衢江生猪科技小院、龙游溪鱼科技小院、龙游莲子科技小院、江山羊科技小院、江山生猪科技小院。至此，科技小院在三衢大地"多点开花"，越来越多的农学师生入驻小院，为加快农业农村现代化进程注入了源源不断的活力。截至2023年8月，全市7家科技小院有驻院指导老师35人，累计驻院研究生42人，共发表科普论文900余篇。科技小院为高校人才培养提供了更为广阔的视野。从中，也可以看到近年来衢州农业科技创新发展的脉动和成效。

科技小院成立后，搭建政产学研用平台，服务科技经济深度融合，带动和支撑农技协组织建设，提升了农技协组织发展活力，促进了当地农业产业发展和农民科学素质提升，为实施乡村振兴战略作出更大贡献。科技小院是科技和农业的结合体，是农业科技推广的示范点，通过培训、示范、推广等方式，将科研成果辐射到周边农户，实现兴起一个产业、带动一方发展、带富一方百姓。

乡村振兴需要人才和科技的支撑。科技小院通过选派农业专业人才走向农业生产一线,既能研究解决农业农村生产实践中遇到的各类实际问题,及时为农民答疑解惑、化解难题,更能培养知农、爱农、兴农的农业高层次实用型人才,让更多的人才"老把式"从田间地头"长出来",为乡村振兴输入更多科技力量,书写新时代乡村振兴新答卷。

衢州是个农业大市,农业各产业正在从传统产业向现代产业转型。农业各产业的从业者中,都是多年从事传统产业的当地农民,他们文化程度不高,掌握的农业科技知识不多,在农业产业转型发展过程中,难免会碰到一些当地农民自身难以解决的科技难题,这些农业发展中的难题,如果不能及时得到解决,就会直接影响现代农业的高质量发展,同时也会挫伤农民从事农业生产的积极性。因此,科技小院是加快推进衢州农业大市向农业强市转型的重要平台,能破解更多农业发展难题,是农业发展好帮手。

"科技小院的作用是潜移默化的,它既是实践课堂,又是'转换间'。"市科协负责人说,依托科技小院,一方面能将高校科技成果加速转化为农民可用的技术;另一方面,能通过科普培训等形式提升农民科学素质,为当地培养更多乡村振兴人才,最终形成多方协作的强大合力,助力产业升级,实现共同富裕。各类技术培训在全市迅速铺开,7家科技小院已累计培训农民1700余人次,建立田间试验示范基地120个,服务面积4.2万亩,一个效率高、影响大、可持续的农业科技服务新体系正在加速形成。

期待在衢州无尽的田野上"长"出更多科技小院,并通过科技小院打通农业科技普及的"最后一公里",实现"扶持更多农民、提高更多农民、富裕更多农民"的科技兴农目标,让乡村振兴、共同富裕的动力更强劲、更加可持续。

四好农村路：通往"富美"的路

2003年，时任浙江省委书记的习近平同志亲自决策部署实施了乡村康庄工程，衢州顺势而为，积极响应，掀起康庄工程、联网公路两大建设高潮。

浙江省首批"十大最美农村路"——衢州市美丽沿江公路

20年来，衢州坚持一张蓝图绘到底、久久为功抓落实。2011年实现农村公路"村村通"，2017年实现农村客车"村村通"，2020年全面消除等外公路，2021年市区城乡公交统一"两元一票制"。目前，全市较大自然村通等级公路、客运班车率均达到100%；全市成功创建"四好农村路"省级示范县5个，创建率全省第二；常山县入选"四好农村路"全国示范县创建名单。2003年，全市农村公路2394.5公里，到2022年年底，全市农村公路里程达7641.23公里,总里程是 2003 年的 3 倍,农村公路网密度为 86.8 公里/百平方公里,农村公路里程占衢州市公路总里程的 87.48%。

从康庄工程到"四好农村路"建设,从精品示范路创建到"四好农村路"示范县创建,从"村村通"到"路路好",农村公路改善了农村的交通条件,打通了"绿水青山就是金山银山"转化通道,成为乡村振兴的一把"金钥匙",为农民更富、农村更美、农业更强打下了坚实基础,擦亮了共同富裕底色。

一条条农村公路,让农民告别了千百年来"出门靠脚、过河靠渡"的出行方式,实现了"出门有路,抬脚上车"。

一条条农村公路,宛如串珠成链的丝带,将美丽乡村连点成片,勾勒成令人流连忘返的风景线,美丽沿江公路、灵山江公路、桃下公路等一批农村公路成为彰显地域特色的金名片。

一条条农村公路,让农民看到"出路"、找到"门路",依托公路带来的便利,村民发展农家休闲旅游、特色农产品开发,让山区的好生态、自家的好产品带来实打实的收益,进一步拓展"绿水青山"转化为"金山银山"的通途,成为乡村振兴的一把"金钥匙",擦亮了共同富裕底色。

20 年前,柯城区七里乡桃源村是一个以腌制毛竹、加工低档生活用纸为主的薄弱村。2005 年,乡村康庄公路通到村,依托便利的交通,原生态的山水,独特的小气候,七里乡适时探索与发展农家乐产业。2014 年 5 月,"桃源七里"旅游景区顺利通过国家 4A 级景区评定验收,七里乡成为浙江省首个全乡域打造的国家 4A 级乡村旅游主题景区,也是省内最大的乡村休闲旅游景区之一。2022 年游客接待量达 92 万人次,七八月旅游旺季,乡里 4000 多个农家乐床位一床难求。

当前,衢州市正推进农村公路提质创优促共富五年行动,主要实施以补短板、扬优势、强改革、建精品为主要任务的"三大行动、十大工程",全面推进农村公路路网优化、品质升级、精品创建等行动,提升品质效率和服务能力,夯实共同富裕地基。

芝溪家园探索"造血"新路子:"家门口"共富增收不是梦

　　龙游县詹家镇芝溪家园是浙西地区规模最大的移民安置示范小区。2008年4月,为支持省重点水利项目即龙游沐尘水库建设,由原沐尘畲族乡外迁的七村库区移民外迁至距龙游县城西郊3公里处芝溪家园定居,芝溪家园总投资1.5亿元,占地500余亩,总建筑面积31万平方米,建设住房1400多户,安置沐尘畲族乡水库移民人口约3600人。

　　移民前,村集体收入均比较薄弱。搬迁到芝溪家园后,受客观条件所限制,村集体经济收入基本为零。在上级党委、政府和相关部门的大力支持下,积极探索"造血"新路子,让移民村经济蓬勃发展,让群众享受更多发展成果。

　　通过"新能源示范镇补一点、移民资金出一点、光伏企业让一点"推进光伏项目,积极响应市政府大力发展光伏等清洁能源的号召,构建绿色产业体系,芝溪家园以光伏项目为切入点,利用屋顶资源,村集体公共用房和800余户农户完成光伏安装。光伏项目按户型大小,村民的屋顶可分别安装12块、14块和18块不等的光伏板,以50元一块的租用费计算,一户每年可增收600—1100元不等,全村每年实现增收80余万元,实现了集体、个人和企业的共赢。2017年3月,全省光伏会在芝溪家园成功召开,光伏屋顶模式赢得多方点赞。

　　为确保水库移民"搬得进、安得下,稳得住,能致富",詹家镇投资900多万元建设芝溪家园移民共富就业创业园区,建筑总面积26000平方米,引进来料加工产业,加工品种有服装、圣诞工艺品、地毯、电脑绣花等,每年为芝溪家园带来50余万元物业收入,带动200余人就近就业,年人均增收5万元。

　　在建设本村区域内项目的同时,芝溪家园各村也紧抓世贸城建设时机,通过投资兴业,争取物业供血。2022年,7个村共购有世贸城店面17间,每年可创造租金收益 5 万元左右。

为确保村级集体经济长期稳定增长,在镇党委、政府统筹谋划下,引导 7 个村充分利用闲置集体存量资产、资金,建造芝溪家园综合楼和物业楼。2021 年和 2022 年,共计投资 5000 万元,建筑总共占地面积 3335 平方米,建成投入使用后,预计收益达 145 万每年,每个村集体每年增收约 20 万元。同时,投入使用后能充分依托芝溪家园综合楼和物业楼的企业入驻,为芝溪家园的村民提供更多的就业机会,实现"家门口"共富增收。

余东村:"画"出美丽乡村,"绘"就甜蜜未来

房前屋后,一幅幅农民画绘出美丽生活;田边溪畔,一个个农民画家正在应景作画,人景相融……这是位于浙江省衢州市柯城区沟溪乡的余东村,也被称为画村。

柯城区余东村

2021年4月2日,"画·未来"中国·余东乡村未来社区开放仪式在此举行,一幅具有"国际范、江南韵、乡愁味、时尚风、活力劲",新乡人、归乡人、原乡人其乐融融的未来乡村画卷徐徐铺展开来。

余东农民画起源人毛翔先回忆道:"劳动实践是农民画最好的创作素材,那时,白天我随村民们一起劳动,晚上村民们就和我一起画画。"余东村村民就这样开始了在田间地头的绘画人生。1976年,毛翔先指导的《丰收运动会》

《初春的早晨》等农民画作品先后参加全国美术展览,极大地鼓舞了余东农民的创作激情,优秀的农民画作品不断涌现,余东这个名不见经传的小山村的名声越来越响。

画意微改造,农村越来越乡土。余东村按照"村庄就是景区,景区就是村庄"的理念,建设美丽乡村。把农户家门口的脏乱庭院设计建设成"一米菜园",变为美丽庭院,230余个"口袋公园"星布在村中。在村庄周围山坡上实施"一村万树"项目,种植多彩果树,春时花香阵阵,秋时果香四溢,村庄绿树环绕,鸟叫虫鸣,俨然一幅富春山居图景色。收储老旧农房50余栋,小改小补、修旧如旧,黄泥房、青砖房、楼房交错纵横,一缕炊烟萦绕其上,乡村肌理清晰可见。入选浙江省旅游业"微改造、精提升"2021年度最佳实践案例,获评中国美丽休闲乡村、全国美丽宜居示范村。

诗意精提升,村庄越来越江南。余东村弘扬江南宋韵文化,重现浙里乡村之美。通过全域土地综合整治推动"小田"变"大田",把全乡8000多亩低效农田整治成为美丽田园,菜花金黄、稻花飘香,"稻花香里说丰年,听取蛙声一片"。推进农村截污纳管工程,开展"厕所革命""烟头革命",进行垃圾分类管理,村庄常态干净整洁。实施沿大俱源溪村庄水系联通·水美乡村一体综合整治,建成沿溪骑行漫步道7.5公里,打造鲤鱼井等岸水景观节点12个,江南韵味更足。获评浙江省金3A级景区村,入选"最江南"长三角乡村文化传承创新典型案例。

匠心巧雕琢,乡村越来越艺术。余东村注重传统文化艺术的现代性展现,与浙江传媒学院合作,以农民画为底色,以"余氏"宗族故事为原型,设计制作"小鱼儿"村庄LOGO,获评国际设计大奖赛金奖。传承徽派建筑墙绘传统,创新将精美余东农民画绘在沿路沿线白墙黛瓦间,560多幅墙绘构成"十里画廊",一路行、一路景,获评省级特色精品道路。以画为媒,联动其他乡村文化,承办非遗文化周活动,陶瓷馆、竹编馆获评浙江省第二批乡村博物馆。举办乡村音乐会、打造农村诗歌林,自导自演的村歌村舞《在余东画一个未来》获评浙江省第十五届精神文明建设"五个一工程"优秀作品奖。

随着未来村庄建设初见眉目,越来越多的余东原乡人从"传统农民"转型为新时代画家、画匠。近年来,余东村通过"村集体＋企业＋画家"的模式,积极拓展农民画销路,开辟农民画线上交易平台,培育本土直播网红,线上线下销售农民画及版权,画作最高售价达 1 万元。同时,深入挖掘农民画内涵,与中国美院等院校及企业合作,目前已开发农民画工艺品、纺织品、纪念品等文创衍生品 80 余种。与华为技术有限公司合作,开发以余东农民画为主题的手机壁纸、手表表盘等产品,进驻华为主题商城,开辟"掌上市场"。每销售一件农民画壁纸和主题,村集体可以获得 2—6 元的收入,上线两个多月来,实现销售收入近 9000 元。2019 年余东村农民画相关产业产值为 800 万元,2020 年达到 1500 万元,带动村民人均年增收 1 万余元。

柯城区余东村

余东村通过"一起画幸福"计划,推动村庄整治、邻里活动、产业转型,打开了一条切实可行的共同富裕之路,从而成为全省的一张"金名片"、全国乡村未来社区的示范点。一个"有人来,有活干,有钱赚"的"共建共享共管共富"的未来乡村正跃然纸上。

余东坚持艺术点亮乡村,把人文资源转化为经济发展优势和群众幸福指数,以文化引领乡村共富实践,奋力绘就一幅老百姓"口袋里腰包鼓鼓、心里幸福融融、脸上笑容盈盈、身上自信满满"的乡村幸福画卷。

上洋村：一纸"约定"涵养文明乡风

上洋村地处浙赣铁路以南，衢化路中段东西两侧，毗邻衢州市专业市场城，占地面积约1平方公里。全村现有户籍人口853人，外来人口1200余人。《村规民约》是上洋的宝贝。2022年建党节，村里落成的中国村规民约馆，醒目地张贴了10个版本的照片。第一版制定于1992年，是手写的，到了1996年第二版，已印刷成册。

上洋村村规民约馆

2022年7月底，杭州国家版本馆落成，展出衢州柯城上洋村9个版本的《村规民约》。同年10月党的二十大在北京召开，"全过程人民民主、乡村振兴"等成为"热词"。上洋村依托议事协商机制修订《村规民约》，再被推上"风口"。

时间拨回到1992年，那时政府还未开始大规模建设专业市场，上洋最大的问题是大田承包。当年第一轮大田承包的时候，上洋村的土地只分到村民小组，没有到户。当时的小组长吴卸土说，村里人多地少，要完成43万斤粮食定购任务,只有分田到户,才能充分调动村民的积极性。分田涉及很多问题:田有好有差、有近有远,怎么折算?代课老师、现役军人、五保户等人员,怎么分?

1992 年,村里制定了《村规民约》,对这些问题进行了明确。

怎么制定?村民代表一起讨论。制定过程中,村委会邀请法律界人士共同商量,形成修改意见稿。最终,经全体党员和村民代表大会表决,通过后生效。分配原则定下来后,再按实际土地面积进行测算。一人一亩四,小孩七分,好差搭搭,搭好之后,用了抓阄的土办法。土地一分,既完成定购任务,村民手中也有了余粮。自此,上洋村通过《村规民约》,逐渐形成公开透明的议事协商机制。此后,随着周边一个个专业市场落户,上洋村看到了仓储的巨大需求。2006 年修订第四版《村规民约》,明确要发展村集体经济,第一步就是贷款建仓库出租。

现在上洋村 6000 多万元的固定资产、1083 万元的 2022 年村集体收入、4.6 万元的人均可支配收入,就是这样一步步攒下来的。

经济条件好了,精神文明建设又提上议事日程。

2020 年,疫情暴发,上洋村召开全体党员和村民代表大会,就关于是否在《村规民约》增补公筷公勺等文明行为的决议举行投票。在第九版《村规民约》中增加"使用公勺公筷"等文明行为的内容。

2022 年 7 月,中共衢州市委八届二次全会正式提出"崇贤有礼、开放自信、创新争先"的新时代衢州人文精神。在上级党委的推动下,村党支部书记黄岳华再次萌发修约念头,"富而思源、富而思进,在《村规民约》中加入新时代衢州人文精神的内容,是为上洋村发展注入更持久的精神动力,让新时代衢州人文精神落地转化为村风民风"。

2022 年 8 月,上洋村增补了新时代衢州人文精神、"浙风十礼"和"衢州有礼"品牌建设等内容的第十版《村规民约》诞生。

分田到户、村集体经济、新时代衢州人文精神、"天价彩礼"……30 年来,对每个新出现的事物,经过一段时间,上洋必适时修订《村规民约》。一页页《村规民约》,闪烁着实事求是的光辉。

永恒变化中,不变的是共产党的执行力。每修一版《村规民约》,都要基于《村民委员会组织法》，历经征求意见、村"两委"、全体党员会、村民代表大会等多轮商议，历时四个月，最终逐条凭票决而修订。

上洋村方方面面的事情，都由《村规民约》予以规范，而且规定细致、操作性强。"不仅把村民的行为规范写进村规民约，更把小微权力关进村规民约的'笼子'。"无论是看病报销、社员福利等，村干部与村民一视同仁，严格遵照《村规民约》执行。

不变的是为民初心。第四版《村规民约》明确要发展村集体经济；第七版增加村民福利……每次修约，必然围绕村集体经济、村经济合作社社员和村民的切身利益。社员和村民的户口进出、医保报销、殡葬等待遇，都在一次次修约中讲得透彻明白。

党的十八大以来，村规民约全面参与基层治理。党的十八届四中全会提出，要"发挥市民公约、乡规民约、行业规章、团体章程等社会规范在社会治理中的积极作用"，教育和引导群众改变陈规陋习、树立文明新风。

2018年12月，中组部、民政部、全国妇联等部门联合出台《关于做好村规民约和居民公约工作的指导意见》，全面规范和加强村规民约建设。

党的二十大提出全面推进乡村振兴，建设农业强国。这一纸小小"约定"，从文化振兴破题，让文明乡风、良好家风、淳朴民风吹遍广袤乡野，"吹"来产业兴旺和治理有效，为农业强国建设提供生动注解。

村规民约是村民自治制度的重要组成部分，是村民进行自我管理、自我服务、自我教育、自我监督的行为规范。作为一种乡土社会文明教化的契约，村规民约古已有之，在实现乡邻和睦、乡村安定、社会和谐等方面，一直发挥着不可替代的重要作用。

与时俱进的村规民约，如上善之水，畅通流淌在群众自治的主渠道，深刻融汇每位村民主人翁的源力量，在这样的主渠道和源力量下，自治内消矛盾，法治定分止争，德治春风化雨，人民群众的心态就会越来越理性平和，对美好未来的期盼也会越来越有信心。只有这样，与时俱进的村规民约，才能成为践行新时代"枫桥经验"的"新标杆"，成为基层治理现代化的"新样板"，成为振兴乡村文化的"新窗口"。

莲花乡村国际未来社区：处处智慧、人人幸福的田园家

在这灵秀的山水间，一朵莲花绚丽绽放——莲花镇位于衢州市衢江区东北部，是国家放心农业产业特色小镇、国家级生态乡镇和省级美丽乡村示范乡镇。

莲花乡村国际未来社区

莲花镇西山下片区未来乡村是以莲花镇所辖涧峰、五坦、西山下三村和莲花现代农业园及芝溪所涉的 8 平方公里范围为社区规划核心区，以周边乡村、集镇区、高铁站等所涉范围为产业联动区和功能联动区，总面积约 16.8 平方公里的乡村新型社区。围绕"莲花，我的田园家"主题形象和"社区甜美、家家和畅、处处智慧、人人幸福"主题目标，于 2019 年 10 月 30 日正式启动建设，2020 年 9 月 22 日，作为全国首个田园型乡村国际未来社区开园；2021 年3 月，发布全国首个国际未来社区指标体系与建设指南，其中 4 项为全国首创，3 项独具衢江本土特色。依托丰富的文化资源，未来乡村下辖的三个村先

后分别被评为省级历史文化村落保护利用重点村、省级 AAA 级景区村庄、全国 100 个特色村庄、中国美丽乡村百佳范例、中国首个农民丰收节衢江区系列活动举办点、省级善治村、省第二批未来乡村等。

如今,这里正加紧建设全国第一个乡村版未来社区和全国首个田园家主题类型的乡村未来社区。由浙江省于 2019 年创新提出,在城市版未来社区的基础上,衢州立足得天独厚的生态环境优势,聚焦高质量建设美丽大花园、实施乡村振兴战略的要求,率先试点建设乡村版未来社区——莲花乡村国际未来社区。

莲花乡村国际未来社区专班负责人表示,未来社区创建坚持"人本化、田园化、科技化、融合化"四大导向,围绕"未来文化、生态、建筑、服务、交通、产业、数字、治理、精神"九大场景布局,以"115"创建思路为主线(即"1"个主题形象,"1"个创建目标,"5"个集成示范区);以产业导入、治理创新为抓手;以农村新型社群重构为切入点,依托物联网、人工智能、5G 场景应用,融合古村、农耕、文创、康养、研学等元素,提升乡村未来社区居民生活品质。

从铺里自然村向对岸望去,月牙儿湿地公园青山粉黛,连片的森林郁郁葱葱,1.8 公里的栈道蜿蜒曲折,数百亩水面成为白鹭、野鸭们的天然游乐园,放眼望去,公园周边山、水、田、林、路、屋舍、村庄井然有序,构成了一幅美丽和谐的自然图景。

闲暇时间,附近村民便会走进公园骑行、跑步、闲聊、修身、放松,在慢生活中感受幸福。岸青水绿、百鸟归巢、近悦远来……莲花镇的华丽蜕变,正是从积极践行"绿水青山就是金山银山"理念开启的。

莲花乡村国际未来社区以"一园一溪三村"为核心区,在这块约 8 平方公里范围的地域内,一直以农业为主导产业。但粗放型农业让环境不堪重负,产业效益的提升也停滞不前。

自 2014 年起,镇上以"五水共治"为抓手,治污、治脏、治乱,清退生猪养殖,引导 300 余户农户组建家庭农场,同时还引导养殖户从事服务业,发展"农家乐"经营,一方面实现了水清土净,另一方面打造放心农业,促进农旅结合。莲花镇探索建立产地环境保护体系、农业标准生产体系、产品质量检测体系等,实现农产品管理有人员、生产有台账、操作有流程、检测有记录、质量可追溯。

村庄美丽宜居,人才归流返乡,农业多彩丰收,生活智慧便捷。"社区甜美、家家和畅、处处智慧、人人幸福"的莲花乡村国际未来社区做到了"乡村""未来""社区"3个关键词的极致展现和深度融合,既保留最纯粹、最乡土的乡村风貌,也体现最方便、最优质的智慧服务,更实现了最幸福、最和谐的共享共荣。

盈川未来社区：沉浸式初唐特色民俗风情园

　　盈川村位于衢州市衢江区高家镇，面临衢江，与龙游县小南海镇接壤。作为衢州市唯一一个入选浙江省首批千年古镇（古村）的村落，盈川古村可谓历史悠久、源远流长。从唐朝武则天执政时的如意元年（公元692年）开始设县，到元和七年（公元812年）撤销，历时整整120年。两宋时期，盈川改为乡，明清以后，为盈川村，千年光阴流转，无数朝代更迭，盈川之名却始终不变。

衢江区盈川未来社区

　　盈川村南临衢江盈川潭，风光秀丽，杭金衢高速公路、美丽沿江公路穿村而过，交通便利。村域总面积2.8平方公里，全村有耕地面积648亩，共310户，970人，其中党员31人，村民代表51人。盈川村也是初唐古县所在地，有1300多年的建村史，初周如意元年（公元692年）设县治，初唐四杰之一的杨炯为首任县令。盈川村文化底蕴丰厚、自然风光优美、千年古渡依旧。近年来，依托丰富的文化资源，先后被评为省历史文化村、省级历史文化村落保护利用村、省首批千年古村落及省AAA级景区村庄，杨炯出巡祭祀仪式被评为省第二批非物质文化遗产。

　　盈川村具备得天独厚的区位优势、生态优势和人文底蕴，具备发展乡村休闲旅游产业的基础条件和特色优势。近年来，盈川村通过农房整治、美丽乡村建设、清廉村居创建等工作,村庄基础设施得到明显改善,村庄风貌得到全面提升,村庄文化得到有效保护、传承和弘扬。一是持续推进村落景区化建设。先后开展美丽乡村、美丽宜居示范村、历史文化村落保护、传承和弘扬等项目建设,在保留村庄原有聚落风格基础上,恢复盈川八景,打造具有初唐风情的民俗古村。二是大力保护、传承和弘扬优秀传统文化。每年六月初一开展浙江省非物质文化遗产"杨炯出巡"祭祀活动,建成杨炯勤廉精神的清廉文化馆,修缮杨炯祠、盈川古码头、盈川古渡、爱莲堂等历史古迹,建成市级廉政教育基地,持续推动精神富有。三是统一流转收储一批闲置资产。已统一流转、租赁村集体和农户闲置农房100间,发展精品民宿集群;已连片流转土地300余亩,建设盈川未来农业园区。

盈川未来社区初唐风情街

近年来,盈川村围绕盘活闲置农房"小切口",把"闲房"变民宿,"闲人"变管家,让当地村民钱包鼓了起来。盈川村通过村庄整治,为美丽乡村、未来乡村建设腾出了空间。2021年6月、2022年3月,该村分别被列入市和省第二批未来乡村试点创建村。

2022年,高家镇结合沿江"诗画风光带"建设和"千年古城"复兴计划,积极打造未来乡村。经过近一年的建设,已完成唐风主体风貌构建、未来乡村地标盈川清廉文化馆、杨炯广场、长亭古渡、城隍暮鼓等节点项目的建设,打造集创业创新、教育展示、农事体验、休闲度假等多功能于一体的初唐特色民俗风情文化未来乡村。

民宿、农家乐等业态的培育、文化的植入、产业的构建是建设的重中之重。盈川村已成立衢州盈川农文旅发展有限公司(强村公司)推进民宿建设、产业培育等工作。计划推进农房改建民宿、新建木屋民宿和高端民宿区,增加床位约300个。农房改建民宿的收储时间为6年,村里已有二三十户村民正着手改建。而强村公司也已对接到衢州一家规模旅游公司,后者将对民居进行改造、装修、运营、管理等。

2021年,盈川村集体充分利用鄞衢山海协作结对帮扶援建资金450万元,对清廉文化馆进行打造,改造19间标间高端民宿,成为前馆后宿,每年能为村集体带来20万元的经营性收入。

如果说"可住"是前半篇文章,那么"可游可玩"就是盈川未来乡村打造的后半篇文章。除推进村内道路的改造提升工程外,盈川村还在村庄西侧流转土地200亩,打造优质柑橘基地,品种为无核椪柑基地的"盈满果园",一方面升级柑橘产业发展,另一方面也将进一步促进村民增收。

如今的盈川古村阡陌交通,屋舍俨然,笼罩在一片祥和安逸的气氛之中,在政策扶持、企业带动村镇发展的帮助下,在打造未来乡村的道路上阔步前行。

溪口乡村未来社区：望得见山、看得见水、记得住乡愁

　　龙游县溪口镇，拥有35万亩的浙西大竹海，被称为"竹海古镇"。溪口由于交通发达，是"龙南三乡一镇商贸集散地"，清末以来市场繁荣，当地也有"铜钿银子出溪口"的说法。

龙游县溪口镇

　　然而每个时代都有属于它的起点与终点。在去工业化的过程中，以重工业为唯一产业的城镇不得不面临产业衰退和人口外流的双重危机。和许多地方一样，溪口矿场关闭，大批工人下岗失业，青年人口数量急剧下降，原本配套的食堂、礼堂、医院、商店、舞厅、学校等也大多丧失了原先的功能。

　　"望得见山，看得见水"是习近平总书记对于中国梦美丽家园的一份期许。人们向往着"城市时代"，但往往大城市的繁华背后牺牲的是绿水青山。而人们似乎也忘记了人类走出乡村，走向城市，最初的理想便是寻找更好的生活，更美的风景，更加便利的出行，更加清新的空气，更加宽敞的居住环境，从物质上更加舒适地享受到精神上更加惬意的感觉。

　　在多重考虑下，溪口镇选择了另一条路。2019年，《浙江省未来社区建设试点工作方案》正式提出"未来社区"。在这样的背景之下，龙游县发布了溪

口乡村版未来社区规划方案,也是全国首案。方案提出,2020 年龙游县全面开展乡村未来社区建设工作,营造乡愁、乡貌、乡里、共享、创业、田园、健康、教育、交通九大乡村未来社区场景;为居民、游客、管理者、企业提供集成式、定制化服务;探索建设集优良宜居、有源有脉、创新创业、共治共建、邻里和睦、智慧治理于一体的人居模式。

溪口乡村未来社区

2020 年 9 月,龙游溪口乡村未来社区正式开园;2020 年 11 月 4 日,项目第二期工程开工仪式在当地举行。2022 年 2 月,浙江省人民政府办公厅印发《关于开展未来乡村建设的指导意见》,浙江省农业农村厅、省财政厅、省城乡风貌整治提升工作专班办公室联合发文,公布了 100 个全省第一批未来乡村建设试点村,龙游县溪口镇溪口片区正式入选

溪口未来乡村依托龙南山区"一镇三乡"集散中心的区位优势,按照"创建一个社区、集聚一批人才、培育一个产业、带动一地发展"的思路,打造居业协同型社区,以未来乡村建设为支点、体制机制创新为驱动,努力打造"未来乡村先行地、乡愁文化传承地、乡村双创集聚地、集成改革样板区、基层治理示范区",成为衢州市首批未来乡村试点,入选浙江省第一批未来乡村试点创建名单,列入联合国可持续社区试点。

"记得住乡愁"是无数漂泊在外的离乡人内心的牵挂。保留住那曾经美丽的山和水,也就保留住了那些离乡人记忆深处的美丽画卷,一条涓涓流淌而过的溪流,一处沧桑而厚重的老城墙,这一抹乡愁是离乡人对家的思念,对情的眷恋。

2021年以来,溪口未来乡村聚焦聚力"创客回归、山区共富"新模式,率先制定未来乡村双招双引新政策,打造"政府＋企业＋居民＋旅客"共享新空间,组建党建联盟统领下的"创客联盟、专家联盟、青春联盟、网红联盟"新团队,构建全民化、全链条的新治理,首先开启零碳、共享、智慧、健康等未来生活实验,集聚"一镇三乡"人口达2700人,入驻乡村创客达46人,每年参加学习、创业、实践的师生达3500余人

当龙游溪口乡村未来社区以"共享空间"逐步替代原有空间,当未来乡村安定了原有居民、又涌进越来越多的游客与新居民时,时空连续性构建了新的生生不息。

团石村:好风景带来"好钱景"

团石村位于龙游县城以北,江岸之上,古木葱葱;村头,有座牌坊高大巍峨,若隐若现;村庄依偎在江边,被江水轻轻地抱住,弯弯绕绕,绵延数里。

自古以来,此处因"石"而名,因"湾"而立,它有个美丽的名字叫团石湾。"团石是个湾",如同江水累年冲积形成这方厚土,千年文脉也在此流传积淀,呈现出独有的文化韵味。

龙游县团石村

沿江美丽公路,也是"衢州有礼"诗画风光带。近年来,衢州以诗画风光带为主战场,将沿线280公里的各类优势资源串珠成链,打造了一条"绿水青山就是金山银山"转化、乡村振兴的风光带、产业带、活力带,这为建设美丽乡村指明了前进方向、增添了大干动力。诗画风光带激活了团石的"美丽风景",如今,好风景更是带来了"好钱景"。2019年,一群机车爱好者经过此地,被团石的风景深深吸引,便留了下来,建起了全国第一家摩巡驿站。后来,水上运动中心也被团石的好风景、衢江的好环境吸引入驻。正是在这些项目的带动引流下,村内的民宿、"摩宿"从原来的1家发展到了现在的15家,农家乐也从原来的3家增加到了现在的32家。新产业、新业态、新乡人也不断在团石"落地生根",团石村更是一跃成了大家争相打卡的"网红村"。

依托镇海—龙游"山海协作"的资金优势、技术优势和平台优势,团石村建成水果蔬菜种植基地和柑橘产业园,带动了全村30户农户增收。

如今,焕发新面貌的团石村,坚持"生态为底、科技着色、光影赋能",形成涵盖"夜游、夜赏、夜食、夜娱"的乡村夜景新形态。团石村已开办农家乐、民宿等30余家,其中摩道驿站、龙兰水上活动中心已见雏形,人气日渐火爆,全年吸引游客超40万人次。曾经的状元故里、商帮兴盛地成了网红打卡点,村民在村庄建设中也获得红利,庭院美了,腰包鼓了,火红的小康生活让乡亲们的脸上洋溢着幸福的笑容。

团石村率先启动"两江走廊"衢江北岸小南海片区建设。该片区是以沿江公路、沿江绿道为主轴,全面推进乡村振兴、高水平建设美丽乡村的先行区、核心区、样板区,以3A级景区村建设为标准,全力开展环境大提升。同时修缮团石老乡政府,收储修复10余幢老建筑,与6个高端乡村旅游运营团队开展洽谈,建设垂钓基地、写生基地、婚纱摄影基地。如今,民宿、农家乐、水经济、夜经济、摩道经济蓬勃发展,村集体、老百姓开始享受发展红利。团石村集体经济的经营性收入已从2019年的11万元,增长到2022年的130多万元,增长了12.2倍。

"不怕口袋穷,就怕思想穷。"团石老百姓思想不能与时俱进的问题,一度是共富路上的巨大阻碍。2020年,8090新时代理论宣讲团来到了团石的红色邻里中心,通过"线上直播+线下宣讲"场景的同步推广,在推动党的创新理论"飞入寻常百姓家"的同时,更是用身边的故事引导大家如何增收致富。

随着村庄日新月异的变化,团石村持续放大地理优势,积极探索产业道路,做强"产业+文旅"文章,在乡村振兴篇章中写下浓墨重彩的一笔。

白沙村：把大变化写进新村志

　　白沙村原位于江山市山区定村乡，2002 年由于建设白水坑水库的需要，全村搬迁至位于江山市西南部、浙赣交界地的凤林镇。全村总人口 1530 人，党员 58 人，村民代表 58 人，移民人口 728 人，有 14 个村民小组。就是这样一个移民村成就了"浙西第一村"的美誉，并拥有了"全国民主法治示范村""全国文明村""全国生态示范村""国家森林公园""浙江省全面小康建设示范村"等 100 多项荣誉称号。

江山市白沙村

　　曾经的白沙村地理位置偏僻，是位于高山杂乱无章的小山村。从大山搬迁出来时，当时村民人均耕地 0.7 亩，人均年收入 2000 多元，村集体经济收入为零。经过白沙村人的努力，现在的白沙村靠着村里的三本村志、三个基地和两张"全村福"，成了远近闻名的"幸福村""明星村"。

　　白沙村的第一本村志《白沙村志》编撰始于1981年6月,历时十年,于1991年6月由学林出版社出版。这本村志是由当时担任白沙大队(今白沙村)会计的毛兆丰主编,在毛东武、吴木根、吴钻根的指导帮助下完成,并在76位村民的捐款资助下才得以出版。2004年,时任浙江省委书记的习近平同志来白沙村调研,看到了这本村志,鼓励毛兆丰把村志继续写下去。习近平同志说:"你们白沙人做得不错嘛,你还要努力啊,把村里搬迁的大变化写进新村志里去!"①就这样,白沙村党员干部群众沿着习近平指引的方向,先后完成了三部村志的编撰。作为全国首个公开出版村志的村庄,白沙村被学界誉为"村志第一村"。

　　村志的被认可与鼓励,使得白沙村村民从下山后的前途渺茫走向了自信。同时,白沙村还牢记习近平同志要求白沙村,将"千村示范,万村整治"致富工程进行下去,应该百尺竿头更进一步。于是,白沙村人勇于创业、敢于创业,白手起家、聚沙成塔,全村人一起走上了共同富裕之路。

《白沙村志》

　　白沙村通过产业带动共富。在经济薄弱时,村干部提出将每个村提留一分地,通过提留汇总的80亩旱地,集中建立第一个经济发展平台——蛤蟆垄园区。头一年木材加工厂就赚了45万元,截至2022年11月,木材加工厂已

---

　　① 梅玲玲,钱洁瑷.一部村志,记录奋进路上好风光[N].浙江日报,2022-10-20(06).

有32家,年产值达3.5亿元。在发展木材加工基地的同时,还发展了白蘑菇种植基地、来料加工基地。这三个基地产业的发展,带动当地经济的发展,也真正让村里90%的劳动力实现了在家门口务工创业。

白沙村是群众体育先进村。习近平总书记在白沙村调研时,还十分关心村民的身体健康。如今的白沙村拥有6000平方米文体广场、1300平方米体育馆,篮球场、网球场、游泳池一应俱全,成了省内外为数不多拥有室内外场馆的行政村。白沙村不仅会每年举办村里的新春农民运动会,还先后承办了浙江省系统首届生态运动会、浙江省农村文化礼堂运动会健身排舞赛等市级以上大型运动会10余次。

白沙村还是军民共建示范村。白沙村用20亩的占地实施了与省军区结对的"军民共建文化示范村"活动,打造了军民文化长廊、文化苑接待服务中心、文化礼堂、军事主题餐厅等场馆。同时,白沙村将军民共建融入文化发展,创作了《幸福白沙好声音》《明天更辉煌》等群众喜闻乐见的文艺作品。

"白沙有志,志在白沙。"白沙村从产业、文化、体育、军旅等方面,持续发展乡村的特色,续写乡村发展的精彩蝶变。在这片祥和的沃土上,白沙村牢记一句句殷殷嘱托,以一个团结的班子,构建一套健全的体系,走出一条富民的路子,实现共同富裕的美好愿景。

大陈村：用歌声唱出村民的幸福生活

　　大陈村位于江山市区北 10 公里的丘陵山岗上，古称须江乡九都大陈庄，今属大陈乡，是大陈乡的中心村。大陈村三面环山，一条回龙溪似玉带，从村中穿过。村落依山而建，呈长条形块状散列，素有"环山十里皆松树，天下应无第二园"之美誉，也是中国村歌的发祥地。

　　大陈村为徽州汪氏后裔聚居地，原本并不是富裕的村落，在几代人的苦心经营下，创建了一个以徽派古建筑为特色的千年古村落。村中古建筑鳞次栉比，现保存古民宅、古祠堂、古戏台等古迹 111 处，其中明、清时期的古建筑 75 座。现已公布为省级文物保护单位 2 处，市级文物保护单位 19 处，文物保护点 59 个。2012 年 6 月 18 日被浙江省政府授予省第四批"历史文化名村"。

　　2003 年"千万工程"在浙江拉开帷幕，大陈村也开始了村庄整治工作。2005 年大陈村还是一个环境差、经济落后的小山村，当时村集体负债 68 万元。刚上任的汪衍君书记看到这一现状，决定从村容村貌的改造入手，发动党员干部带头用"一把扫帚扫出一片新天地"。同时，由村书记带头，带动全村 69 名党员与村民结对，以"清洁家园""垃圾分类""创全国文明城"等活动为载体，从"要我扫"转变为"我要扫"。慢慢地，村子里形成了"脸面、灶面、桌面、地面""四面干净"文化，不仅扫掉了村子里的垃圾，也扫掉了村民精神上的污垢，大幅提升了大陈村的精神文化面貌。村民也在浙江省"千万工程"的推动下打造了一个"面子美、里子更美"的新家园。

　　在新家园的建设下，美丽乡村的建设规划推动着大陈村精神生活更加丰富发展。借着宗祠续写族谱等契机，大陈村依托源远流长的书香文化和孝道文化，于 2007 年创作了村歌《妈妈的那碗大陈面》。这首具有悠长深情旋律的村歌唱到了 2010 年全国村歌总决赛的舞台。同时，这首歌和《大陈，一个充满书香的地方》这两首村歌荣获了"中国村歌十大金曲""中国村歌十佳作词"等大奖。这两首村歌不仅让大陈村一炮而红,而且切实地深受当地村民的喜爱。这两首承载着大陈风土人情和民间故事的村歌极大地提升了村民的凝聚力,激发了村民的自豪感、归属感和幸福感,真正丰富了村民的精神生活。

精神生活的富裕还在大陈村的文化传承上延续。在村歌的带动下,大陈村还开展了独具特色的群众文化艺术活动,激发了当地村民保护传承传统文化的热情,成为江山市古村落文化保护和有效传承的典型代表。大陈村已成功申报非物质文化遗产30多项,其中每年农历十月初十日举行的大型迎神送佛和祭祀宴饮的麻糍文化节被确定为省级非遗项目,又俗称"十月十迎佛节"。每逢此盛会,大陈村每家每户不仅要按照习俗杵麻糍、吃麻糍、摆酒席,还会举办书法、美术、摄影等艺术作品展示会以及"三句半""村歌演唱""打竹板"等项目大赛。此外,"赛歌斗舞闹新春"、"国庆"百名村民唱红歌、"中式婚礼——花轿迎亲"等极具节日特色的文化活动铸就了一个传统文化氛围浓厚的大陈村。

在特色文化村落打造的基础上,大陈村还通过美丽乡村建设中的文旅融合给当地经济发展带来全新的机遇。不限于"歌曲"的创作,而是将"歌"向"剧"的方向发展。2020年的《大陈见面》村歌剧一经推出就受到了广泛好评。截至2023年4月,已演出150多场,带来门票收入60余万元,参演的村民可获得演出费100~500元。以实景剧带动了主打中华孝爱文化的夜间经济繁荣,以"妈妈的味道"为主题的"大陈小市"美食一条街人气爆满,民宿的入住率达30%左右,其中生意最好的店铺日收入可达8000元。

山环水绕,林木葱郁,白墙黛瓦。如今,大陈村在"八八战略""千万工程"的引领下,在建设美丽乡村的基础上进一步激发了乡村发展活力,在一曲曲村歌中唱响了未来乡村新面貌,推动乡村振兴,加速实现共同富裕。

金星村:空气也能卖钱

"苍松翠竹满岭冈,白墙灰瓦格轩窗。疏篱芳径莺歌婉,深渡人家龙顶香。龙牵谷,客盈庄。农家乐里笑声扬。两山理论金星耀,村美民和幸福长。"它地处钱江源头,是开化县实施"千万工程"的样板村,浙江省首批全面小康示范村,是习近平总书记到访过的地方,是一个初见便会倾心的"桃花源",它就是金星村。

开化县金星村

2006年8月16日,雨后初霁,习近平来到开化县金星村调研。在村口一下车,他就感慨:"这个村很好,绿化好,美化也好,在全省很有特色。"①

昔日的金星村却是一个只有一条进村道路,河道狭窄,远近闻名的"脏乱村"。"那时,村里露天厕所很多,村民几乎家家户户搞生猪养殖,村子里污水横流。"金星村党支部书记郑初一是这么说的。虽然拥有依山傍水的优美风

---

① 本书编写组.干在实处 勇立潮头:习近平浙江足迹[M].杭州:浙江人民出版社,北京:人民出版社,2022:278.

景,但村子该怎样建设,村民该怎样致富,却没有人知道答案。就在全村处在迷茫、无措之时,"八八战略"为金星村的发展指明了方向。

"一定要把钱江源的生态环境保护好。"金星村坚定践行"绿水青山就是金山银山"理念,开展农村生活污水治理,确定一名村干部专门抓工程进度和施工质量,半年多时间里铺设了排污管道 16000 余米,建设终端 9 个,接管率达 100%。金星村还在不断对农村生活污水治理工程进行提升,村民新建住房全部截污纳管。金星村的清洁工程已经形成了一整套完整的长效管理制度,形成了富有特色的管理模式。

金星村还开展了"五水共治",总投入达 5000 余万元,持续推进着农村人居环境整治行动,这些举措使金星村的村容村貌发生了天翻地覆的变化。村干部们继续发力,在村美景美的基础之上,邀请专家科学制定具有金星特色的村庄建设规划。近几年,金星村先后投入 9600 余万元用于美丽乡村建设,先后实施休闲公园、环村江滨绿色休闲长廊、休闲古埠头、村口公园、香樟大道、银杏大道等一批重点项目,将金星村建设成为独具特色的美丽山水、美丽田园、美丽村庄、美丽庭院。

"要变'种种砍砍'为'走走看看'。"金星村利用党建文化来开展党建培训,将党建培训作为村内主要特色,开设党建课堂,引进浙建集团立浙建金星党建培训中心,探索出"村企合作"的特色发展模式,共承接培训班、考察团1200 余批次,接待学员、游客 3 万余人次。金星村将红色和生态融合,编课程、排路线,多方宣传、全力推广,吸引了全国大批次的游客来到金星,带动了金星村的经济消费,也提高了金星村的知名度。而金星村得天独厚的自然环境和独特的人文景观,玉女峰、红叶林、太阳谷、天池等则吸引了众多的游客前来探寻、领略金星的自然之美,感受金星的乡村风情。

"人人有事做,家家有收入。"人流的大量涌入,乡村旅游的打造,使村庄发展得越来越好,许多村民纷纷返回家乡开起了民宿和农家乐。村民们热情投身"美丽经济",发展民宿农家乐,实现了在家门口就业、走上共富路的愿望。金星村为发展生态绿色大产业,创造性地打造了"三棵树"品牌,即茶树、银杏树和无花果树。金星村的茶树长于青山间,使用清泉水进行浇灌,品质极佳。早在 2017 年，全村就有茶农两百多户，茶园 1000 多亩，仅名茶一项全村每年增收 300 多万元。而银杏树指的是村口的那一株千年银杏，从叶子稀疏、濒临死亡到巍然挺立、枝繁叶茂，成为金星村最亮丽的风景，很多人不知道金星村，但都知道开化南边有一棵大银杏树。每到秋天，就会有许多的游客冲着它来打卡、拍照，为村里的旅游业带来非常可观的收入。

2006 年 8 月 16 日，习近平一行走进村民刘玉兰奶奶家中。刘奶奶看见来了客人，拿出刚刚摘下的无花果热情招待。习近平爽快地拿起了一个尝起来，说："无花果是绿色健康食品，可以多吃。"[①]此后，无花果种植面积不断扩大，村民们还开发出了无花果酒、无花果饮料、无花果香皂等系列产品，无花果产业带动了全村的经济发展。在全村人民的不断努力下，金星村的村集体收入从 2006 年的不到 1 万元，发展到 2020 年的 127 万元；村民人均纯收入由不到 6000 元，提高到近 40000 元。

只有 200 多户村民的金星村，平时转一圈不用半小时，那天，习近平却足足看了 50 多分钟。在村口即将上车返程时，他又回过头来叮嘱郑初一，这里山好、水好、空气好，将来通过"山海协作"，空气也能卖钱。[②]

"空气怎么卖钱啊？"看着习近平一行的调研车慢慢驶远，郑初一一时间没明白省委书记这番话的含义。不过，这句话，他倒是牢牢记住了。直到十多年后，大城市的游客们为了呼吸新鲜空气，专程来村里住民宿，他才恍然大悟："空气卖钱，不就是把绿水青山变成金山银山！"[③]

现在的金星村"人人有事做，家家有收入"，处处是美景，正在富裕的大道上阔步前行。金星村契合乡村振兴战略继续发展美丽经济，致力于走好中国特色社会主义乡村振兴道路。在不久的将来，这颗"金星"必将绽放出更加耀眼的光芒。

---

① 本书编写组.干在实处 勇立潮头:习近平浙江足迹[M].杭州:浙江人民出版社,北京:人民出版社,2022:279.

② 本书编写组.干在实处 勇立潮头:习近平浙江足迹[M].杭州:浙江人民出版社,北京:人民出版社,2022:280.

③ 本书编写组.《干在实处 勇立潮头:习近平浙江足迹》[M].杭州:浙江人民出版社,北京:人民出版社,2022:280.

上安村：红高粱酿出边际"共富酒"

上安村位于开化东北部的大溪边乡北部，距离乡政府驻地仅 0.5 公里，距县城 38 公里，距千岛湖环湖公路仅 10 公里，是连接钱江源国家公园与千岛湖国家风景区的旅游中枢，与杭州市淳安县交界，全村现有 252 户 798 人。上安村先后荣获省级乡村振兴科技示范基地、浙江省美丽乡村特色精品村、省 3A 景区村庄、衢州市党建联建示范单位等称号。

上安村高粱红了

上安村曾是浙江省的重点贫困村，它地处深山，山高坡陡，缺水易旱，村民们守着五百多亩贫瘠的梯田发愁，地无三米宽，又缺少灌溉水源，现代农业机械难以引进,土地抛荒的状况十分严重。村里的年轻人都纷纷出门务工,村里一半的人都外出讨生活了,留下的村民中老人又占了一大半儿,村民收入微薄,上安村的发展陷入了困境。

该怎样摆脱困境,如何将资源劣势转化为优势,让绿水青山转化成为金山银山,成了困扰上安村的一个长久难题。村干部和村民们经历了一段苦苦探求的历程,在 2015 年终于破题:牢牢抓住产业融合的发展契机,采用一年两季轮作的种植方式,在梯田上"夏种高粱,冬种油菜"。在农业技术专家的指导之下村民们开始了试种。没想到首战告捷,试种的红高粱产量颇丰,种出了"高粱红、菜花黄"的绚丽风景。上安村从 2015 年最初全村试种 240 亩,带动"一片红",到 2022 年全乡 12 个村种植红高粱面积 5300 余亩,做到了土地的百分百利用。全村"粱花"产业总产值达 800 余万元,村民们人均增收 1.5 万元以上,个个都走上了致富之路。村里还在不断拓宽"粱花"的产业融合发展通道,将目光不仅仅局限在红高粱和菜花的种植上,村民们还自产自销红高粱酒,建立了自己的酿酒工坊。自酿的高粱酒供不应求,产值竟达到了 140 万元,使红高粱特色产业之路走得越来越宽敞。如今互联网发展迅速,村民们也在探索新的销售手段,由村党支部书记带头通过直播带货,高粱酒等产品获得了进一步的推广和销售,迎来了它的销售热潮。

上安在发展农业的同时也打造出了独具特色的上安美景,吸引了不少的外地游客,"夏种高粱秋看红,冬种油菜春看黄"。改造装修老房,村民们开起了民宿、农家乐。没想到来上安的游客不断,房间也常常满客,单单一位村民光旅游接待,每年的收入就有十几万元。为了留住这些游客,上安还组织承办了许多节庆活动,农民丰收节、红高粱文化节、油菜花节等,年实现游客量10 万人以上。上安还将打造游客接待中心、粱花公园等景观节点,引入农业产业的智慧化场景。

"粱花"产业链拉长,项目是核心。在山巅平台,装饰一新的红高粱培训基地让人眼前一亮。上安村在 2021 年被列入省第三批未来乡村建设名单。在产业场景建设上,突出红高粱特色产业及"一酒两油"产业,植入高粱酒、高粱面、菜籽油,建立如红高粱共富工坊、培训研学基地等,做强农产品品牌。

培训中心大楼的占地面积达 1000 平方米,总投资 1050 万元,不仅拥有农产品展示、培训、住宿、餐饮等多项功能,还配上了酒窖,可代客储存,产业配套齐全,即将投入使用。村民们还在育种基地试种了 6 亩红高粱,通过提供种源、种植、深加工等链式服务,增加红高粱的附加值。

上安村利用财政补贴,对村庄的景区配套设施进行了提升,修建了红高粱体验馆、金竹岭山塘,开设红高粱乡村振兴讲堂,为"粱花"的产业融合发展注入了活力。上安村还将他们的致富经验分享给了其他的贫困村,和他们建立起了党建共建、文化旅游等方面的深入合作。派遣"红高粱师傅"指导种植,在红高粱乡村振兴讲堂推出了以产业发展为主题的系列课程。开课 40 余场,学员达 3000 余人次,大大打响了"上安模式"活招牌,在全国各地都产生极大效应,也使上安的旅游经济焕发出新的生机。

在浙江省"千万工程"20 周年"百村争鸣"十大系列文化艺术村名单中,上安村入选摄影村,种油菜种红高粱种出好效益,也种出了好风景。一个穷山沟,通过发展红高粱产业,没了抛荒地,村庄面貌变得整洁美观,真正实现了"人人有事做,家家有收入"!秀水映山城,一江清水过,从"贫瘠斗笠"到"遍地黄金",从"绿水青山"到"金山银山",上安厚植生态底色,正在共富之路上奋力向前!

下淤村:百里水岸胜过千亩良田

下淤村古称霞洲,因沙土淤积在阳光下灿烂如霞得名,隶属于衢州市开化县音坑乡,是音坑乡东南部的一个小山村。区域面积1.4平方公里,坐落在钱江源源头,背靠月亮湾,地处中村溪和马金溪的交会处。绿水丰涟漪,青山多绣绮,目及之处皆为景。

开化县下淤村百里水岸

但在几年前,下淤村在当地是一个有名的"脏乱村""空壳村","水浑、河脏、岸破、坑深",靠着采砂制砂为生,环境恶化严重。而就在"绿水青山就是金山银山"、打造绿色浙江等理论的指引下,下淤村坚持党建统领,把保护生态环境作为村庄发展的第一要务。在村里进行采砂制砂专项整治,执法巡查、开罚单、缴罚款,有效遏制了非法采砂和破坏水环境的一系列恶劣行径。2014 年,下淤村乘胜追击,抓住"五水共治"这一契机,提出将"水浑、河脏、岸破、坑深"转变为"河畅、水清、岸净、景美",大力开展治水活动,招商引资建立一系列亲水体验项目,促成了水岸烧烤园、水上游乐园、未来农业园等。下淤村还积极探索乡村集成改革,村集体累计流转 95% 土地、收储 38 栋闲置房屋,开辟了一条"建新不拆旧、确权不确地、造房不卖房"的发展之路。开展"治水造景、富民强村"行动,打造了 10 余个滨河景观带,形成了游船、露营、骑行、艺创等新业态,年均接待旅游人次超 40 万,旅游收入破 2000 万元。最终变身成了远近闻名的"网红村""标杆村",实现了从"河道采砂解温饱"到"外出务工求致富"再到"门口就业现共富"的美丽蝶变。下淤村先后获评了国家级生态村、首批中国乡村旅游模范村、中国十大最美乡村等荣誉称号,书写了"百里水岸胜过千亩良田"的佳话。

下淤村依托良好的生态优势,继续发挥着它的人文优势,通过打造"特色文艺村——作家村",启动建设"音坑艺创小镇",并以音坑乡下淤村未来乡村作为样板,将"文艺创作"全方位融入未来乡村建设,着力打造"霞洲艺术村"。在投入 1000 余万元专项用于"艺创园区"和政府颁布优惠政策之后,下淤村吸引了一大批艺术家安居定居、大胆投资、潜心创作。文艺赋能,使下淤焕发新的生机。利用老旧物品,如猪圈或者旧瓦片等进行艺术创作,实现了"一户一品一韵,一步一景一画"的美丽庭院风景线;保留村庄的一些浙派风格古建筑,将它们改造成为融艺术性、实用性、环保性于一体的艺术创作基地;开发极具特色的文化创意产品和服务,打造汉唐香府、吴府竹艺、霞洲有礼等一批文化味十足的文旅项目,推动传统文化向具有社会和经济效益方向转化,开展特色文化活动,设计特色文创产品。下淤村采用艺术赋能乡村,美化乡村环境、振兴乡村产业、激发乡村文明、助力乡村治理,不仅使其实现了精神富有,同时还实现了物质富裕,也促进了人流量的飙升,每年达 40 余万人。

下淤村坚持"共建、共治、共享"原则,坚定不移践行"绿水青山就是金山银山"理念,坚持党建统领、村社共建,推动产村融合,联合周边村庄成立"泛下淤"党建联建。在实施未来乡村建设以来,迭代升级"泛下淤"党建联盟为

"泛下淤"共富联盟,推行支部联优、产业联动、难题联解、帮扶联心、资源联享"五联创优"机制,组建音联同润强村公司,统一整合资产资源,合理布局产业项目,不断盘活资源资产,推动钱江源未来农业园、霞洲艺术村等项目落地,助力34个村集体年增收5万元,并通过"租金+分红+工资+兜底保障"方式,带动周边200余户中低收入农户增收100万元。激发原生动力,不断将美丽环境转换为美丽经济,保障了村民们生活质量的稳步提升。

到2022年年底,全村共有313户987人,常住居民的人均收入已达3.8万元,村集体经济经营性收入300余万元,村级资产破亿元。千山逶迤曼岚烟,一色波澜连碧天,下淤村凭借着秀美的风景,淳朴的民风,完善的基础设施,让无数的旅人愿意为它驻足停留,它也将无数的新乡人、归乡人、原乡人留在了这里,让他们心甘情愿在这里度过十年,二十年,甚至一辈子,投身于下淤村的建设和开发,这便是下淤村的独特魅力。

郭塘村:共富路上开满"幸福花"

郭塘村位于常山县新昌乡西部,东临花都区东镜村,南接聚龙村,西与沙龙村为邻,北与大岭村相连,依山傍水,风景秀美。村所辖面积4.5平方公里,下设21个经济社。县道X505贯穿全村,黄衢南高速穿境而过,交通便利。全村现有758户2362人。

难以想象如今的幸福村庄十年前竟是"脏乱差"。村庄环境卫生差,村集体经济收入为零,村民幸福感低。"八八战略"实施二十年来,这里发生了太多太多的变化。

郭塘村月季花海

郭塘村以种植业和水产养殖业为主,种植业以红葱、韭菜为主,养殖业以养殖大鲵为主。由此,村民们拓宽发展思路,寻找乡村振兴新路子——大力发展绿色健康水产。水产养殖约30万尾,产业产值2000万元,占本村农业总产值比重约 71%，从事主导产业农户数共 150 户，占本村农户总数比重约 60%，带动 150 多户从事大鲵养殖，间接带动 800 多名农民就业。本村农户在龙头企业带动下，建立合作社，在企业技术支持下，建立标准化养殖规范，并成功取得国家级水产健康养殖场资格。同时，郭塘村辖内共有 66 家企业，合作社与养殖业公司合作，进行销售代理，并与专业批发市场建立专销专卖点，成功将产品远销至全国各地。

郭塘村创新"环保兴村"模式，积极践行"绿水青山就是金山银山"理念，抢抓微改造精提升契机，激活村庄发展动能，助力美丽乡村向美丽经济"蝶变"。过去提到公共厕所，第一印象是"脏、乱、差"。郭塘村升级改造后的公厕外观更加宜人，设施配备更加完善，添加先进节水器、独立单间、第三卫生间、无障碍设施等，更加凸显智能化、人性化以及绿色环保。郭塘村打造的农户家的美丽庭院，因地制宜、因势随形、因陋就简，采用大量的竹木石砖瓦泥草，看到的都是乡村元素，像 5 元一辆农户家中收集来的自行车组成的村道护栏，扇谷的风车变绿化装置，等等，都让人充分感受到浓浓的乡土味、烟火味、人情味，很接地气，让人印象深刻。

以项目带动共富，以情谊联结山海。郭塘村的发展也离不开"山海协作"这片沃土。

郭塘村按照"景区产业化、产业景区化"目标，创新"环保兴村"模式，发展乡村休闲旅游。以月季为主导产业，推出"公司＋农户＋基地"的模式，结合绿色环保发展和美丽乡村建设理念，利用荆棘根茎嫁接月季技术，大幅缩减成本，同时通过打造月季观光旅游风光带、月季创意产业园、月季深加工基地等，推动一二三产业融合发展，实现从一根刺到一朵花再到一个产业的蜕变。2022 年，郭塘村月季共有 99 个品种、99 万余株。村集体、农户分别增收 104 万元和 82 万元。2022 年销售额突破 500 万元，三年内村集体经济达 1000 万元。如今郭塘村的月季作为市政花卉已销往江苏、上海等地，幸福村庄因山海情的缘分，结出"幸福之花"开遍山海之间。

以沿海地区的先进理念，带动村庄的经营。郭塘村打出了"村企结对、产业发展、项目谋划"发展组合拳。2018 年，通过"千企结千村、消灭薄弱村"行动,浙能集团与郭塘村结对,合力实施光伏项目,每年可为村集体增收 35 万元,其中农户增收 16.8 万元。之后,村集体专门成立公司,推出"集体 + 公司 + 农户"的模式,通过村集体出资集体种植、农户入股抱团种植、农户单户种植等方式,带动村民在家门口增收致富。走出"山门",借梯登高,浙能集团—郭塘村光伏"消薄"项目并网发电,成为当年全省项目落地、投产见效最快、效益最好的项目之一。截至 2022 年 6 月,光伏项目共发电 30 万千瓦时,为村集体经济创收 115 万余元,为郭塘村可持续发展找到了"第一桶金"。

同时,郭塘村还与新昌乡 9 个村一同参与山海协作项目,建起了丝瓜络山海协作共富产业园带动村民增收。2021 年,新昌乡与慈溪市新浦镇山海结对协作,携手打造千亩丝瓜络山海协作共富产业园项目。常山县富好生态资源开发有限公司(新昌乡"早上好"共富公司)与宁波界哲日用品有限公司签订了丝瓜络种植包销合同。常山县富好生态资源开发有限公司采用"公司 + 合作社 + 基地 + 农户"的发展模式,以参股分红、导入业态、资源处置等形式,构建"收储—处置—反哺"利益闭环机制,在新昌村、郭塘村、对坑村、黄塘村等10 个村发展丝瓜络,种植面积 1300 余亩。

山海协作工程是习近平同志在浙江工作期间作出的重大战略决策,也是"八八战略"的重要内容。"山与海"在十年前开始连接志合者,不以山海为远。"慈"情十载,常来常往,慈溪、常山两地正践行实招、实效、实情,描绘着"山海共富"的幸福画卷,续写着推动共同富裕的崭新篇章。

郭塘村将继续坚持以"八八战略"为指引,围绕"产业景区化、景区产业化"目标,推动三产融合,力争五年后村民人均收入翻一番,让幸福村庄开满"幸福之花"。

达塘村："早上好"融入田间,走向全国

达塘村位于常山县新昌乡南部,在2013年10月由原达塘村、铜山村和祝家源调整而成,面积13.1平方公里,以胡柚、茶油和柑橘为主要产业。

村庄山路弯弯,风光秀丽,入目皆是一片青山绿野,犹如世外桃源。但在几年前,这里还是新昌有名的"落后村""空壳村"。面对长期"远在深山无人问"的困境,视达塘村村支书陈重良为"头雁"的村"两委"以"誓让山河换新颜"的决心,扛起全村建设重担,向改变村庄面貌、发展绿色产业迈出了坚定的步伐,让达塘村实现了"绿水青山"向"金山银山"的转化。

常山县达塘村

2017年,在新任村党支部书记陈重良的带领下,达塘村创建"天天早起、

事事争先、人人追梦、年年攀升"的"早上好"兴村品牌。通过"早上好"精神引领,达塘村聚人心、强治理、兴产业,探索出一条党建引领共同富裕的新路径,实行"早上好"晨会机制,打造"早上好"兴村治社讲师团并输出"早上好"文化品牌,充分调动了村民投身建设共同富裕积极性。村集体实现了收入从2017年的零到2021年突破100万元。短短几年,达塘村实现了从"落后村""矛盾村"向"先进村""明星村"的蝶变,演绎了共同富裕的鲜活样本。2022年,达塘村集体经营性收入突破150万元,带动农民增收近80万元。2023年,达塘村集体经营性收入突破250万元,村民人均收入达3万元。"早上好"《书记讲给书记听》治村教材入选中组部全国优秀媒体课件,陈重良个人荣获浙江乡村振兴共富带头人"金牛奖"等荣誉。

达塘村把"早上好"品牌作为凝心铸魂的"主引擎",持续灌输"事事争早、样样争先"的干事理念。建立"比拼赛马""多劳多得、优绩优酬"工作机制,定期发布集体经济发展指标等任务书,充分调动村"两委"干事激情,实现了工作主动认领、成绩争先创优。成立"早上好"共同富裕促进会,发动全民参与,募集共富基金60余万元。建立"早上好"讲堂,组织兴村(治社)名师、致富带头人等开展群众性培训200余场,覆盖3000多人次,激起全村共谋发展、共同致富的精气神。

同时,价值转化是强村富民的重要路径,达塘村坚持"党建品牌化、品牌经营化"理念,深挖"早上好"品牌价值,孵化多元产业,持续放大品牌效应,转化品牌价值。达塘村将党建联建作为"早上好"品牌助力共同富裕的"桥"和"船",坚持以组织变革撬动抱团变革,依托新昌乡"早上好"十村联建行动,统筹推进山海协作、结对帮扶、文旅融合、"一村一品"等举措,探索共同富裕组团式片区化发展新路径,大力发展富民产业,走出了一条独具新昌辨识度的组团式、片区化共同富裕强村富民路。

村庄进一步打造"早上好"支部书记研学基地,吸引全国20余个省市超10万名学员前来培训,实现"一个基地"带活"一个产业"。流转全村域300余亩荒田,打造"早上好小白"茭白产业基地,实现"一根茭白"撬动"一个市场"。成立达塘早富贸易有限公司,开发蜂蜜、高粱酒、山茶油、会务服务等

"早上好"系列产品,实现"一个品牌"带富"一方百姓"。

另有"石林桃园"、工业风民宿、"常椿种植园"等好项目,不仅壮大了村集体经济,也让老百姓的腰包鼓了起来。在发展产业的同时,村里也在持续优化营商环境,吸引域外乡贤回乡投资创业、反哺家乡,通过发挥乡贤资金、技术和市场等优势,振兴产业,造福当地百姓。

在达塘村,"能人书记"更是治村兴村的关键因素。近年来,常山县新昌乡积极响应省委"两进两回"行动号召,大力实施"常雁回归"工程,积极回请在外优秀青年返乡就业创业,充分发挥他们有情怀、有资源、有能力的特点,通过扎根农村、拼闯实干,带领村庄蝶变。用事实印证了"村庄富不富,关键看支部;支部强不强,关键看头雁"。

达塘村村民在茭白产业基地采摘

"早上好"文化已然融入田间地头,"带火"农产品生产销售。2021年达塘村集体经营性收入突破 100 万元,带动村民增收近 700 万元,实现从"卖风景"到"卖文化"的提档升级。将村文化礼堂升级打造为"早上好"文化展示馆,开发"早上好"文化系列精品课程,陈重良也受邀成为新疆阿克苏地区乌什县、四川平武等地及嘉兴红船学院、丽水青田县委党校的客座讲师,在省内外宣讲70多场,推动"早上好"故事走向全国。

品牌引领是共富思想的动力源泉。达塘村以一句简单的"早上好"提振干事激情,又提炼出以"天天早起、事事争先、人人追梦、年年攀升"为内涵的"早上好"精神。"早",发展要起早、赶早、争早;"上",勇赶超、争上游、创标杆;"好",让村子好起来、村民富起来,做到事事好、人人好、村村好。从"早的状态、上的劲头、好的追求"三个维度,形成了一套可复制可推广的品牌体系,继而孵化出系列品牌产品,生动讲述了"党建就是生产力、品牌就是生命力"的逻辑内涵。

徐村村：千里钱塘第一村，美得不像实力派

　　山灵水澈、游人如织，位于衢州市常山县的徐村村是"乡村休闲旅游长廊"上的第一站。5平方公里的村庄内遍布古樟名树，风景秀丽的常山港（古名为绣溪），宛如绿丝带流经徐村村，江中叠石盘座，势度峥嵘；江畔百年古樟林立，郁郁葱葱，环境优美且分布有鹁鸪石、龙石、猪头石等奇石景观，被誉为"千里钱塘第一村"，荣获浙江省美丽乡村特色精品村、省美丽庭院特色精品村等荣誉。全村总面积5平方公里，现有耕地总面积453亩，山林281亩，下辖徐村、叶家、鹁鸪石、大坪4个自然村，8个村民小组，共有420户，1千余人。

　　村内环境优美，除了美如锦绣的自然景观外，悠久厚重的历史人文底蕴也是徐村人的另一大骄傲。村内建有范冲文化广场、绣溪人文馆、叠石、沿江栈道、环村绿道、千年古樟、天然沙滩浴场、荷花塘、生态大草坪等景点。

常山县徐村村紫薇花海

20 年来,徐村村以"八八战略"为总纲,一张蓝图绘到底,在深刻领悟"八八战略"精髓要义的基础上,创造性地落实各项战略部署。

徐村村坚持党建引领推动农村集体经济发展壮大。依托山清水秀的生态优势,积极探索"资源资本化、集体公司化、农户主体化"模式,发展休闲旅游。推动美丽乡村打造"美丽经济",坚持"绿水青山就是金山银山"理念,探索"宅基地银行"交易机制,整合闲置农房、闲置农田、闲置水塘等要素,变要素存量为发展增量,创新"一户多宅清退""空置农房有偿退出"等有效机制,深化配套设施提升、土地流转、村庄发展规划、民间资本注入等发展手段,带动村集体年固定分红增收 16 万元。

与此同时,徐村村大力加强村企合作。通过乡贤回村、青年创业投资3200 万元,先后推进沿江生态大草坪建设、美丽庭院建设、东湖塘景观带造景、景观渠建设、古码头修复、集装箱综合休闲体等综合产业园建设,探索"土地入股、资源入股"路径,先后同浙江愚谷文旅公司等企业及个人合作,租用土地 300 余亩,发展"公司 + 村集体 + 农户"三方合作的模式,成立了徐村盛叶农业有限公司、徐村旅游开发公司、徐村园林绿化公司等 3 家公司,带动家门口就业、农户增收。2023 年 4 月入选全国农村集体经济发展村级典型案例,全国 20 个,全省唯一。

徐村村深化探索文旅融合,以"活动 + 旅游 + 产业"的融合机制为牵引,深化探索村集体土地入股、"节庆 + 旅游"等发展模式,植入夜市经济、音乐经济、直播经济等潮流元素打响"音乐徐村"金招牌,带动家门口就业。2023 年,全村人均可支配收入达 5 万元。

徐村村通过"五水共治"换来乡村"发展红利",实现了产业"形态迭代",提升了百姓"幸福指数"。依托水、古樟等资源优势,委托浙江省建筑设计院做了整村规划,提出了"实力领先、群众富裕、特色明显,打造千里钱塘第一村"的发展目标。后期朝着"景区化打造、精细化提升"的目标,发展特色产业,提升乡村旅游吸引力,招引乡贤、公司来村投资,建设了由紫薇苗木基地、婚礼产业园、民宿组成的综合产业园,成了常山江畔一颗璀璨的明珠。

以衢州市旅游业"微改造、精提升"五年行动实施方案为导向,开展"五精工程"，旨在营造精美人和、主客共享的旅游氛围。不大拆大建，以"绣花"功夫擦亮门户，优化村庄环境，整合资源，弥补劣势，打造"名宿"，提升旅游品质，推进徐村村文旅产业向深层次、高质量发展。着眼于细微处，致力打造环境精美、主客和谐的旅游环境。为此，徐村村重点对村道环境、沿线房屋、杂乱庭院开展改造提升工作；拆除危房，修整50幢房屋外立面，规整改造杂乱菜园，建设精美花坛，展现乡村生活的精致美。徐村村获得了浙江省美丽乡村特色精品村、浙江省3A级景区村等荣誉，乡村发展走上了"快车道"。

徐村村 UU 音乐节

如今的徐村村，借助"紫薇花海泼水节""UU 音乐节""与夜相拥，U玩一夏"露营节、篝火晚会、徐村好声音等活动，每年吸引游客量超20万人次。为进一步提升音乐节承办水平，建成了220亩生态大草坪、3公里长环村绿道等配套设施，打造紫薇花海、绣溪游廊、休闲沙滩等景观，有效提升了乡村吸引力。2023年年底，已累计吸引外来客商投资近8000万元，建成沐隅民宿等11家农家乐、3家省级精品民宿，村内农家乐平均日营业额超1万元。徐村村聚焦做好旅游"微改造"的"绣花"功夫，大力发展乡村休闲旅游，打造集生态宜居、休闲度假、体验式旅游于一体的"特色品牌型"美丽乡村精品村，注入文旅融合新活力，书写出了共同富裕的新诗篇。

05 绘就绿色发展的鲜明底色

进一步发挥浙江的生态优势,创建生态省,打造"绿色浙江"。

2003 年 7 月,浙江省委第十一届四次全体(扩大)会议提出的"八八战略",其中之一是明确要求"进一步发挥浙江的生态优势,创建生态省,打造'绿色浙江'"。"八八战略"的提出为衢州生态文明建设的探索实践提供了有力的战略指引。

衢州位于浙江西部,地处钱江源头,森林覆盖率高达 71.5%,有着浙江省唯一的世界自然遗产地江郎山、五个国家森林公园和两个国家级自然保护区,是浙江省重要的生态屏障,是打造"绿色浙江"的重要一环。习近平同志担任浙江省委书记期间,先后 8 次到衢州考察调研、指导工作。这 20 多年来,衢州牢记习近平总书记的殷殷嘱托,发挥自身的生态优势,践行好"绿水青山就是金山银山"理念,统筹好保护环境与发展经济的关系,在生态文明建设上不断取得新成绩。

2003 年,制定实施《衢州生态市建设规划》,在浙江省率先启动了生态市建设,把"生态"作为立市之本,是一种全新的发展理念。所谓"生态立市",就是把生态价值作为重要支撑点,在此基础上拓展经济社会发展的更大领域和空间,规划城市化和优势产业发展的新布局。2010 年,出台市级层面《关于加快推进生态文明建设的实施意见》,通过政策引导,合力推进各项生态创建;2014 年,衢州市通过了《关于打造生态屏障建设幸福衢州的决定》,并部署了"以生态文明建设力促转型升级"的战略决策。到了 2022 年,衢州提出十个"桥头堡"的发展战略,其中一个"桥头堡"就是四省边际绿色生态桥头堡,并确定了打造生态高地和高质量发展的新目标。在成就方面,全国同时拥有首批"绿水青山就是金山银山"实践创新基地和国家生态文明建设示范市两张"金名片"的地市仅有四个,衢州便是其中之一。衢州市连续九年夺得"五水共治"大禹鼎,三年蝉联金鼎,省控以上水质断面 I—II 类比例从 2003 年的13.7% 上升到 2022 年的 100%。

20 年来,衢州护好"绿水青山",聚焦重点抓落实。治水方面,2004 年、2008 年、2010 年启动三轮"811"行动,到 2013 年年底发出"五水共治"总动员,全力推动水体实现由"脏"到"净"到"清"向"美"的转变。2017 年,在全市域实现消除劣 V 类水质断面,在全省率先完成治水目标。2022 年,地表水质在全国 339 个地级市中位列第 12。这是全市人民多年不懈努力拼搏的结果，也兑现了衢州向浙江省委、省政府和全省人民许下的"钱江源头筑屏障，一江清水送下游"的庄严承诺。治气方面，大力开展大气污染防治行动（2014—2017 年）、"五铁治五气"、治气攻坚战暨蓝天保卫战（2018—2022 年），重点抓好化工、水泥等重污染行业超低排放改造，实施 PM2.5 和臭氧"双控双减"、柴油货车污染治理、挥发性有机物综合治理。2018—2019 年秋冬季 PM2.5 平均浓度同比下降 24.5%，降幅全国第一；2020 年，衢州市下辖的六个县（市、区）的空气质量全部优于国家二级标准，这是历史性的突破。在督察整改方面，衢州对照中央和省环保督察和长江经济带生态环境警示片中的问题列出整改清单，以强有力的举措重点解决一些长期存在但一直未解决的生态环境问题，如：综合整治黄坛口饮用水水源地生态环境问题，这是个困扰当地 20 多年的历史遗留问题；常山县辉埠镇开展钙行业整改，取得巨大成效，被国家长江经济带领导小组列为"七张问题清单"总页面示范榜，成为正面典型。

20 年来，衢州依靠"绿水青山"求得"金山银山"。衢州打破旧的思维定式和条条框框，进一步打通"绿水青山就是金山银山"转化的通道。一是淘汰落后产业产能，拓宽发展空间。大力开展三大攻坚战：整治污染企业、淘汰落后产能、出清僵尸企业，推动旧动能向新动能转换。自 2010 年至 2020 年，累计关停 600 多家高能耗高污染低产出企业，日产 1000 吨以下水泥熟料生产线全部被淘汰，淘汰落后生产线多达 1000 多条。规上工业中高新技术产业增加值占比从 2011 年的 31.9% 提高至 2018 年的 40.9%。二是聚焦生态资源变现，拓宽改革思路。2020 年，聚焦乡村生态资源难以变现的实际问题，创造性推行"两山合作社"改革，累计带动村集体和农民增收 3 亿元。2021 年，聚焦"双碳"目标，在全国率先推进工业碳账户体系建设，这一举措被写进《中国应对气候变化的政策与行动 2022 年度报告》中。三是聚力打造生态风光，拓宽富民路径。衢州把创建国家全域旅游示范区作为生态建设主抓手，以"美丽新衢州 活力大花园"为定位，在全域打造"衢州有礼"诗画风光带，推进农旅融合，让老百姓实现家门口就业，走上致富路，年接待旅游人数从 2002 年的 305 万人次增长到 2022 年的 4610.37 万人次。

衢州从自身的资源禀赋出发,把握好加快经济发展与保护生态环境的关系。在生产环节加大推广循环型生产技术和绿色消费模式的力度,大力支持发展生态经济;用生态兴衢,全面推进生态农业、生态工业、生态旅游、生态环境和生态文化建设。经过十几年的积极探索,取得了巨大成效,走出了一条极具特色的山区生态经济发展转型之路。2022 年,12 项主要经济指标增速全部高于全省平均、全部进入全省前四,其中地区生产总值为 2003.4 亿元,增长 4.8%,增幅位列全省第二;城乡居民人均可支配收入是 57465 元和 31468 元,增幅分别达 5.3%、7.5%,增幅位列全省第一、第二。

这些都是衢州在"绿水青山就是金山银山"理念上的生动实践,衢州通过二十年的摸索走出了一条生态建设与经济发展共赢、人与自然和谐相处的新路子。党的二十大报告指出,中国式现代化是人与自然和谐共生的现代化。衢州市接下去将锚定这个目标,争取在全国成为新时代生态文明建设的示范标杆。

一是持续保护和提升生态环境质量。把巩固生态环境作为基本目标,长期坚持实施蓝天、碧水、净土、清废四大行动,让蓝天白云绿水青山成为一种常态。在空气治理方面,持续推进"五气共治",把工业废气、车辆尾气、扬尘灰气、城乡排气、燃煤烟气作为关注的重点对象,利用数字化手段,进一步完善空气质量的监测和监控体系,强化多领域协同控制污染物和全市域空气质量的综合治理。在水源保护方面,继续深化"五水共治",巩固这来之不易的成绩。首先是要加强对水资源的保护,其次要合理优化水资源配置,并计划建设若干个大型水库连通供水工程。同时,持续推进实施"污水零直排" 2.0 版建设,以减少对环境的污染。此外,还要提升河湖的生态修复能力,进一步推进建设美丽河湖。在保护土地资源方面,一方面加快修复治理已被污染的地块,另一方面全过程防控土壤环境风险,做到建设用地和农用地土壤污染风险的分类管控。对于自然保护地,做到合理开发和建设,保护好生物多样性,进一步建设全市域森林城市群。衢州还正在努力创建全域"无废城市",不仅要做到垃圾分类,更要实现垃圾减量化和可回收垃圾的重复循环利用。

二是不断推动和鼓励经济高质量绿色发展。虽然已经成为国家循环经济示范城市和资源循环利用示范基地，但仍然需要深化成果，要在工业园区大力推广绿色低碳可循环可持续的生态经济体系。在生产方式上，推广绿色低碳循环化改造，加强绿色产业平台建设。在工业用能结构和方式上进行不断优化来全面落实"能源双控"制度；此外，还需要在高附加值的工业领域进行能源资源的技术改革，加快研发和推广清洁技术，让第二产业在结构上完成绿色转型升级。与此同时，也要严格实施"五节"（节能、节水、节地、节材、节矿）标准体系，及时压减和淘汰"高能耗、低产能"的落后产业。在经济指标衡量上，要以生态资产核算制度（GEP 和 GDP 双评价体系）作为标准，在"两山合作社"的成果上继续探索和完善市场多元化的生态产品价值实现机制，争取成为生态产品价值实现机制试点。

三是不断加强和完善生态保护体制机制。在生态环境保护上，制定和实施二氧化碳排放达峰行动方案，推进碳排放权交易市场的建立，争创近零碳排放示范区。在生态环境保护责任体系上，大力推广和落实"三制"（河长制、湖长制、林长制），提升相关部门在生态环境保护上的综合行政执法能力、监测能力以及风险管控能力，做到一旦出现环境污染问题能早发现、早预警、早处置。在生态资源利用上，做到保护环境和利用资源相统筹，即要以保护生态环境为前提，建立健全节能减排的约束性指标管理体系和自然资源资产产权制度。在国土空间管理上，要建立系统化全方位的生态环境治理制度，严格守住三条管制控制线（生态保护红线、永久基本农田、城镇开发边界等空间），统筹落实好以"三线三区"和强化"三线一单"为核心的分区管控体系。在居民日常生活中，要到社区、学校多宣传当代绿色低碳生活，营造绿色出行、绿色消费、绿色建筑等社会新风尚。

二十年的蜕变背后是衢州"一张蓝图绘到底、一任接着一任干"的决心和毅力，治水的"大禹精神"更是一笔宝贵的精神财富，需要倍加珍惜这些来之不易的成果，更要保持初心、奋力前行，并将衢州的生态优势转化为推动经济高质量发展的动力，主动扛起全省生态环境保护的源头担当，为建设美丽浙江作出更多的衢州贡献。

国际花园城市：联合国授予的"绿色奥斯卡"

2018 年 12 月 15 日，第 18 届国际花园城市竞赛全球总决赛在埃及开罗举办，共有 20 多个城市参与决赛，衢州在众多参赛城市中脱颖而出，以总分第一的成绩拿下竞赛最高奖——"国际花园城市"称号，还获得景观改善特别奖。衢州是这次竞赛中唯一同时获得两大奖项的城市，也成为浙江历史上第一个获得"国际花园城市"这项国际荣誉的地级市。

衢州荣膺"国际花园城市"称号

联合国"国际花园城市"竞赛也被称为"全球最适宜居住城市国际大奖"竞赛，是目前国际社会上公认的"绿色奥斯卡"大赛，是当下全球城市建设领域的最高荣誉之一。因为这是唯一涉及多项重要议题，包括城市人居环境管理、生态建设、资源利用、人与自然、交通治堵、可持续发展等的国际竞赛。在竞赛结果公布后,竞赛委员会代理主席阿拉伯·浩巴拉说:"衢州今天的人民非常幸福,因为你们拥有美好的大自然,美好的生态环境,但是这一切都不是理所当然的,你们要继续地努力,要让你们的衢州永远成为中国的最领先的城市,成为亚洲最领先的城市,这是我们对你们的期望和祝福。"

"国际花园城市"评选规则目前有六项标准,每项满分 20 分,总分 120 分。衢州获得了 115 分的高分,另一个获金奖的城市——昆明是 106 分。国际花园城市竞赛委员会中国区组委会秘书长李响接受采访中表示,这是 18 届国际花园城市评比以来取得的最高分。在景观改善的评审上,三位评委在现场均打出了满分,衢州因此成为本届竞赛唯一拿下单项满分的城市。景观改造是国际花园城市评选标准中的关键一项,因此,衢州的城市景观是衢州最终拿下"国际花园城市"的最大法宝。

在景观改善方面,衢州晒出了这样的优异成绩单:①建设现代都市"大花园"保护生态胜地。保持森林覆盖率 71% 以上,有"森林氧吧"之称,是浙江省唯一的全市域国家级生态示范区。②打造山水生态园林城市景观特色。2013 年被评为国家园林城市。③贯穿全城的绿道网络成独特美景。④修建水道景观,重现与水为友的江南水乡特色。"衢江水道"是最受市民欢迎的亲水平台,被称为"最美水道"。⑤鹿鸣公园,山水相融的典型案例。衢州从 2013 年开始,在衢江边面积达 1000 亩的灌木丛和滩涂地带建设鹿鸣公园,这是一个山水之上丰产而美丽的城市生态公园,获得多项国际大奖。⑥特色鲜明城乡一体化的田园城市景观。2013—2017 年,衢州通过建设城市景点、郊野公园、特色小镇和美丽乡村,现代田园城市特色已基本形成。⑦城市规划促进自然要素与人文要素完美融合。衢州调整《衢州市城市总体规划 2006—2020》,划定"紫线"为历史文化保护范围。这一规划促使水亭门历史文化街区、孔庙、衢州城楼等得到了最大限度的保护和修复。⑧改造信安湖,打造国家级水利风景区。⑨出门 300 米进入公共绿地,其他公共空间随处可见。衢州人出门 300 米即可步入公共绿色空间,而且,所有绿色空间全部免费开放。面积 10 万平方米的西区大草原,已成为最受市民欢迎的休闲和观光场所。景观改善不仅让环境变得更美,更重要的是让城市居民拥有更多的绿色公共空间。

除了在景观改造这项上表现突出,衢州在另外五项评价指标上也给评委们留下了很好的印象。在艺术、文化和遗产管理方面,衢州利用科技手段,组织相关部门清点和普查出全市 500 多处历史文化遗产,然后出台相关制度规定来保护好这些遗产,并通过给它们挂牌,让这些历史文化遗产得到更好的传承和利用;在环境保护最佳实践方面,衢州推进城市垃圾资源化利用,建立相关平台对水质和用水情况进行全天候实时在线监测,成功创建国家节水型城市;在公众参与及授权方面,打造共建共享的社区生活,鼓励居民参与其中,社区志愿者注册人数逐年上升;在健康生活方式方面,2018 年全市范围内体育运动场地达 6104 个;在战略规划方面,统筹全市一盘棋的《衢州市大花园建设行动纲要》已经出台。衢州曾在 2012 年、2013 年连续两年入选"中国十佳宜居城市",通过这些年的努力,衢州变得更加宜居。这些都是衢州在本次竞赛中能获两个奖项的原因所在。

钱江源国家公园：唯一跨省域试点

　　钱江源国家公园，是衢州市开化县的一个国家公园，这里有着全球稀有且保存完好的中亚热带低海拔原生常绿阔叶林，同时也是白颈长尾雉、黑麂等中国特有珍稀濒危物种的"基因保护地"。国家公园，指的是为保护好典型生态系统的完整性，给生态旅游、科学研究和环境教育提供场所，国家层面划定的需要特殊保护、管理、利用的自然区域。钱江源国家公园体制试点区是我国 10 个国家公园体制试点地区之一，也是唯一一个地处长三角经济发达地区的国家公园。如何在人口密集、集体林占比高的地区，设立并建设国家公园，是钱江源国家公园体制试点面临的重大课题，也是钱江源国家公园体制试点的核心价值所在。

钱江源国家公园

　　2017 年 9 月 27 日，中共中央办公厅、国务院办公厅印发《建立国家公园体制总体方案》，钱江源国家公园是十个国家公园体制试点区之一。与其他试点不同,这是唯一一个跨省域的试点,也是长三角唯一的国家公园体制试点区。钱江源国家公园,位于开化县的钱塘江南源区域,区域面积达252平方公里,包括开化县苏庄、长虹、何田、齐溪等四个乡镇,19个行政村、72个自然村。但如果从保护生态系统的原真性和完整性来说,钱江源的协同保育区包括江西、安徽两省三个县七个村,约100平方公里面积。因此,钱江源国家公园的特色意义在于它不仅是开化一个县的范围,而是一次跨行政区域的合作。

围绕增强钱江源生态系统的连通性、协调性、完整性,推动钱江源国家公园的整体保护、系统修复,开化县在省市的支持下,积极探索、勇于尝试,实现了两条浙皖赣三省合作的保护路径。保护地层面的合作,以谈签合作保护的形式展开,同安徽休宁县岭南省级自然保护区、江西省婺源国家级森林鸟类自然保护区(部分区域)在护林联防的基础上开展生态保护、科研宣教、护林联防、社区共建等方面合作。在国家发改委的指导下展开省级层面合作,共同推动钱江源国家公园生态系统的完整性保护,进一步在数据共享、统一规划、共同执法等方面探索跨行政区管理的有效途径。2017年11月,钱江源国家公园管委会和安徽、江西两省,休宁县、婺源县、德兴市三镇七村,以及两个自然保护区签订《生态保护和可持续发展协议》,跨省合作取得实质性进展。为解决多头体制、管理分割、协调无力、合作低效等难题,2019年7月2日,钱江源国家公园管理局挂牌成立,由省政府垂直管理,下设综合行政执法队和基层执法所。与此同时,为了更好开展工作,开化县政府和管理局确立了例会制度(每两月一次),由管理局两位副局长兼任县政府党组成员,形成了"垂直管理、政区协同"的管理体制,双方通过制度化协商方式破解体制困局,以此调动各方参与的积极性,为我国推进以国家公园为主体的自然保护地体系建设提供了不少"钱江源"经验。

在保护的基础上,衢州努力将"绿水青山"转化为"金山银山"。以钱江源国家公园创建为各区块特色平台引爆点,打造提升百里金溪画廊、江南小布达拉宫等一批生态旅游网红景点,将开化全域建设成中国东部生态旅游大本营。开化县以国家公园理念和标准引领全县域最美生态打造,坚持"以原住居民为本"理念,深入开展村庄"环境整治、风貌提升"行动,有效改善了农村人居环境和乡村风貌。深化土地地役权改革后半篇文章,做好国家公园品牌与"钱江源"区域公用品牌双轮驱动,成立钱江源国家公园绿色发展协会,完成"钱江源国家公园""鹇栖"集体商标注册,开展品牌增值体系研究,提升国家公园品牌价值和生态农产品附加值;大力开展国家公园龙顶茶、清水鱼、山茶油等产品标准体系建设,联动推进全县域生态保护与修复,推进国家公园特色小镇建设,进一步健全生态产品价值实现机制。

生物多样性保护:物种的天堂

　　钱江源国家公园是物种的天堂,因为它拥有世界上罕见的大面积中亚热带低海拔典型的原始常绿阔叶林带植被,这些生态系统的真实性、完整性和生物多样性在全国和全球都是极为罕见的,具有重要的生态意义和价值。自从实施钱塘江源头区域山水工程试点以来,钱江源国家公园始终践行"生态保护第一"理念,立足区域水源涵养——生物多样性保护单元功能,加强自然生态系统原真性、完整性、系统性保护,并在体制创新、资源统管、数字赋能等方面大胆探索。

钱江源

主要做法有：一是创新地役权改革，实现生物多样性完整保护。针对集体土地占比高的实际，钱江源国家公园于2018年在全国率先开展集体土地地役权改革，结合山水工程子项目开化县生态保护红线勘界定标工程，在县域建设生态保护红线监管体系，包含生态保护红线界桩、标识牌等，同时在不改变土地所有权的基础上，建立科学合理的地役权补偿机制和社区共管机制，实现对国家公园内重要自然资源的统一监督。在开展集体土地地役权改革的同时，先后出台"野生动物救助举报奖励办法""野生动物肇事公众责任保险""生态管护员管理办法""特许经营管理办法"等一系列配套政策。2021年，"钱江源国家公园集体土地地役权改革的探索实践"被写进"生物多样性100＋全球特别推荐案例"。二是强化科学监测，用科技助力生物多样性保护。试点区背后的科技支撑来自中国科学院植物所、动物所、浙江大学，以及傅伯杰、魏辅文两位院士，通过科研合作顺利开展山水工程子项目钱江源国家公园生态保护与监测工程，建成了四大国内一流、世界领先的森林生物多样性与气候变化响应学科前沿研究平台，包括：森林动态样地监测、生物多样性与生态系统功能实验、网格化生物多样性综合监测、林冠生物多样性监测等。通过遥感、林冠塔吊以及地面观测等新技术和新方法的应用，升级整合已建科研平台，建成"空天地"一体化生物多样性监测体系，实现对钱江源国家公园全境、重要生态系统以及关键物种的长期动态监测。三是推进数字赋能，提升生物多样性智治能力。试点区围绕"智慧国家公园"目标要求，结合山水工程子项目钱江源国家公园生态管护体系建设项目，融合卫星火情预警、无人机防灾巡检、视频监控、地表火探测预警、人脸车辆抓拍、水质监测预警、野生动物识别和远程宣教屏等八大感知系统，融合集成自然资源、生态环境、林业、水利、气象等部门数据，搭建线上生态智治平台，并重点打造灾情应急全闭环处置场景、无人机巡检场景和野生动物识别场景3大子场景。通过数字赋能，试点区实现了全周期、全覆盖、多要素的森林样貌监测、灾情预警、数据AI分析等资源管控，全面掌握国家公园森林植被演替变化、病虫害分布等情况；实现自动识别物种归类，进一步掌握国家公园野生动物的种群迁徙、数量变化、物种分布和生境变化等一手资料。四是开展自然教育，增强生物多样性保护意识。开化县与世界自然基金会（WWF）开展合作，建成以"亚热带常绿阔叶林"为主题，沿线布设珍稀濒危植物及群落，集景观、科普、休闲等功能于一体的开放式珍稀植物园；完成标识标牌体系建设、人员解说培训、国家公园导览丛书出版等具体工作；完成国家公园 IP 衍生产品研发和《潮起钱江源》《走进钱江源》《视界钱江源》等丛书编撰，完成宣传片《亚热带之窗》、科教片《共有的家园》、纪录片《多彩钱江源》拍摄；正式设立国家公园频道等宣传平台，营造国家公园体制试点的良好舆论宣传环境；"钱江源国家公园植物识别 App""钱江源国家公园数字标本馆"正式上线，开启人工智能科普宣教新模式。成功举办"全国三亿青少年进森林研学教育活动"等一系列主题研学活动，被全国关注森林执委会认定为全国首批 26 个"国家青少年自然教育绿色营地"之一，被全国科协认定为首批"全国科普教育基地"。

首批"绿水青山就是金山银山"实践示范区：
只此青绿，值此青绿！

2017 年，衢州成为全国首批"绿水青山就是金山银山"实践创新基地、浙江（衢州）"两山"实践示范区和浙江省大花园核心区，这是对衢州多年来坚定不移走绿色发展之路的肯定。这些年，衢州始终深入践行"绿水青山就是金山银山"理念，围绕培育花园式宜居城市的战略定位，发展生态经济，建设生态文明，推动实现生态美、文化美、生活美，努力探索走出一条具有衢州特色的绿色发展新路子，交出了合格的生态报表、经济报表和改革报表。

开化县芹江河道

2018 年，衢州历时一年编制的《浙江（衢州）"两山"实践示范区建设规划》通过专家评审，成为全国首个通过评审的"两山"实践规划。规划首创提出了"两山"指数用以评测"两山"实践示范区建设的进展，构建"两山"转化平台不断打通转换路径。衢州通过先行先试，着力打通衢州"绿水青山"向

"金山银山"的转化通道,系统构建"两山"实践的理论体系、评价体系、任务体系、实施体系和支撑体系,努力为全国其他地区提供更多的"两山"实践经验。

衢州以"八八战略"为总纲,立足衢州实践,为打造"两山"实践示范区作了充分的准备。一是在全市开展建设"五美五区",即聚焦生态美,打造浙江生态屏障保护区;聚焦生产美,打造"两山"转化样板区;聚焦人文美,打造绿色风尚示范区;聚焦制度美,打造全国生态文明改革综合实验区;聚焦生活美,打造幸福民生体验区。二是更高标准建设绿水青山,打造花园式环境。构筑美丽空间形态,优化生产、生活、生态空间布局。建立最顶格的污染排放标准,打造全省最优水环境,让天更蓝,水更清,空气更清新。全面推进美丽载体建设,让衢州的水成画,山成景,处处成花园。三是更高站位打通转化通道,打造花园式产业。打造山海协作工程升级版,加快推进杭衢高铁建设,汇聚"两山"转化资源要素。建设幸福产业、新能源产业、航空物流产业三大平台,大力发展美丽经济幸福产业和数字经济智慧产业,并以"一县一平台一特色"为联动,以全域特色小镇为节点,以美丽乡村特色精品村、景区村等为组成,打造"两山"转化核心平台。积极探索生态产品价值实现机制,创新"两山"转化价值实现。四是更高水准建设幸福家园,打造花园式治理。着力打造中国基层治理最优城市、中国营商环境最优城市和南孔圣地"最有礼"城,使"南孔圣地·衢州有礼"成为城市发展的独特品牌、核心魅力和不竭源泉。

久久为功向未来,衢州继续坚持系统观念,强化协同联动,做到齐抓共管,防反弹抓反复,让绿水青山的"生态颜值"不断地转化为金山银山的"绿色产值"。只此青绿,值此青绿!

"衢州有礼"诗画风光带：串起富美乡村新画卷

　　在衢州，最惬意的事莫过于驰骋在美丽的沿江公路上，欣赏沿途四季不同的景观；或者步行在 95 号联盟大道，感受诗画般的江南乡村。由富美乡村群串联成的"衢州有礼"诗画风光带，向我们展示了新农村的蓬勃生机。

"衢州有礼"诗画风光带

　　如何在实施乡村振兴战略、高水平建设美丽乡村道路上继续走在全省前列？2019 年，在打造"诗画浙江"的衢州样本、实现均衡发展的内在要求和创造美好生活的战略选择考量下，衢州市开始部署启动"衢州有礼"诗画风光带的建设。整体规划以"一江两港三溪"为主脉络展开，整合主脉络上的沿江公路和田间绿道等美丽景色，总长度达 280 公里，总覆盖面积有 1000 平方公里，这是国内最长的沿江公路，也是浙江省内首条生态休闲沿江道路示范工程。整个风光带的建设以"青山绿水、自然原乡"为底色，以"美丽、活力、智慧"为三大主题，旨在打造"自然田园风光、诗意江南生活"的美好愿景，以山水为魂，以田林为韵，以 18 个沿途美丽村镇群为景，打造成特征鲜明的"南孔神韵·康养运动活力带""钱江源·生态慢城休闲带"和"百里须江·全域旅游风情带"。

"衢州有礼"诗画风光带是一条可以尽览三衢风光的观光路,也是激发乡村活力、推进乡村振兴的共富路。要建好诗画风光带并非易事,需要结合各个点的特色,因地制宜地打造每处的特色景观,发展特色产业;在做好绿色这篇文章的同时还要挖掘背后的文化底蕴,让乡村气质得到彰显,让乡村的发展有持久力;在产业发展上,既要保留有特色的农业产业,也要推进农旅文的深度融合,实现多种产业共同发展;在整体规划上,要加快培育有辐射影响力的"月亮型"优质大项目,来引领周边的"星星型"小项目。

为了诗画风光带的长远规划和发展,2020年11月,衢州出台了《"衢州有礼"诗画风光带管控导则》。这个导则重点突出"自然味、农业味、乡村味",在强调《"衢州有礼"诗画风光带概念规划》有关内容的同时,在国土空间准入、风貌管控引导等方面提出了明确和细致的要求。在国土空间准入上,从保护和利用两个维度形成三类保护型分区(生态保护红线区、自然风貌管控区和主要河道管控区)和四类发展型分区(乡镇特色功能区、农村产业融合发展区、重点整治提升区、战略留白区);在风景引导上,对整体设计风格和布局做了细致的规定。衢州以创建国家全域旅游示范区为主抓手,全域建设"衢州有礼"诗画风光带,持续开展"全球免费游衢州"活动,获评中国优秀旅游城市,年接待旅游人数从2002年的305万人次增长到2022年的4610.37万人次,展现了一幅新时代富美乡村新画卷。

常山"两山合作社":架起生态价值转化桥

　　长期以来,农业农村发展滞后的一大制约因素就是融资难,这背后的原因主要是农业产业本身和从事经营活动主体的生产资料无法像工业那样确权登记,抵质押的形式难以得到传统金融行业的认可,从而导致项目前期投资乏力、后续资金沉淀。针对农业发展的这一大困境,2020年9月,常山实体化运营"两山银行",后升级为"两山合作社"。与商业银行不同,它考虑到农业产品的特性,打造一个农业资源整合、专业评估、可转换交易的市场化平台,采用的是资源分散化输入和资金集中式输出的模式,彻底打通生态产品价值实现的通道。

常山县"两山合作社"办事大厅

常山"两山合作社"以"存入'绿水青山'取出'金山银山'"为业务的核心逻辑,其功能定位是:农业产业投资、生态资源储蓄、低效资产招商、文化资源开发、有偿权项变现、生态安全保障,搭建起一个集资源集聚、信用担保、农业投资、招商对接、资产交易和生态补偿的多功能交易平台,联合金融、担保等机构进行金融创新,推出胡柚贷、奇石贷等金融产品,以承诺收购、优先处置等形式为主体增信,打通了农业和生态经营主体融资贷款的堵点,实现资源变资产、资产变资本、资本变资金,形成了独有的"常山模式"。

"两山合作社"对零散的生态资源进行梳理汇总,以登记、存储、流转等形式集中收储,通过整合连片、配套升级形成标准化招商资源,提升了生态资源对社会资本的吸引力。通过集中收储、规模连片,引进了亿利股份、岭南股份等上市公司开发建设香柚湾小镇、柚乐园旅游综合体。2021年"两山合作社"充分发挥农业产业投资银行的作用,在补链强链上做文章,对处于成长期的行业龙头企业柚香谷公司投资2500万元,帮助企业解决产能不足等问题;挖掘提炼农业产业文化元素,建设三宝文化展示中心,加快农文旅产业融合步伐;培育"一份常礼"区域公用品牌,打造"柚见80+"常山胡柚鲜果品牌,推动优质胡柚单个售价迈入10元时代,带动全县柚农增收9500万元。

"两山合作社"不仅把"绿水青山"变成"金山银山",而且对污染严重的后社片区废弃矿地进行收储,拆除石灰立窑、石灰钙生产线和污染企业,同步跟进生态修复、土地整治,昔日的矿地变公园、矿山变景区、荒地变良田。推进工业企业"退散进集",收储工业园区外"低小散"企业53家,分类实施建设用地复垦和二次提升利用,改善了人居环境,腾出了发展空间。

一幢房,一座山,一块地,一片湖,这些山水林木在"两山合作社"都是可以投资的对象。对于农村闲置民房,"两山合作社"联合引流能力强的旅游企业,对基础条件较好的村庄进行乡村旅游深度开发,让农民不出家门通过房屋出租实现资产性收入,通过变身民宿管家实现工资性收入,通过经营餐饮和农副产品实现经营性收入。为加快推进生态富民、惠民、利民,"两山合作社"挂牌成立常山县生态资源资产交易中心,为生态产品价值实现提供优质平台,入场交易的生态资源资产最高溢价率达450%。同时,"两山合作社"以利益共享机制反哺村级集体经济组织,带动增收致富。还通过整合政策资金,建设光伏小康项目、碳汇林项目为村集体增收。

常山从 2020 年成立"两山合作社"到 2023 年年底,已收储土地 17272 亩,废弃厂房 9.8 万平方米,香柚树苗木 30 万株,胡柚 2500 吨,砂石资源 19.44 万吨,工程性矿产资源 156.5 万吨,水库水面经营权 5 个,胡柚基地 50 亩;为全县 299 户主体授信 20549 万元,发放生态贷款 20393 万元;收储资源总额达 3.5 亿元,撬动社会资金 19.6 亿元。通过参股分红、导入业态、参与资源处置、运作扶贫资金等共享机制,反哺村级集体经济组织,带动 176 个村消薄增收,推动农民和村集体增收 1492.34 万元,经济与社会效益均十分明显。

常山深入探索生态产品价值增值机制,通过"两山合作社"将本地生态优势转化为发展优势,搭建共同富裕"连心桥",掌握共富"流量密码",形成了绿色共富新模式。

浙皖闽赣"联盟花园"：共享诗和远方

衢州作为一座历史文化名城，素有"四省通衢、五路总头"之称，是浙皖闽赣四省边际交通枢纽和物资集散地。在国家区域协调发展战略实施的当下，衢州利用地处浙皖闽赣四省交界处的有利条件，与安徽黄山、福建南平和江西上饶联手打造区域旅游"联盟花园"，打造跨省域旅游协作先行区，探索共建共享新机制，为长三角、珠三角、海西三大经济区的更高质量发展提供广阔市场腹地。

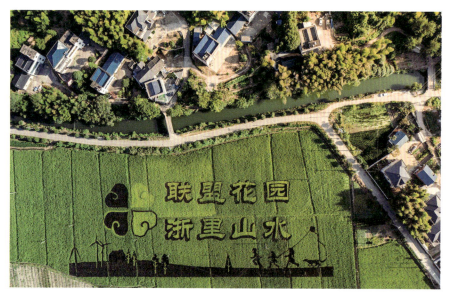

浙皖闽赣"联盟花园"

2021年1月22日，衢州、黄山、南平、上饶四市通过视频在线同步召开浙皖闽赣（衢黄南饶）"联盟花园"建设工作领导小组第一次会议暨衢黄南饶"联盟花园"签约仪式。在签约仪式上，四市签订了《浙皖闽赣（衢黄南饶）"联盟花园"合作共建协议》，该协议谋划了"联盟花园"的未来发展，计划经过三至五年的共同努力，将"联盟花园"打造成为国家旅游休闲城市群和世界级生态文化旅游目的地。衢黄南饶四市自古风土人情相近,境内旅游资源相似,产品互补,市场相关,交通便利。这里有着发展旅游业的显著优势,景区密集,地理位置上紧挨长三角、珠三角、海西三大经济区,这三大经济区人口多、旅游需求大、消费能力强。尽管四市同属国家战略交会叠加之地,皆以打造区域中心城市为目标定位,但经济总量占比不大,发展不平衡不充分的矛盾突出。合作共建"联盟花园"能更好地为四地集成整合既有资源,发展壮大美丽经济幸福产业,进一步拓宽"绿水青山"与"金山银山"的转化通道。

为了更好打造"联盟花园",衢黄南饶四市将根据《合作协议》打破行政区划上的边界,强化四市相关部门间的协作,建立健全有关机制,开创具有差异化竞争优势的生态文化旅游目的地新格局,具体包括六个方面的"一体化":规划设计、基础配套、旅游交通、产品开发、营销推介、管理服务。如规划设计方面,将加强各市国土空间规划、旅游规划、交通规划等精准衔接、有机融合,联合编制《浙皖闽赣(衢黄南饶)"联盟花园"旅游交通概念性规划》等方案,合理安排旅游功能分区。交通方面,谋划建设"联盟大道"旅游环线,加快建设四市联通高速公路,重点规划建设以重要景点为节点纽带的旅游轨道网络;争取口岸开放,探索开通四市短途旅游航班。

为加强统筹协调,四市成立浙皖闽赣(衢黄南饶)"联盟花园"建设工作领导小组,由四市主要领导任组长,分管领导担任副组长,发改、交通、资规、文旅、经济协作等部门负责人任成员。自 2021 年 1 月"联盟花园"组建以来,受到衢黄南饶四市主要领导的高度重视。在运行机制方面,探索出"领导小组 + 专班 + 公司"的工作机制,设计和谋划代表四市的"联盟花园"四叶草LOGO 和"浙·里山水、皖·美如画、闽·扬天下、赣·出精彩"主题口号。在旅游线路方面,重点打造"95 号联盟大道",这是一条把四市 9 个 5A 级景区、87 个4A 级景区串联起来的旅游线路。正是因为这些具有标志性的重要成果,"联盟花园"成功入选浙江省首批长三角一体化发展最佳实践案例,被评为 2021 年浙江省文化和旅游总评榜十大新闻事件。2022 年,"95 号联盟大道"被评为全国交旅融合创新项目和浙江省共享共富十佳自驾旅行精品线路;在技术支撑方面,开发一码游智慧旅游平台,推出包含五大主题的百条精品旅游线路。"联盟花园"及"95 号联盟大道"等旅游产品也因此得到了旅游消费者的喜爱和认可。

绿色金融改革创新：向"绿"而行

2017年6月23日，衢州市获批"全国绿色金融改革创新试验区"，这是衢州这些年走绿色发展之路的成果之一。绿色金融改革立足服务碳达峰碳中和目标，是金融改革的重要内容，也是供给侧结构性改革的现实需要。

在全国九个绿色金融改革创新试验区中，衢州是唯一一个以"金融支持传统产业绿色改造转型"为主线的城市。衢州市绿色金融改革以"绿色金融助力传统产业转型"为目标，以"绿色＋特色"为理念，以"农业＋工业"为工作主线，形成了以绿色金融改革推动传统产业升级转型的"衢州模式"。衢州从四大方面展开了绿色金融改革的衢州实践：一是出台相关制度，从顶层设计上为绿色金融改革提供政策支撑，2021年衢州制定《衢州市"十四五"绿色金融规划》和《衢州市绿色金融改革示范区总体方案（2022年—2025年）》。二是构建绿色金融基础设施体系，主要包括绿色金融数字化平台应用和碳账户金融体系。三是推出一系列绿色金融产品，如：绿色信贷、绿色基金、绿色保险、绿色金融债、绿色债务融资等工具，为传统企业绿色转型提供金融支持。四是搭建绿色金融风险防范体系，加强绿色金融风险监测、预警体系建设，同时建立优化风险处置体系。

在2019年和2020年长三角城市群绿色金融发展竞争力评价中，衢州连续两年位列排行榜第一名；在国家发改委开展的全国营商环境测评中，衢州中小微企业"获得信贷"指标得分连续三年位居全国前列。随着"碳达峰碳中和"的深入实施，高能耗企业开始谋求低碳转型、绿色发展。在这一背景下，衢州率先建立并完善碳账户体系和"碳账户金融"平台，以此来推动和指导金融机构重点关注减污降碳、绿色普惠、生态价值实现这一社会发展领域，同时也注重提高产品服务的质量和创新。国网衢州供电公司根据碳评价结果，实施了"红色、黄色、浅绿、深绿"的四色贴标，在碳账户数字开发、标准制定、场景应用等过程中发挥积极作用,推动区域低碳转型。在此基础上,衢州以碳账户为契机,打造出"节能+绿能+储能+循环+碳资产"EMC模式,和企业形成合同能源管理共同体,即由衢州绿色双碳技术有限公司、衢州供电公司综合能源有限公司等市场主体共同投资,对企业进行改造升级。

作为"国家绿色金融改革创新试验区",衢州牢牢把握"金融支持传统产业转型升级"的主线,向"绿"而行,探索形成了生态优先、低碳转型、人与自然和谐共生的绿色金融改革"衢州模式",为金融赋能产业发展助力共同富裕提供了鲜活的实践样本。

鲟鱼养殖：一条鲟鱼，游出生态共富路

鱼子酱作为一种食材，有关人类最早食用的记录可追溯到 2000 多年前。进入 18 世纪后，鱼子酱风靡欧洲宫廷，成为一种高端食材并流传至今。不是所有的鱼子都可以做鱼子酱，只有对生活水域环境要求极为苛刻的鲟鱼产下的鱼卵经过食盐腌制才能成为西餐中备受欢迎的鱼子酱。由于鲟鱼生长周期较为漫长、对生活水域质量要求很高，长期以来，鱼子酱产量十分有限，供不应求。

衢州鲟鱼养殖基地

衢州的冷水资源非常丰富，出境水水质常年保持Ⅱ类以上，生态环境优渥，非常适合鲟鱼养殖。市场有需求，资源有支撑，衢州发展鲟鱼养殖，潜力巨大，前途广阔。2009 年，鲟龙水产食品科技开发有限公司正式落户衢州市柯城区石室乡。经过数年奋力耕耘，2023 年年底已建成 700 亩的鲟鱼养殖基地，为国内最大鲟鱼养殖加工中心，年产鱼子酱超 210 余吨，出口至美国、法国等 42 个国家和地区。现今，鲟龙科技的鱼子酱产量约占全球市场供应总量的三分之一，出口量占全国总出口量的近 70%，衢州基地的供应量占据半壁江山。好山好水既孕育出好鲟鱼,也滋养村民走上了共富路。衢州积极借助鲟鱼养殖,推动产业发展,带动村民积极就业增收,实现经济和生态保护协调发展,打造企业获利、农户增收双赢局面。

建立"共富工坊",推进产业融合发展。石室乡依托得天独厚的自然环境优势,把鲟鱼养殖变为支柱产业,养殖规模已超400余吨。为更好发挥鲟鱼产业龙头示范引领作用,调动村民养殖积极性,就地解决村民就业,实现乡村经济振兴和农户增收,石室乡党委牵头成立"鲟鱼寻梦"共富工坊,村级党组织与鲟龙科技有限公司"两新"党支部开展党建联建,用好"基地＋农户＋标准化"的订单农业,带动周边村民加入鲟鱼养殖,参与鱼子酱生产加工。与此同时,与渔庄联动,将渔业与休闲旅游消费相结合,打造了"鲟鱼宴"特色品牌。2023年这条鲟鱼已"搅动"起一条综合产值达3.4亿元的鲟鱼产业链。

衢州鲟鱼养殖

加强人才支撑,提供科技保障。鱼子酱对制作工艺要求很高,加工制作可谓分秒必争。在屠宰前,工作人员必须瞬间将鲟鱼击晕,避免鱼分泌的肾上腺素破坏鱼子的味道。刚取出的鱼子还呈团状，要精准把握好力度进行筛选，力度轻难以分离，力度大破坏形态，16 道程序必须要在 15 分钟之内完成。衢州积极推进平台建设，吸引人才前来指导帮扶。在区乡两级党委政府的支持下，先后建立了国家鲟鱼加工技术研发分中心、省级院士工作站、省级博士后工作站等平台，引进了各级高层次水产专家共计 45 人，逐步形成了高、中、初级相配套的国内一流的鲟鱼科研团队，加速推动了鲟鱼产业的转型升级。除了引进人才提供支撑，衢州还致力于本土人才培养，用好"鲟鱼寻梦"乡村振兴讲堂，邀请专家学者为周边村民开展养殖技术、村播技能方面的授课，年均举办各类培训 40 余场，让村民富脑袋、长技能。

带动就业，助力共富强村。有了产业和人才的支撑，共富梦就进了一大步。鲟鱼产业的持续发展为周边的村民提供了更多的就业岗位，让周边的村民足不出村就能实现就业。2023 年，参与鲟鱼养殖的普通农户年收入可达 10 万元，规模养殖的家庭农场则可达 30 多万元，企业再每年向村庄 100 多户支付 50 多万元土地流转资金。在有着"中国鲟鱼第一村"之称的石室乡响春底村，已有 80 多户村民从事鲟鱼养殖和渔家乐经营，占到全村人口的三成，实现了村民收入和村集体收入的大幅度提升。此外，以鲟鱼为特色，响春底村在文化礼堂做了鲟鱼科普展，还打造了鲟鱼休闲文化广场、鲟鱼游学路线、鲟鱼文化研学基地等一系列特色项目，江景民宿也在蓬勃发展，进一步带动村民就业。

衢州石室乡响春底村凭借鲟鱼养殖，成功地摸索出了一条属于村庄的特色产业链，带动了村庄经济发展，走出了生态共富路。接下来，响春底村将围绕鲟鱼文化进行深度发展，进一步推进环境因鱼而美，村庄因鱼而兴，让鲟鱼产业这条"共富鱼"游到千家万户。

06 "山"呼"海"应奏响发展协奏曲

进一步发挥浙江的山海资源优势,大力发展海洋经济,推动欠发达地区跨越式发展,努力使海洋经济和欠发达地区的发展成为浙江经济新的增长点。

习近平同志强调念好"山海经",把欠发达地区和海洋经济的发展作为新增长点,提出并实施了山海协作、百亿帮扶致富、欠发达地区奔小康"三大工程"以及建设海洋经济强省等一系列重大举措,使浙江成为区域发展最均衡的省份之一。20年来,衢州忠实践行习近平总书记关于"推进山海协作工程上新水平"的殷殷嘱托,与结对地区携手共进,不断探索、积极创新,全力打造山海协作升级版,加快构建全方位、多层次、宽领域的山海协作新格局。

衢州市坚定不移贯彻习近平总书记重要指示精神,忠实践行"八八战略",遵循"政府推动、市场运作、优势互补、合作共赢"原则,以产业项目合作为中心,推动园区平台共筑、交通互联互通、公共服务共享、乡村振兴示范点共建,形成了政府引导、企业参与、市场运作、互利共赢的多领域、全方位、立体式的山海协作机制,与结对地区携手走出一条双向奔赴、合作共赢的发展之路。

衢州与结对地区共携手,不断探索、积极创新、协同共进,拉开全方位协作架构,多领域合作结下累累硕果。产业合作更加紧密,2002年至2022年累计实施山海协作产业合作项目3309个,到位资金2606.4亿元。园区共建更加有力,2013年—2022年6个山海协作产业园累计完成基础设施投入135.67亿元,引进项目424个,到位资金654.67亿元。"飞地"建设更显成效,6个"产业飞地"规划总面积9320亩,现已入园19个产业项目,到位资金28.17亿元。3个"科创飞地",现入驻项目共计150个,入驻副高职称及硕士以上人才269人。乡村振兴更显示范,2018年—2022年累计打造乡村振兴示范点项目178个,到位资金14911万元;6个"消薄"飞地累计返利12218万元,带动薄弱村491个,受益人口54.6万人。衢州在山海协作道路上不断前行,不断夺取山海协作新成果。

拓宽发展视野,助力山海协作迈上更高水平。20年来,衢州坚持对内对外大开放,着力打开融合发展双向通道。积极与省内发达县区对接,把优势引进来,实现快速发展。2017年,衢杭两地在全省率先打造山海协作升级版,在"高质量"和"一体化"的目标引领下,推进杭衢高铁建设,即将开启杭衢"同城模式"。2022年,与宁波携手深化新时代山海协作战略合作,成功拓展海河、海铁联运业务。立足衢州本市实际情况,不仅引进来,还要走出去,积极参与东西部协作,对口帮扶新疆乌什,深入推进"文化润疆"。积极帮扶四川绵阳,助力绵阳脱贫致富,实现资源双向流动,协同发展。

敦厚发展内力,产业融合厚植内生发展根基。衢州积极与结对地区共建共管共招共享,打造工业产业园和生态旅游文化产业园,由经济强县选派干部担任园区管委会主任,积极承接经济强县创新要素转移,累计入园企业68家,孕育一批优质项目,打造了全省首个产值突破百亿元的山海协作产业园。建立"主导+专项+配套"政策体系,吸引了华友钴业、杉杉股份、娃哈哈等一批优质产业花落衢州。积极挖掘本地区特色资源,进行特色产业布局,在常山新昌乡建设丝瓜络产业园,盘活土地资源,延长产业链条,带动农民增收。

建设发展飞地,跨域共建实现资源异地配置。衢州大胆探索,打造"飞地"平台。2006年,衢州海创园一期在杭州未来科技城成功落地,成为全省启动最早、规模最大、成效最显著的山海协作"科创飞地"。衢江—鄞州"科创飞地"借助宁波鄞州区科技资源优势,先后引进6家科创企业,引进俄罗斯院士团队1个,与浙江万里学院合作打造大学生创业基地,入驻20余个创业团队。2022年,全市新增6个山海协作"产业飞地",落地于杭州、绍兴、宁波等地区的高能级平台,规划总面积9320亩,签约入园19个产业项目,投入建设资金36.6亿元。勇于打破传统思维,积极探索飞地新模式,建设柯桥江山反向新飞地。

坚持要素驱动,深化协作助力乡村振兴。集中资金力量,抓住产业振兴关键,引导资本、技术、人才等资源要素向农业农村流动,积极打造山海协作乡村振兴示范蛟垄样板。建立"认养单位+公司+村集体+农户"模式,搭建从"农户到商户"一站式直通车,助力受援村集体和农户收入实现稳定"双增收"。开化桐乡共启湖羊"飞地认养"项目,探索"新型农业经营主体+低收入农户+桐乡市场"合作模式,为开化39户低收入农户提升发展能力。截至2023年6月,龙西村龙游"飞鸡"与20余家镇海企业达成认养协议,带动龙游"飞鸡"产值年均增加100余万元、农户增收30余万元、村集体增收10万元。

实践证明,让"山"的资源和"海"的优势结合起来是补"山"短板的突破口和关键点,在扎实推进共同富裕的时代进程之中,衢州必将继续牢记习近平总书记的嘱托,推进山海协作工程更上一层楼。

坚定战略指引,将习近平总书记殷殷嘱托化为发展内生动力。习近平总书记对"山海协作工程"有着浓厚的情感,将该工程作为缩小地区差距,促进区域协调发展的有效载体。衢州市始终牢记习近平总书记殷殷嘱托,以深度融入融合为目标,不断丰富山海协作新内涵、拓展新外延,充分对接杭州、绍兴、宁波等结对市县的综合优势,推进"大花园"与"大湾区"的联动发展,夯实载体、丰富路径、创新举措,培育新的经济增长点,持续增强内生发展动力。

坚持产业互动,将项目协作化为富民增收强劲动力。浙江山区26县奔富,产业自强是关键。在工业、商业、旅游业等方面的山海协作,有力解决了山区县产业单一、村民收入单一、资金来源单一、产品销售渠道单一等难题。衢州市始终坚持产业共建,找准山海协同发展契合点,积极推进产业、科创等"飞地"建设,推动项目招引、要素流动等双向互动,真正以产业兴、产业美带动乡村振兴、群众增收。

坚持民生互惠,将优质资源转化为美好生活动力。惠民生聚民心,提升百姓幸福感获得感,是实施"山海协作工程"的根本目的。让群众共享发展成果,是协同发展的根本出发点和落脚点。衢州市始终把民生协作摆在山海协作突出位置,不断深耕社会事业领域发展,强化人才交流、文化互动,拓宽服务共享路径,推动教育医疗等优质资源共享,切实补齐民生短板,让群众实实在在享受到山海协作带来的民生红利。

衢州有礼,乌什有情:文化润疆,沁人心脾

钱江源头,坐落着南孔圣地衢州;天山脚下,有一座丝路重镇乌什。国家对口援疆战略将两座远隔 4000 多公里的古城紧紧联系在一起。2010 年,浙江衢州和新疆乌什确定对口帮扶关系,衢州市援疆指挥部牢记中央新疆工作座谈会精神,深入贯彻文化润疆方针,在乌什县创新实施南孔文化润疆行动。

完善基础设施建设,力推南孔文化深入人心。衢州市深思熟虑谋定而动,精心制定了南孔文化润疆"1323"行动计划,即在乌什建立 1 个儒学馆,培育 3 所有礼学校,打造 2 条南孔文化长廊,建设学习平台、推广平台、展示平台 3 个平台,为南孔文化在乌什落地生根提供重要基础设施保障。新时代文化润疆需要新作为。为了更好地在乌什县创新实施文化润疆行动,衢州市援疆指挥部在乌什县南孔儒学文化馆基础上,按 AAAA 级景区标准建设乌什县南孔儒学文化园,打造文化润疆新平台。在双方的共同努力下,2023 年 3 月 19 日,从衢州运往乌什的 7.1 米高的孔子像在入园处揭幕,乌什县南孔文化园成功开园。文化园以南孔儒学馆、南孔儒学研学基地、图书馆、科技馆为主要内容,传播中华优秀传统文化,为参观者带来礼、乐、射、御、书、数"六艺"的沉浸式体验,为各族群众提供了阅读、学习、成长的综合性场所。

积极布局遍及县城和乡村的文化工程,厚植文化底蕴。在城市多点布局建设南孔城市书屋,以中华优秀传统文化、儒学文化,新疆历史、新时代党的理论书籍为主,并配有儿童图书、故事会和琴棋书画等技艺丛书,阅读群体覆盖面广,方便阅读爱好者免费借阅书籍。打造集阅读分享、思想交流于一体的文化交互空间,打通城市公共文化服务"最后一公里"。围绕县城景观河燕泉河,打造燕泉河南孔文化景观长廊,方便百姓欣赏自然风景同时接受南孔文化熏陶。积极建造以南孔文化为主题的智慧新村。选定阿克托海乡库木齐吾斯塘村,在村内布局南孔文化长廊、南孔书屋、有礼广场等,推动南孔文

化深入基层深入人心,振奋精神,让村庄处处散发新生机。

打造 8090 南孔文化宣讲团,助力南孔文化滋润心田。宣讲团以 80 后、90 后为宣讲"主力军",是优秀传统文化宣讲的"轻骑兵"。他们立足于宣讲儒家核心思想,贯穿古今,丰富宣讲素材,以小见大,用观众感同身受的身边事和小故事讲出大家认同信服的大道理,激发观众心灵共鸣,在共鸣中感受文化的魅力。目前,宣讲团已开发了《无悔忠诚印丹心》《传中华礼韵 润乌什风华》《义字当头 做正气中国人》等宣讲作品,在学校、单位、兵团等地开展的宣讲引起了热烈反响,积极传递正能量思想,引导大家传承中华文化,大力弘扬中华美德,在增强当地群众文化获得感、幸福感方面发挥着重要作用。

"礼"是南孔文化的核心理念,在乌什县各族群众中坚持以"有礼"教育为抓手,优化社会风气,促进社会和谐。创建"有礼学校",在学校创建中积极融入南孔文化元素,推动研发有礼课程,让学生沐浴在"礼"文化之中。在南孔文化智慧新村,举办"有礼家庭"评选,发挥南孔文化在促进家庭和睦中的积极作用,引导百姓开启有礼新生活。衢乌两地携手创办同步推出《大同颂·衢乌情——空中论语课堂》电台节目,邀请孔子第 76 世嫡长孙孔令立等专家带领两地学子共读《论语》,以达到启智慧、育性情、承历史、开未来的目的。此外,还通过举办南孔儒学夏令营、诵读儒家经典、开展儒学剧大赛等活动,让南孔文化持续涵养乌什各族群众的精神世界。

"有礼文化"显示出强大生命力,文化润疆产生了深远影响。衢州市实验幼儿园乌什分园已经挂牌,乌什·衢州小学获得了当地人的高度认可,乌什·衢州实验中学中考成绩再创新高,高考成绩在 2021 年实现两个零的突破(普通文化类本科上线人数、上一本线人数均突破零)后再创佳绩:高考一本上线 12 人、二本上线 56 人,教育援疆实现从学前教育到高中教育整个阶段全覆盖,南孔文化润疆,正在成为衢州对口援疆的一张"金名片"。

衢绵同发力:山海创新绩

　　新时代对深入推进山海协作提出了新要求,衢州在扎实推进山海协作过程之中,积极拓宽视野,跳出衢州、发展衢州,积极与绵阳对接帮扶,通力合作、优势互补,开拓了新时代山海协作发展新道路。绵阳地处四川盆地西北,曾有"蜀北锁钥 益州矜领"之称,人文历史底蕴深厚,自然资源较为丰厚,然而受制于种种因素,发展较为缓慢。为帮助绵阳地区尽快脱贫,加强东西地区协调发展,2018年4月,衢州市按照"中央要求、浙江部署、衢州所能、绵阳所需"的要求,倾注真心实情,投入真金白银,与绵阳市正式建立协作结对关系,衢州市柯城区、衢江区、龙游县、常山县、江山市等5个县(市、区)分别与绵阳市北川县、平武县,泸州市叙永县、古蔺县,乐山市沐川县结对,跨越千里的衢绵合作就此拉开帷幕。

　　"绵阳所需,衢州必尽所能。"衢绵两地在项目建设、资金帮扶、人员互派交流学习等领域稳扎稳打,用团结互助谱写出动人的发展篇章。

　　发展产业助脱贫。2018年12月23日,拟投资5.3亿元,用地面积约为700亩的北川—柯城东西部扶贫协作又一重大产业招商项目——飞鸿草上运动综合体项目开工仪式在北川举行。建成后实现年接待游客60万人、新增带动脱贫就业岗位200个,将极大促进北川全域旅游产业发展。此外,打造衢江—平武猕猴桃产业园,发展特色产业,壮大集体经济,帮助当地困难群众增收。从2019年到2020年期间,绵阳市与衢州市柯城区、衢江区积极对接,通过组织领导强化、产业合作深化、帮扶举措创新等方式,助力绵阳地区有效脱贫。在深化扶贫协作多方努力下,直接帮助北川、平武9个贫困村2334人成功脱贫,助力北川、平武成功脱贫摘帽。

　　落实资金强保障。在2018年至2020年期间,衢州累计向绵阳市援助扶贫协作资金2.102亿元,开工完成105个项目。北川地区借助柯城区资金帮扶,建成柯城—北川扶贫协作产业园,累计总投资约10869.2万元,东西部扶贫协作专项资金3500万元,为项目的落地和运转提供了切切实实的真金白银支持。同时,市县两级分别修订出台《项目资金管理实施办法》,为资金的有效使用提供保障,加快了本地区脱贫进程。

加强交流育人才。为帮助绵阳厚植内生性发展动力,衢州紧紧扣住"人才"这个关键因素,积极开展干部和技术人才交流互派,引导数十家企业前往绵阳帮扶脱贫投资建设,企业积极举办劳务培训班,对贫困人员进行就业培训,提升贫困人员就业技能和综合素养,实现贫困人员充分就业。在助力绵阳脱贫期间,衢州选派了5名优秀干部来绵挂职,后陆续增选人员来绵锻炼,深化两地人才交流。此外,不断安排专业技术人才到北川、平武的学校、医院等挂职交流,分享专业知识经验,提高教育医疗水平,为绵阳地区人才事业建设提供有力支持。

劳务协作增收入。自2018年以来,衢绵两市每年都会举行"绵阳—衢州"东西部就业扶贫劳务协作招聘会,加快绵阳贫困地区劳动力转移,增加贫困人口收入。例如绵阳平武县建档立卡贫困人员在衢江区稳定就业的,将享受1000元/月的就业补贴、1500元/年的交通补贴和1500元/年的探亲补贴,对吸纳平武建档立卡贫困户的衢江企业,也可享受2000—3000元/人不等的一次性用工补贴和社会保险的全额补贴。定制"春风行动"返岗专车、实现"点对点"输送到岗,减轻交通出行成本,帮助平武县建档立卡贫困户在衢江实现稳定就业,稳定就业人数连续增长。建立平武县驻衢江区农民工服务站、平武在衢江人员微信联络群,全方位掌握在衢务工人员生活工作动态。鼓励建档立卡贫困户以夫妻或家庭同到衢江务工,帮助多对夫妻工在衢江实现稳定就业,通过劳务协作增加收入实现脱贫。

如今衢绵两地产业协作持续升级,消费帮扶持续深化,就业帮扶持续加强,在多领域多方面取得了丰硕成果。衢州与绵阳越走越亲,正携手向共同富裕大步迈进。

山海跨域共建衢州海创园：跨越发展的新引擎

衢州作为山区和后发地区，如何突破自身发展困境、促进产业转型、实现可持续发展成了衢州必须回答的时代课题。在资金、人才、技术上存在一定的短板的现实情况使得衢州单靠内力发展较为困难，必然要借助外力，寻求与发达地区的合作。位于杭州未来科技城的衢州海创园，便在这一时期破土动工。

2012 年年底，为了深入推进区域融合发展"零距离"，衢州在杭州加强衢州海创园这块"创新飞地"建设，力促打造成为重要平台和桥梁，实现衢州与杭州城西科创大走廊的有效对接。在两地积极协作、多方参与下，投资 3.2 亿元，占地面积 6.7 万平方米的衢州海创园在 2016 年 4 月正式开园。

衢州海创园

衢州海创园备受瞩目，在促进双方优势互补、资源融通等方面发挥着重要作用。在浙江省委、省政府"八八战略、山海协作"的大背景下，衢州海创园建设力度不断加大，投入资金不断增加，规模影响不断扩大。

2017年3月,杭衢新一轮合作由"1+4"扩充为"1+33",实现人才、科技、招商等33个领域全覆盖。进一步推进杭衢一体化发展,提出要"飞地"待遇均等化,要持续放大海创园研发、孵化功能,杭州未来科技城管委会与衢州海创园积极谋划双方共建平台,通过实行税收分成,加快实现同城同待遇。

2017年8月,杭衢两地积极响应省委、省政府打造"山海协作升级版"号召,再度携手谋划建设了占地约49亩、总建筑面积13.1万平方米的海创园二期。2021年11月8日,衢州海创园二期落成开园,随后以启迪科创集团海创园科创中心和以浙江禾川科技股份有限公司为代表的共6个培育创新高新技术平台型项目正式签约入驻,衢州海创园集聚效应和规模效应进一步增强。

衢州海创园不仅是衢杭两地资源互补携手共进的新方式,同样也是省内、国内区域合作共同发展的新样本。衢州海创园有效解决了衢州人才短缺的难题,实现海内外人才"生活在杭州、工作在衢州,创业在杭州、基地在衢州",实事求是借"智"发展。同样衢州海创园帮助杭州提升人才吸引力,助推智力硅谷建设。衢州在杭州异地建设海创园,旨在使之成为"一个窗口""一个基地""一个平台""一个摇篮",从而扩大对外开放,推进创业创新,实现产业有效对接,增强项目孵化能力,在向边远地区输送人才等方面走出了一条新道路。

为进一步增强高端人才吸引力和助推项目落地,积极探索新型管理方式成为衢州海创园发展的必然举措。衢州海创园主动引入市场主体,运营管理实现市场化模式,以管理专业性提升管理效率。以衢州海创园为窗口,衢州市积极招选纳海外人才,同时不断完善人才引用留的政策机制,形成"海外—杭州—衢州"的直通型"引才链"。

衢州海创园通过项目、技术、管理、资金等全方位、各领域合作,不仅助力衢州以科技创新带动产业升级,走上跨越式发展道路,同样也助推杭州发展持续迈上更高台阶。一边是人才资金等生产要素高度聚合的杭州,一边是具备产业落地的广阔空间的衢州,杭衢山海携手,实现生产要素充分涌流和优势互补,助推双方共同发展。随着杭衢山海协作战略合作升级,钱江航运、杭衢高速和货运机场建设等一系列有形与无形的大通道相继打开,衢州实现了融合发展的战略转变。

　　与时俱进,多点开花。衢州海创园建设经验得到进一步推广和应用,自 2012 年以来,先后在上海、杭州、北京、深圳等地创建六大"科创飞地",还包括上海张江衢州生物医药孵化基地、衢州柯城柯创园、衢州绿海飞地(杭州)、北京中关村产业协作园区、衢州绿海飞地(深圳)产业园,为衢州解决时代问题提供了充裕的资源,实现数字经济不断增长,助推衢州跨越式发展。

柯城—余杭"消薄飞地"："飞地"成了"聚宝盆"

　　"消薄飞地"是带动山区经济薄弱村低收入农户增收和发展壮大村集体经济的重要项目,通过集体经济薄弱村集中资金、土地等资源配置到结对发达地区,依托成熟的开发区、园区,联合建设可持续发展项目并取得固定收益,从而消除集体经济薄弱村。

　　2019 年,根据山海协作工作任务要求,省定结对县实现消薄飞地全覆盖,支援县为受援县至少建设 1 个"消薄飞地"园区。在这种模式下,支援地余杭区以柯城区村集体资金入股土地(物业)的方式,通过产生物业收益来反哺村集体。自建立消薄飞地以来,柯城余杭两地便积极通过"物业购置、股权量化、政策商榷、招商纳贤、收益结算、兑现支付"等形式,增强集体经济薄弱村资金收入,扶持壮大村级集体经济,走出了一条新时代山海合作新道路。

柯城—余杭山海协作产业园

同年,衢州柯城区实现 3284 万元扶贫资金整合,量化股权到区内 86 个经济薄弱村,向杭州余杭区购买未来科技城柯创园 3609 平方米物业,将其打造成为柯城区在余杭的消薄飞地。在此基础上,向外招租吸引企业进驻,从而获得相应的租金和税收,并将每年 10% 的投资额作为固定收益,反哺 86 个经济薄弱村。通过资金"飞出"到异地、薄弱村抱团入股、国资中心委托经营、收益反哺到薄弱村等帮扶手段,在余杭区的大力支持下,柯城打通了"消薄飞地"的收益路径,打通了经济薄弱村的"造血大动脉"。余杭区明确每年消薄飞地内注册企业税收地方留存部分全额结算给柯城区。2020 年度、2021 年度柯城区 86 个集体经济薄弱村分红累计约 860 万元,极大增加了村集体经济收入。

为实现"输血式"帮助向"造血式"帮扶转变,柯城区依托位于余杭的柯城科创园打造"消薄飞地",通过探索建立"一卡""一店""多渠道"的"1 + 1 + N"消费帮扶模式,打造农村消薄新窗口。

"一卡"即消薄卡。通过推广推介消薄卡,吸收协作柯城、余杭两地企业、机关事业单位、社会组织和个人的公益类资金,以"以购代捐,以买代帮"的形式,订单式购买帮扶村办企业以及农户的农产品。以"消薄卡"吸收的资金,确保市场稳定,为扶持的村办企业提供兜底保障,实现"从零到一"的转变,助力村集体企业能够"站起来"。"一店"即"柯城善品"小店。成立区级公益运营平台,开设网络微店,积极打造"衢州有礼 柯城善品"品牌,统一标识和设计包装,帮助帮扶单位进行产品展销。同时联合食品安全管理单位执行品控管理,开展经营培训以及根据帮扶村集体实际情况引导村企合股经营等方式,提高生产营销水平,提供更加优质和更具性价比的特色农产品,促进村办企业"强起来"。

"多渠道"即线上线下渠道两手抓。建设区级"柯城善品"网店,并进驻政府采购云平台,借助网络平台推广销售本地农特产品。此外,有效借力余杭—柯城两地的本土网络平台以及淘宝等大型平台,通过直播等方式面向社会大众拓展销路,双向合力打通线上渠道。充分发挥余杭未来科技城"科创园"地理优势,将消薄飞地积极打造成为销售中心,进驻余杭区农贸市场及机关食堂等地进行展示和销售，打通线下渠道。通过"消薄卡"项目试运行，直接带动了柯城区九华茶铺村、石梁张西、沟溪五十都、斗目垅、七里治岭等村集体农产品销售额的增长。诸如"九华春糕""金钱柳茶叶""德门龙农家手工面"等富有地区特色的产品，在多渠道销售下既拓展了特色产品知名度，又实现了村集体增收。

"消薄飞地"是加快双方资源互相流通、实现双方融合发展的重要平台，是双方扎实推进共同富裕的重要抓手。在推动山海协作工程迈上更高阶段的背景下，柯桥余杭双方推动"消薄飞地"升级仍能大有作为。紧紧围绕特色平台打造和乡村振兴等重点领域，共同探索合作招商新机制，帮助更多优质企业走进柯城、落户柯城。不断丰富帮扶内容，在灵鹫山旅游度假区创建、发展运动休闲产业上拓宽交流合作渠道。拓宽协作领域，推动数字化改革，加强社会事业协作。协同开发具有柯城和余杭特色的最佳应用，常态化开展产、学、研和文化走亲等活动，推动各领域合作项目落地实施。在交流互动上进一步密切，强化人才交流、镇街交流和民间交流，进一步健全干部互派挂职机制，全面拓展推动乡镇（街道）结对，引导动员民营企业、社会组织等更多社会力量参与两地各领域、全过程协作中。柯城也将充分发挥自身独特优势，提供相应帮扶，以自身积极行动来践行"柯城所能、余杭所需"，全力为余杭经济社会发展提供有力支持。

衢江—鄞州共建乡村振兴蛟垄样板：
奏响共同富裕幸福歌

鄞州区是浙江东部海滨城市宁波的核心区，GDP稳居全市前列，经济活力强，具有较为强大资金储备；衢江区则位于浙江省西部、钱塘江上游，属于省内山区26县范畴，在自然资源等方面具备独特优势，拥有广阔的发展空间，双方在经济发展方面存在巨大的合作互惠潜力。

2012年，宁波市鄞州区和衢州市衢江区成为山海协作结对地区，在优势互鉴共同发展方面取得了积极成果。为加快落实"八八战略"，进一步推进欠发达地区经济发展，助推省域一体化高质量发展，推动山海协作升级是题中之义。衢江鄞州两地拓宽合作领域，增强合作力度，持续推进山海协作路径创新，综合两地人文历史、产业发展、资源禀赋等因素，聚焦乡村振兴领域，共同建设衢江区湖南镇蛟垄村，打造山海协作乡村振兴样板。

蛟垄村位于湖南镇西北面，是由湖南镇的蛟垄村和上侣村合并而成，区域面积12.2平方公里。这个曾经破败散乱的小村庄在衢江—鄞州两地共同协作下，实现了绿色蝶变，变得生机勃勃舒适宜人。

为改善乡村公共服务、基础设施和生态环境，提高乡村舒适性，形成有别于城市的独特乡村空间氛围，鄞州区拿出援建资金近600万元，全力建设蛟垄自然点"一村六美"精品村项目（即"美庭院、美水系、美村口、美广场、美廊道、美产业"），并于2019年顺利完工。同时，上侣自然村改村提升项目基本完成37户农房的拆除重建。通过一系列项目建设，一方面有效盘活了存量宅基地，农民建房指标紧缺的难题得到适当解决。另一方面改善了村民居住环境，打造"舒适美丽、主客共享"乡村旅居空间，为旅游业发展奠定坚实基础。

乡村要振兴，产业必振兴，产业振兴是乡村振兴的关键所在。为发展特色产业，增加农民收入，双方把目光聚焦在生姜上。蛟垄村具有600余年生姜种植历史,生姜种植方面具有天然的优势。但是由于销售渠道不够通畅、产业升级资金匮乏、品牌营销不足,生姜产业深度发展存在一定难度。为破除蛟垄村生姜产业发展困境,衢江主动对接鄞州,结合鄞州消费扶贫专项扶持,依托鄞州—衢江上市企业协作联盟平台,推动蛟垄村经济合作社与平台相关联盟企业结对,增强村集体经济实力,有效增加村集体经营性收入。借助宁波南部商区管委会平台,动员商会企业分批和蛟垄村 43 户低收入农户 1 对 1 结对,对低收入农户种植的铁皮石斛等特色农产品进行购销帮扶,帮助低收入农户有效增收,截至 2020 年 6 月,低收入农户年收入从人均 6000 元提升至 1.5 万元。鄞州注入近 100 万元政策补助资金,大力扶持蛟垄村生姜加工厂建设项目,延长产业链,提升产品附加值。拓展产品销售渠道,在宁波山丘集市引入百特汇鄞州—衢江山海协作农产品展示展销中心及 2 家嵌入衢江特色农产品的特色餐饮。动员南部商务区内国家广告产业园内的专业机构与村经济合作社合作,探索"农户 + 专业合作社 + 电商平台 + 消费者"的农村电子商务模式,有效串联起产品种植、运输、消费三个环节,稳定销售渠道,为产品销售提供兜底保障。

推进文旅融合,增强经济活力。蛟垄村自然环境十分优美,在文旅发展领域具备极大发展潜力。两地牢记"绿水青山就是金山银山",围绕蛟垄村 3A 级农旅融合风景区的创建开展广泛合作。大力发展生姜文化休闲产业,规划和打造姜主题民宿、生姜民俗风情创意展示区,开发姜文化之旅。全力打造乡村振兴旅游示范带,将蛟垄村及周边各村连接到乡村振兴旅游示范带中,由点到线,由点到面,把分布零散的特色资源统筹规划布局到示范带中,导入到访百里乌溪江境内的游客人群,提高乡村旅游消费收入。以"姜"为媒举办"姜"文化活动。借力 4 块国字招牌的旅游景区和鄞州区广大的消费市场,通过举办生姜文化节、姜文化相关文艺竞赛活动,促进城乡文化交流、经贸互动。

在衢江和鄞州的共同努力下,蛟垄村的面貌发生了巨大改观,经济增长,村民增收,孕育着无限生机。如今山海协作持续发力,蛟垄村在乡村振兴道路上不断前行,打造出独具特色富有智慧的乡村振兴蛟垄样板。

龙游"飞鸡"跨越山海：飞出致富新路子

2023年，镇海龙游两地开展山海协作已经走过了11个年头，在"八八战略"指引下，两地守望相助，致力于产业发展、教育帮扶、乡村振兴等方面，推进山海协作机制创新发展，锚定"产业、项目、民生"三大重点领域，实施"工业强县、富民强村、教育强基"三大工程建设。十余年来，双方协作项目在龙游遍地开花，到位资金累计超80亿元，消费帮扶和援建投入资金均超2000万元，实现资金高效落地，两地同向发力，在携手共富的道路上行稳致远。其中，作为龙游地区民众脱贫鸡、致富鸡的龙游"飞鸡"，便是两地山海协作孕育的时代成果。

龙游"飞鸡"，即龙游麻鸡，是龙游县的传统良种鸡，《龙游县志》也曾有记载。这种鸡体形偏小、行动灵活，平时在山野丛林间奔跑嬉戏，啄食野草昆虫，饮山泉水，吃五谷杂粮，是一种蛋肉鲜美的兼用鸡种，因能飞上树睡觉、下池塘游泳，被村民和网友们戏称为"飞鸡"。此类鸡种散养一年后体格、羽色以及肉质可以达到最佳的天然健康状态，肌间脂肪分布均匀，蛋白质含量高，炖煮鸡汤时只需加盐和生姜调味，鸡肉鲜而不老，肉嫩汤醇，口感香浓。然而就是这样一种潜藏着巨大商机的"飞鸡"，却因为品牌影响力和销售渠道等问题难以飞向更大的天地，"养鸡容易卖鸡难"，养殖户们连年亏损。如何帮助养殖户们扭亏为盈，减轻养殖户们的负担，打响龙游"飞鸡"的品牌，拓宽龙游"飞鸡"销售渠道，成了龙游面临的时代课题。

2016年，在深圳已经打拼出一片天地的胡瀚文回到龙游创办了浙江宗泰农业发展股份有限公司，致力于将龙游"飞鸡"推广出去。为了让养殖户们吃上定心丸，打消养殖顾虑，龙游主动加强山海协作，本地企业积极融入镇海当地市场，降低养殖成本，打通销售渠道。龙游县东华街道官村村民吴国松是两地携手合作后最早一批养殖"飞鸡"的农户，在两地合作打造龙游"飞鸡"品牌之前，那时龙游人有句话"要败就养鸡卖"，意思是养鸡根本赚不到钱，对此他深信不疑，便一直靠养几头牛生活，但养几头牛不仅累而且收入也不高，生活压力依旧重重压在身上。事情很快迎来了转机,在两地协助努力之下,他的观念悄悄地得到了扭转。2017年,公司通过赠送鸡苗和包销售的方式打消了吴国松的顾虑,第一年便养了150只鸡,顺利卖掉后赚了一万块钱。投入小,收益高,如今,吴师傅已将饲养规模扩大到800只,一只鸡能卖80多元,年收入能超8万元。同样,本地村民张宝林,已经七十多岁了,之前靠低保过日子,还要照顾家里瘫痪的儿子,生活十分困难,而今在"村情通"的牵线下,参与到龙游"飞鸡"养殖之中,每天的收入可以达到近200元,极大地减轻了生活压力,一扫过去心里阴霾,生活越来越有盼头。

龙游"飞鸡"带给农户的不仅仅是经济上的脱贫,还是一种思想和精神上的富足。农户们在养殖"飞鸡"的过程之中,学到了养殖技术,提高了思想认识,充实了个人生活,日子越过越起劲,整个家庭的幸福感一下就上来了。

如今,已经具有一定品牌号召力的龙游"飞鸡"正在帮助村民不断拓展致富道路。龙游镇海推进山海协作不断升级,致力于探索新模式助推共同富裕,从生产端和销售端共同发力,让龙游"飞鸡",飞出致富新路。村里联络"飞鸡"公司打造共富基地,负责孵化小鸡、提供鸡苗、搭建鸡棚、安装监控,解决农户成本、技术等问题,为养殖户们提供大力支持。销路方面,建立"认养单位+公司+村集体+农户"的销售模式,与镇海企业、公益组织积极对接,从农户到商户一站达,大大减少流通环节,缩减运输损耗。此外,龙游镇海两地始终坚持以项目合作为中心,以资源与产业合作为抓手,推动山海协作共富基地——龙游优质农产品体验馆成功落户镇海,并联合部分来自杭州萧山的传统商超和电商平台联合推广龙游特色农产品,让龙游"飞鸡"飞得更远,让龙游"飞鸡"养殖户们继续增收。2022年,小南海镇龙西村村民吴金松认养的500只龙游"飞鸡"在此模式下成功卖到镇海,增收7万元左右。

挂职该镇的镇海干部说:"龙游的'飞鸡'宁波吃,通过共富'飞鸡'模式,一方面推动衢货入甬,另一方面也助力强村富民,镇海爱心企业认养年均价值100万元的龙游'飞鸡'产品,将带动全村低收入农户总增收近30万元、村集体增收10万元。"

在两地不断深化山海协作的大背景下,龙游"飞鸡"跨越山海,为双方带来更多的收益,在扎实助力双方共同富裕的道路上越飞越远。

柯桥—江山共建飞地"反向飞":探索山海协作新模式

绍兴市柯桥区与衢州江山市自2002年就按照"资源共享、优势互补、友好协商、协作共赢"原则正式展开山海协作,在人才交流、产业经济、社会发展等方面开展了深入合作,积累了丰富经验。

柯桥—江山山海协作产业园木门产业创新服务综合体

时代发展对山海协作提出了更高要求。2021年出台的《中共中央、国务院关于支持浙江高质量发展建设共同富裕示范区的意见》提出要探索共建园区、飞地经济等利益共享模式。同年,浙江出台了《关于进一步支持山海协作"飞地"高质量建设与发展的实施意见》,并提出山区26县开放平台合作共建的新构想。柯桥江山两地积极响应,牢牢把握高质量发展、共同富裕的时代脉搏,敢于跳出传统思维框架,"反向"而行,启动柯桥—江山"飞地产业园"建设,建设新型飞地,走出了一条新颖有效的山海协作之路。

传统的"飞地"建设，项目资金等大多数是从先进地区流入欠发达地区的。但是，为了更好地发挥出江山和柯桥两地的独特优势，实现最大限度上的资源整合和融合发展，两地"反其道行之"，"反向飞"突破传统"飞地"建设旧框架，探索山海协作新模式。江山不再是"飞入地"而是作为"飞出地"贡献土地、能耗指标，柯桥不再是"飞出地"而是作为"飞入地"负责产业园区的建设和项目招引。项目投产后产生的税收收入，由两地共享，比例尽可能向经济实力相对薄弱的江山倾斜，而且高质量项目落户柯桥，还能为江山带来产业溢出效应，为江山经济发展提供更多的资源要素。

深化合作，谋定而动。2021年，柯桥经开区会同江山开发区和国土资源部门，多次踏勘、反复论证，决定由地理位置更加优越、区块条件更加成熟的柯桥经开区马鞍区块作为"飞地产业园"承载地，规划面积1588亩，实行一次规划、分期建设。同年6月，在浙江省山区26县开放共建发展对接会上，两地签订共建协议，正式展开"飞地"共建工作。

协调互动，实至势成。在正式确定建设"飞地产业园"后，柯桥经开区和江山开发区兵分两路，一方面由柯桥经开区开展园区主干道和区前道路的规划设计，并提前完成产业园的水、电、气配套管线建设，为产业园动工建设打下坚实基础；同时提前介入项目方案审查，帮助项目方与设计单位沟通对接，加快完成整体方案设计和细化设计等工作，确保土地摘牌即可动工建设。另一方面，两地共同组建招商工作专班正式开展招商引资，主要引进高端纺织、高端装备、新材料、新能源产业等绿色环保产业。

积极作为，成果斐然。在两地多方协调资源要素下，"产业飞地"迎来了新进展。例如项目总投资100亿元、用地970亩、总规划产能60万吨的浙江宇越新材料有限公司，于2021年5月10日完成土地摘牌，5月26日集成式完成了规划许可证、土地证、建设工程规划许可证、施工许可证等"四证"办理，5月27日正式动工建设，仅用17天时间便推动百亿级项目迈开了实质性建设的步伐，项目达产后可实现年销售80亿元，利税16亿元。这是柯桥经开区和江山开发区山海协作"产业飞地"的首个启动项目，也是其在共同富裕画卷中绘出的精彩一笔。2022年，"飞地产业园"在双方努力下已签约引进5亿元以上项目 3 个,其中百亿元以上 1 个。柯桥经开区管委会相关负责人表示:"未来,'飞地产业园'将为两地带来巨大的经济效益,真正实现共建、共治、共享、共赢。"

2022 年 6 月,浙江再度出台政策加强自然资源要素保障,支持山区 26 县"产业飞地"建设,无疑对柯桥经开区"产业飞地"建设带来更多利好。以两地经开区合作共建的首个百亿级项目为起点,柯桥经开区和江山经开区将进一步发挥两地招商专班优势,凝心聚力,精密合作,全力开展以商引商、产业链招商和精准招商,吸引更多更优质的项目落户"飞地产业园",实现区域之间高质量发展资源共享、优势互补,走出一条合作共赢、共同富裕的新路子。

常山新昌乡丝瓜络产业园:奏响山海协作"共富曲"

常山新昌乡是宁波慈溪市的"山海协作"结对帮扶乡,自两地山海协作工程实施以来,两地立足实际,资源互通,经济发展取得了一系列成就。加强两地资源互补,将山海协作中"输血"功能提档升级为"造血"能力,探索新时代帮扶新路,助推高质量发展,成了两地加强山海协作工程的时代必然。

山海共生,绿蓝泼墨。"山"有"山"的短板,"山"也有"山"的优势。以郭塘村为代表的"山"区拥有丰富的土地资源和充裕的劳动力,但是在开发项目上缺少技术和资金,产业发展较为迟缓。而慈溪市素有"丝瓜络之乡"的美誉,其发展历史悠久,产业链完整,产品享誉全球。丝瓜络——干燥成熟丝瓜的维管束,既是中药材,又是天然环保材料,经过加工制作,可以做成有机布鞋、高级浴具等100余种不同用途的生活用品。

新昌乡山海协作丝瓜络共富产业园丰收图

山有所呼,海必有应。2021年,常山县新昌乡与慈溪市新浦镇合作,共同打造千亩丝瓜络山海协作共富产业园项目。2022年年初,千亩丝瓜络山海协作共富产业园签约仪式在新昌乡郭塘村举行。常山县富好生态资源开发有限公司与宁波界哲日用品有限公司签订了丝瓜络种植包销合同。按照合作协议,由界哲公司负责提供种子、技术指导,并按保底价回购丝瓜络产品。常山县富好公司投入建设资金,负责土地流转及丝瓜络分包。

盘活土地,让资源动起来。2022年,新昌乡在帮扶团组的指导下,集中成片流转了1200余亩土地,并盘活了当地闲置荒地750余亩。新昌乡下辖的10个行政村土地资源质量不一,诸如西源村很多土地已经杂草丛生,荒掉很长一段时间了,但为了尽可能保障丝瓜络种植园区域内农户的利益,尽可能给予农户们优惠,统一按照470元每亩的价格进行承包。为充分利用土地资源,公司安排了多品类的农作物套种和轮作,比如在丝瓜络生长期套种生姜,丝瓜络收获后再种油菜等。调动丝瓜络种植园土地资源,帮助农民增收。

发展产业,让群众富起来。常山积极与宁波慈溪市共同打造了千亩丝瓜络山海协作共富产业园项目,由宁波界哲日用品有限公司提供种子。2022年,慈溪新浦镇先后派遣25人次农技专家赴常山开展瓜架搭建、播种施肥、管理采摘等丝瓜络种植技术指导,定期安排常山种植人员50余人次到慈溪进行培训交流,以确保农户迅速准确掌握丝瓜络种植技能。此外保住丝瓜络底价进行回购,实施完整配套措施,消除农户种植丝瓜络的忧虑,激发农户大面积种植丝瓜络的积极性,大力发展丝瓜络产业,助力山区乡镇帮扶工作从"输血"向"造血"转化。为推进各行政村共同发展,新昌乡充分考虑当地实际情况,统筹发包1200余亩丝瓜络到乡内10个行政村,可为2000余户农户带来长期稳定的土地租金,帮助150余人就业上岗。丝瓜络种植帮助每个村的村集体经济收入突破百万元,全乡超过1000万元。同时,还带动了毛竹、化肥等相关产业发展。随着丝瓜络产品来料加工的落地,进一步带动了全乡剩余劳动力就业甚至外出务工人员回流,推进了相关产业发展。2022年5月以来,丝瓜络产业基地就雇用了300多名村民,带动农户每月增收2000至3000元。

创新模式,让经济强起来。为保障丝瓜络产业长期稳定发展,常山县农投公司及新昌乡的黄塘村、新昌村、对坑村等 10 个行政村共同出资参股成立了富好生态资源开发有限公司,采用"公司＋合作社＋基地＋农户"的模式,构建了"收储—处置—反哺"利益共享机制。以产业园项目为突破口,推动新昌乡形成以丝瓜络产业为主的种植、加工、销售、旅游观光一体发展新模式,打造高质量发展新农村样板。同时积极拓宽销售渠道,建立全市首个镇级山海协作常山农产品门市部,将常山新昌乡相关助农产品推介到机关食堂及工会,作为福利发放,帮助销售农产品。加强科技研发,深化产学研配套合作,对接江苏、浙江等地高校,延长丝瓜络产业链,洽谈委托研发以丝瓜水为原料的美容产品,一年后投放市场。通过结对区村企合作、村村合作,建立"N＋1"结对帮扶合作机制,已实现结盟行政村 4 个,达成协作意向农企 3 家。搭建线上线下丝瓜络种植技术交流平台,新浦镇先后派遣 20 余名本土农技专家赴新昌乡传技,定期安排新昌乡当地种植人才 50 余人次来慈溪培训交流。

志合者,不以山海为远。常山新昌乡丝瓜络产业园将在两地加强山海协作的大背景下行稳致远,在产品种植、深度加工、系统研发等方面持续深化,不断惠及两地群众,扎实推进共同富裕。

开化—桐乡生态旅游文化产业园：山海协作
架起幸福桥

有一种似海深情,可以穿越300多公里,将钱塘江源头的开化与钱塘江入海口北岸的桐乡紧密相连。为更好地贯彻落实"八八战略",自2015年起,开化便与桐乡积极开启山海协作新篇章。

作为国家生态县的开化县位于钱塘江源头,空气质量全国排前十,浙江排第一,水质常年达Ⅰ、Ⅱ类水标准,是四个国家公园体制试点区域之一,生态环境极好,蕴藏着丰富旅游资源,在生态旅游文化产业方面具有极大发展潜力。桐乡是旅游大县,市场活跃,资金充裕,理念先进,服务意识很强,积极开发旅游产业,打造以乌镇为代表的古镇旅游范本,积累总结出丰富的旅游开发经验,有效推进了旅游产业化和体系化。开化立足于当地自然生态,借助桐乡资金和经验优势,发展生态旅游文化产业园,加强两地资源互通,推进两地山海协作再上一个新台阶。

加强交流合作,助推项目落实。2014年,随着省级重点生态功能区示范区建设试点和国家公园建设试点的进一步深入,桐乡与开化创新性地提出了建立山海协作生态旅游文化产业园区的设想,并得到了省经合办的充分肯定。随后双方互派代表队伍进行考察交流,经多次考察协商,双方于2015年初就开化—桐乡山海协作生态旅游文化产业示范区建设正式签约。同年9月,桐乡市领导率代表团赴开化,签订共建合作补充协议,明确了共建机制、合作方式、干部选派、资金到位等内容,功能多样影响深远的生态旅游文化产业园已现雏形。2015年年底,"开化—桐乡山海协作生态旅游文化产业示范区"被省经合办正式命名,成了探索全省生态旅游山海协作共建的第一个试点。

探索新型模式,发掘独特优势。2015年,开化与桐乡签署"山海协作生态旅游文化产业示范区"共建协议,在全省成立首个生态旅游文化产业园,通过"一园多点"的开发模式,积极开展招商引资,吸引生态、旅游、文化等领域的大项目、好项目落户。"一园"建造在芹江河畔边,环境优美。包括图书馆在内的"多馆"综合体与文化创意休闲街、旅游度假酒店将依山而建,交相辉映。"多点"是指在开化其他地段的开发区块,依托本地特色产业和人文历史,积极发展本地乡村旅游业,加大古村落保护开发力度,稳步发展康养等产业。

深化两地合作,争创时代佳绩。2016年,开化县"十三五"规划纲要和县政府工作报告,明确提出要将示范区打造为全县的文化创意、生态旅游、健康休闲和康体养老基地。"一园多点"被确定为示范区发展模式,两地将以此为基础开展深度合作,拓展产业经营范围,挖掘激活龙顶茶、根雕、景区景点等特色资源,赋能示范区经济发展。在两地的协作努力下,山海协作再创佳绩。开化—桐乡山海协作生态旅游文化产业园作为浙江省上一轮10个产业园中唯一的非工业协作产业园,在全省非工业山海协作园区中,最早探索生态旅游文化产业项目,在浙江省发改委2018年度山海协作工程和山海协作产业园考核中荣获省级生态类产业园第一名。同年在《关于深入实施山海协作工程,促进区域协调发展的若干意见》文件中,省委、省政府充分肯定了开化桐乡山海协作发展模式,并要求对此两地生态旅游开发模式进一步推广。

2021年开化—桐乡生态旅游文化产业示范区创新升级,围绕"大旅游、大健康"发展理念,实施"前期重基建,中期重产业,后期重推广"三步走发展战略,打造"旅游+生态+文化"一体模式,助力两地山海合作再升级,实现两地融通快速发展。

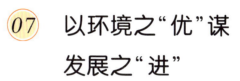

07　以环境之"优"谋
　　　发展之"进"

　　进一步发挥浙江的环境优势,积极推进以"五大百亿"工程为主要内容的重点建设,切实加强法治建设、信用建设和机关效能建设。

"欲致鱼者先通水,欲致鸟者先树木"。区域经济的竞争很大程度上就是发展环境的竞争,环境就是竞争力。环境包括硬环境和软环境。进一步发挥环境优势,包括能源、交通、通信等基础设施在内的硬环境和包括政策、服务、金融、社会信用和法治建设等在内的软环境。着力改善软硬环境,不断增强浙江发展的综合实力和国际竞争力,构成了"八八战略"的重要组成部分。2003年7月,浙江省委十一届四次会议作出积极推进以"五大百亿"工程为主要内容的重点建设,加强法治建设、信用建设和机关效能建设的重大战略部署,标志着浙江再造环境新优势的系统工程正式启动。

衢州在"八八战略"的指引下,注重加强外来投资的载体建设,突出开发区的整合提升,营造亲商、安商、富商的投资环境,吸引更多的外来投资者到衢州创业发展。抓住国内外资本流动和产业转移加快的机遇,突出抓好招商引资,整合招商力量,创新招商方式,努力实现招商引资的新突破。衢州牢记习近平总书记嘱托,持续深化改革,建设信用衢州、法治衢州、平安衢州,打出优化环境的组合拳,助推衢州进一步发展。

系统推进法治建设,擦亮衢州城市品牌。20年来,衢州市统筹推进科学立法、严格执法、公正司法、全民守法,法治建设取得积极成效。2022年4月1日,全国首部围棋法规——《衢州市围棋发展振兴条例》正式实施,这标志着衢州用法律保护和弘扬中华优秀传统文化进入实质性阶段。基于一体推进"县乡一体、条抓块统"、基层管理体制、"大综合一体化"行政执法三项改革的系统性优势,推动行政执法制度重塑、流程再造,在全省率先构建"1+5"行政执法体系,全省"大综合一体化"行政执法改革推进现场会暨深化基层管理体制改革推进现场会在衢州召开。衢州积极打响"南孔圣地·衢州有礼"城市信用品牌,2019年,衢州在全国城市信用状况监测排名中位列全国地级市第8名,浙江省第1名。

深入建设平安衢州,营造稳定社会环境。20年来,衢州围绕"大平安"建设理念,着力夯实基层基础,打防并举、突出问题专项整治,做深做优党建统领基层治理体系,特别是近年来围绕市域社会治理现代化试点工作,以"最多跑一次""最多跑一地"为牵引,平安市创建实现十六连冠和全域"满堂红",衢州荣获"2017—2020 年度平安中国建设示范市"称号。信访工作方面,2003 年,衢州在全省率先实行领导干部下访约访制度,坚持二十年来,解决了大量信访积案和重大疑难信访问题,维护了信访稳定与社会和谐。据统计,由市、县(市、区)领导直接包案或督办处理的信访案件达 12798 件。

持续进行改革引领,构建良好营商环境。20 年来,特别是近五年来,衢州市全力打造中国营商环境最优城市,"最多跑一次"改革成为全省标杆,在 2018 年、2019 年全国营商环境评价中,衢州在各地级市中均列第一;2020 年、2021 年连续两年入围全国营商环境标杆城市。以数字化改革为牵引,全面深化"县乡一体、条抓块统"县域整体智治改革全市域试点,扎实推进"大综合一体化"行政执法改革,探索形成基层治理现代化的"衢州经验"。全国首创碳账户体系,全市域推进"两山合作社"改革,衢州成为全国首批"绿水青山就是金山银山"实践创新基地、国家绿色金融改革创新试验区。在 2022 年度浙江省改革突破奖评选中,荣获一金两银一铜三提名。

衢州在"八八战略"的战略引领下,协同建设,系统推进,在深化环境优势成果的道路上不断前行。

持续深化"服务 + 清障"双向结合,深入开展企业社区化网格化服务、巩固营商环境"清障"行动成效,用好政企沟通圆桌例会机制,建立健全高效便捷、优质普惠的市场主体全生命周期服务体系,完善常态化政企沟通机制和营商环境投诉处理机制,不断提升群众、企业获得感。

强化"一站式"服务集成,深化"无差别受理"集成,强化多跨协同业务集成,推动区域通办服务集成,推广智能化政务服务,开展政务数据智能化分析,强化数字化管理职能,整合政务服务中心"放管服"数据资源管理职能,强化政务数据运用。推进服务机制、大厅设施、咨询引导人性化建设,开辟特殊群体"绿色通道",优化线上线下咨询通道,强化线下咨询服务和线上咨询支撑。

以营商导航、政策直达快兑、企业管家、四省边际"跨省通"等应用场景建设为重点,迭代升级"政企通"综合应用、经济运行监测分析数字化平台、投资全流程数字化监管服务系统,围绕重大项目招引、投资项目落地、企业培育发展等重点环节,助力"工业强市、产业兴市"落地落实。

持续迭代升级市信用信息共享平台,完善信用组件和功能模块,形成具有感知、分析、决策能力的全市信用大脑。构建广覆盖、多层次信用惠民便企体系,拓展信易贷、信易租、信易游、信易购等"信易 +"场景,不断提升守信主体获得感。持续深化政府合同履约监管场景建设,构建贯穿政府合同履约事前事中事后全闭环的监管机制,有效降低违约风险,不断提升政府公信力。

未来的衢州将采取一系列举措拓展环境优势,不断夺取现代化建设成果。

以改革赋能营商环境再提升,推进全面深化改革,推动形成亲清统一的新型政商关系。全力落实助企纾困各项措施,给创新创业创造以更好的环境,不断激发市场活力和社会创造力,全面塑造衢州发展新优势。放大格局、打开眼界、放开胸襟,不断优化开放环境。

加强顶层制度机制设计,各级各部门要下大力气、啃硬骨头,瞄准企业投资生产经营中的"堵点""痛点""难点"。致力于形成良好的社会氛围,树立"人人都是营商环境,个个都是衢州形象"的意识,发扬"有呼必应、无事不扰"的"店小二"精神,把人民群众和市场主体是否满意作为衡量工作的第一标准,以政府有为促进市场更加有效。

认真贯彻落实党中央、国务院和省委、省政府关于信用建设的决策部署,以信用数据归集共享为基础,以"一地一特色"信用应用为抓手,以信用助力"五链"融合为着力点,持续推广信用新型监管模式,扎实推进信用理念、信用制度、信用手段与经济社会发展的深度融合,为推动高质量发展营造良好的社会信用环境。

更高标准建设平安衢州。坚决守牢平安稳定底线,实现平安衢州"十八连冠、二星金鼎"、县(市、区)"满堂红",不断擦亮平安中国建设示范市成色。紧抓机制创新,完善平安建设统筹协调体系;紧抓源头防范,有效化解社会矛盾纠纷;紧抓闭环管控,专项整治平安突出问题;紧抓基层基础,夯实平安建设底座;坚持数字赋能,提升平安建设质效。

"最多跑一次"改革:跑出衢州新风采

衢州位于浙皖闽赣四省边际之处,相较于浙江沿海地区,在商业经济方面存在一定短板。然而,在2018年全国22个首批营商环境试评价城市中,衢州排名第四;2019年,全国营商环境参评城市中,衢州排名第七;2020年,衢州被国家发改委列为全国15个标杆城市之一;2021年衢州18个营商环境评价一级指标中,有16个被列为全国标杆指标……这一系列耀眼的成绩,是衢州"最多跑一次"改革辛勤耕耘的结果。

浙江省首张建筑工程施工电子许可证在衢州市政务服务中心发出

"最多跑一次"是习近平总书记以人民为中心的发展思想在浙江的具体实践,是浙江忠实践行"八八战略"的重要举措,指的是企业(自然人、法人和其他组织)和群众到政府办理"一件事情",在申请材料齐全、符合法定受理条件时,从受理申请到作出办理决定、形成办理结果的全过程一次上门或零上门。2016 年 12 月 27 日,浙江正式提出"最多跑一次"改革,衢州主动求变锐意进取,身先士卒成了"最多跑一次"先行试点。

群众有所呼有所求,政府有所应有所为。过去群众办好一件事情要跑政府多个部门,涉及不同部门的审批事项,还要在不同部门之间来回奔波,个人去收集相关材料,完成一项审批后,下一项审批才能进行,环节多,时间长,给企业和群众带来一定不便。衢州牢记习近平总书记嘱托,在浙江省委、省政府领导下,推进简政放权、放管结合,用数据来代替群众跑路,减少材料提交,简化审批流程,缩减办事时间,切实提高企业和群众的改革获得感。

"一窗受理,集成服务。"衢州首先在服务标准上发力,全面标准化梳理进驻中心事项,编制指南,亮出清单,缩减自由裁量空间。整合服务功能,制定"最多跑一次"审批流程图,明晰各个办事环节,同时配套制定"最多跑一次"实施细则和考评方法,建立"1 + 12"制度体系,提供制度保障。完善服务流程,加强各部门之间的整合,推进服务部门集成服务。创新服务方式,让数据多替群众跑腿。2017 年 3 月,浙江省政府办公厅下发《省级公共数据共享清单(第一批)》,随后衢州市政务服务中心的"点菜单"请求调用清单中与公积金相关数据,实现信息互联互通,助推衢州市社保局等有关部门大数据顺利对接。过去 7 个部门跑 10 趟至少 5 天才能办好的公积金业务,现在只需要携带本人身份证和购房合同在衢州市行政服务中心"一窗受理"后,便能直接一站式办理公积金贷款业务;过去跑 6 个部门办理 4 种证件至少需要 6 个工作日才能申请设立开办企业的流程,精减至只需到市场监管局填写申请表,向一个窗口提交一套资料即可,极大增强了办事效率,优化了营商环境。

迭代升级,"无差别全科受理"。随着深化改革的纵深推进,在"互联网 + 政务服务"方面拥有良好基础的衢州迎来了"最多跑一次"改革升级。2018 年 4 月,衢州市政务服务中心办事大厅主楼一楼改造成为"无差别全科受理大厅",共计 24 个窗口,实现"无差别全科受理"事项 2100 项,群众满意率达到 98.7%。现在群众进门办事一键取号,跳过"先选部门、再选事项"的流程,根据导引直接到"无差别全科受理"窗口办理即可,推进审批服务便民化,实现持续领跑。

区域的竞争就是营商环境的竞争,随着"最多跑一次"改革的纵深推进,优化营商环境已成为"最多跑一次"改革的落脚点和攻坚点,衢州聚焦项目、企业、个人全生命周期,力促办事者"只进一扇门、只到一个窗、办成整件事"。如今,衢州市本级3000余项政务服务事项已全部实现"最多跑一次",公司登记等事情,动动手指即可完成,甚至"一次都不跑",为企业经营发展壮大提供了良好环境支持。

"最多跑一次"改革,跑出了衢州城市发展的活力,跑出了勇于担当、善于作为的城市风采,更跑出了群众和企业满满的幸福感。衢州上下继续发力擦亮"最多跑一次"改革这块金字招牌,坚定不移沿着"八八战略"奋勇前进,不断夺取新的发展成就。

亲清半月谈："面对面"方能"心贴心"

2022 年 5 月 23 日晚,一场没有主持人、不备讲话稿、企业家站 C 位的叙谈会在衢州顺利举行。会上,市委书记高屹直奔主题,"各位有什么意见、建议和困难,请尽管提,我们期待通过这样的形式,更加贴近企业、精准服务企业,了解大家的真实想法,更快更好地为大家解决好'急难愁盼'问题。"领导没有架子,给与会企业家们壮了胆子。大家踊跃发言,陈述企业发展遇到的问题,市委书记高屹和其他相关领导认真聆听,仔细记录,对于相应的问题进行解答。

"亲清半月谈"对话现场

这种别开生面的叙谈会就是"亲清半月谈",是衢州立足"工业强市、产业兴市"战略部署所创设的一种对话机制,聚焦助企纾困和常态化服务,通过精准式问需、闭环式解难、常态化服务,将企业的意见诉求直通各级党委和政府主要负责人,架起政商、政企沟通的桥梁,持续打造最优营商环境。2023 年 6 月底,这种别开生面的叙谈会已经顺利召开 17 场,每半月围绕不同的主题召开一次,面对面交流,点对点服务,社会反响十分强烈。据相关统计,前 16 期"亲清半月谈"共邀请 149 名企业家进行参会,汇总梳理并办结诉求建议 256 件,企业评价满意率达到 99.5%,营造出良好的营商环境,极为有力促进了衢州当地经济发展。

倾听企业家呼声,解决企业家难题。新冠疫情给经济发展带来了不可忽视的影响,企业发展遇到了大大小小的问题。衢州市委、市政府主动接触企业,把企业的事情当成自己的事情,把企业家当成自己人,与企业家们交真心、真交心,想方设法为企业谋出路、解难题。实现问题及时反馈、动态实时跟踪、帮扶落实评价,确保"亲清半月谈"助力企业发展。

聚焦难点热点,精心组织对话。围绕当地标志性产业、市场阶段性发展态势的重大变化等,通过实地走访、线上征集等形式,广泛征询市域内外民营企业家问题建议,形成年度"主题菜单"。在深入了解实际情况的基础上,每期形成不同主题,市委、市政府主要领导共同或轮流参加,并依据企业规模等标准精选 6 至 8 名企业代表,依据有关情况灵活邀请智库专家等共同参与,坚持以礼相待、以诚相知、以心相交,让民营企业家站稳"C"位,平等交流,畅所欲言,直击难点痛点。

聚焦助企纾困,构建解难闭环。在叙谈会上了解到的企业发展问题,及时形成企业诉求意见交办清单,指定牵头单位、协同单位,大事马上研究,小事马上就办,点对点交接处理。坚持"事前、事中、事后"三步走,探索完善全流程监督检查工作机制,事前督查任务安排进度、事中督查问题建议落实情况、事后督查企业满意程度,定期通报发布意见建议办理情况,推动问题解决到位、建议落地见效。向企业及时反馈相关问题解决进展情况,把企业当"评委",将企业的评价反馈结果作为相关部门单位作风重要考评指标,确保事情及时办、办得好。

聚焦常态服务,强化工作保障。"亲清半月谈"由市委分管统一战线工作的领导牵头,市委办、市府办总协调,市委统战部具体负责,市级有关单位协同,统分结合,上下联动,为企业问题反馈和解决提供组织保障。创新服务方式,完善服务机制。发挥"亲清半月谈"牵引作用,完善发展"亲清半月谈＋政企恳谈会＋圆桌例会"协同服务常态化机制,推进平台建设和服务创新,构建民营经济服务"e 平台"。借助微信平台,使用专用公众号畅通问题反馈渠道。打通省市县乡四级力量,多维度多层级畅通企业问题协调"绿色通道"。坚持举一反三,针对个案问题,形成任务清单,推进制度化成果转化,强化研究增强帮扶力度,凝练上升为助企纾困、共促发展的长效机制,促进相关成果积极转化。

拓宽发展视野,推进"叙谈"升级。衢州有近百万"游子"走出家乡游南游北,是衢州高质量发展的重要资源和宝贵财富,于是打造"亲清半月谈"升级版,让此种类型叙谈会"走出去",主动接触"三衢"游子,成了衢州发展的必然。2023 年,"亲清半月谈"走出衢州,首场安排在浙江工业大学,此后还到了深圳、北京等地,衢州亲清"版图"不断扩大,衢州市委、市政府以切实真挚的行动,营造了优异的营商环境,增添了企业家们的信心,助推衢州经济行稳致远。

构建碳账户金融体系:探索绿色发展新道路

党的二十大报告提出:"倡导绿色消费,推动形成绿色低碳的生产方式和生活方式。"碳账户便是衢州绿色发展的重要创新成果。碳账户,顾名思义就是记录碳减排量的账户,而碳账户与金融的结合,能够让它与经济发展紧密联动,是衢州绿色金融发展的时代举措。2014年,衢州思考探索绿色金融如何引导工农业绿色发展之路,在全省率先启动了省级绿色金融综合改革试点,推动金融绿色创新。在探索过程中,衢州绿色金融创新多方发力,为高效建设碳账户体系、探索碳账户金融创新奠定了坚实基础。目前,衢州在工业、农业、个人领域碳账户金融体系建设方面深度推进,助力工农业生产和个人生活绿色低碳转型。

衢州市碳账户

企业碳账户助力金融资源绿色化配置。随着时代发展,衢州不断深化绿色金融改革,适时推出碳账户数据数字化归集、核算、评价电子账单的碳账户e账本,用来精准核算和科学评价。建立"三维四色"评价模式,对相关企业贴标"红色、黄色、浅绿、深绿"四种不同颜色,助力企业问题实时监测精准查找,帮助企业节能减排的同时助推能源预算化,为金融机构有效识别和提供不同类型优惠政策提供数据支撑。比如对"深绿"企业,提供大幅度(50个基点)利率优惠重点支持;对"浅绿"企业,在一定前提下,给予较大幅度(30个基点)利率优惠,合理满足融资需求。对于"红色""黄色"企业则谨慎支持、不予以新增准入。碳账户e账本围绕碳排放、碳征信、碳政策等构建了"5e"闭环系统,构建碳账户基准可操作、可计量、可验证的逻辑闭环。

农业碳账户助推共同富裕。衢州农村生态环境良好,拥有丰富的植物资源,在吸收二氧化碳优化环境方面存在天然优势。在柯城区,对乔木、灌木、土壤等各碳层进行调查采样测量分析,计算区域碳汇量。依托柯城区"两山公司",借助衢州市林业碳账户平台,建立收储认购一级账户,预收储村集体或合作社的"一村万树"林碳期权,宣传鼓励企业个人积极认购。2022年,衢州两家企业对花园街道新姜村6454株树木的1351吨"一村万树"林碳期权进行认购,折合总价6.76万元。在常山县,建立胡柚果园碳账户,对种植面积50亩以上的果园进行碳排放自动核算和环境监测,实施"四色"贴标管理。推行减碳技术,推广"每净固定1吨碳可兑换1吨商品有机肥"等方式激发农户积极性,探索低碳胡柚碳标签管理机制,大力建设"低碳果园"。截至2023年年底,已有66家规模胡柚生产主体建立了碳账户,碳排放总量2000多吨,固碳总量2200多吨,碳净吸收量200吨;胡柚碳账户主体优质果率提高8%、产量提高10%,公司产值从3300万元增长至5亿多元,带动农户增收超过5000万元,有效助力农村共同富裕。

个人碳账户激励绿色生活。银行为客户开通个人碳账户,初始分为零,通过科学系统设置,依据个人手机银行等线上业务开办笔数,相对应纸张减少等绿色行为,自动计算碳账户积分。个人碳账户积分可应用于贷款、手续费抵扣、优惠兑换等多个方面,可以享受绿色金融服务优惠政策。为进一步吸引个人绿色低碳生活,衢州将银行个人碳账户积分与衢州市信安分计算体系相衔接,与"邻礼通"小程序积分相挂钩,以此可兑换绿色生活用品,享受家政服务。随着个人碳账户推广使用,已实现个人碳减排超5万吨,推出个人碳账户贷款产品 20 余款,实现超 4 万笔个人碳账户贷款发放,金额近 100 亿元。

　　衢州碳账户金融体系创新实践探索出一条节能减排的可持续发展道路,面向全国形成了可复制可推广的创新路径,为其他地区帮助企业、个人节能减排、绿色发展提供衢州经验。在碳账户金融体系的助推下,衢州会继续深入推进碳账户金融体系改革,必定在绿色发展上不断夺取新成就。

"法治衢州"建设：为美好生活保驾护航

2003 年，时任浙江省委书记的习近平同志在"八八战略"中提出要进一步发挥浙江的环境优势，切实加强法治建设。2006 年 4 月 26 日，在习近平同志主持和提议下，浙江省委十一届十次会议作出《中共浙江省委关于建设"法治浙江"的决定》，开启了法治中国建设在省域层面的实践探索。党的十八大以来，以习近平同志为核心的党中央高度重视法治建设和法治工作，在法治道路上深度推进，开创了全面依法治国的新局面。衢州牢记习近平总书记的嘱托，在浙江省委、省政府的领导下，在法治建设的道路上不断推进。

衢州法治建设由来已久，浙江省委十一届十次会议结束后，2006 年 6 月，衢州市委出台《关于贯彻省委建设"法治浙江"决定的实施意见》，明确了衢州法治建设总体目标要求、主要任务和工作措施。同年 12 月成立工作领导小组，推动衢州法治建设相关方面工作。2008 年 9 月，在衢州市委"法治浙江"建设工作领导小组会议上首次明确提出"法治衢州"建设。如今，"法治衢州"建设已经走过了十余个年头，在科学立法、严格执法、公正司法、全民守法等方面全面推进，交出了法治建设的衢州答卷。

科学立法是社会主义法治建设的首要环节，是法治现代化的重要前提。2015 年，浙江省人大常委会依法决定衢州市可以开始行使地方立法权。在衢州市委、市政府的领导下，立足于衢州发展规划，制定了 12 部具有衢州特色、适应衢州改革发展和社会治理需要的地方性法规，在质量和数量上走在全省前列，部分法规条例贡献出衢州智慧，为其他兄弟城市提供了相应借鉴。2017 年 5 月 1 日起，衢州施行浙江省全省首部电动自行车管理地方性法规《衢州市市区电动自行车管理规定》；2019 年 3 月 1 日起，衢州施行浙江全省首部餐厨垃圾管理领域地方性法规《衢州市餐厨垃圾管理条例》；2020 年 1 月 1 日起，衢州施行全国首部网格化服务管理领域地方性法规《衢州市城乡网格化服务管理条例》……相关法规条例无不体现着衢州的担当和作为,闪烁着衢州科学立法的智慧,为衢州法治建设奠定重要基础。

衢州紧扣法治政府建设,以"最多跑一次"改革领跑全省,打造法治营商环境;加强行政规范性文件管理,规范重大行政决策程序;保障落实行政执法公示制度、执法全过程记录制度、重大执法决定法制审核制度;深入推进"双随机、一公开",自觉接受多元监督。深入推进"大综合一体化"行政执法改革。衢州市在全省率先突破"执法体制"改革难点,以提升行政执法效能为目标精减执法层级,从源头上解决多头执法、职能交叉问题。市综合行政执法局牵头"大综合一体化"行政执法改革,推动工作从运动型、被动型、粗放化管理向点对点、主动型、精细化治理转变。

习近平总书记强调:"公正司法是维护社会公平正义的最后一道防线。"2006年以来,衢州法院坚决将诉讼服务中心六项功能成建制入驻矛调中心,推进"信访打头、调解为主、诉讼断后"的递进式矛盾分流过滤体系,打造"网格+法院"双向互动工作模式。衢州市检察机关自2020年起创新办案模式,实施单轨制协同办案,同步推进逮捕起诉审判等全过程协同应用,实现"三个全(全部案件、全部诉讼流程、全部办案单位)覆盖"。衢州公安系统建设执法办案场所、涉案财务管理中心、政法一体化办案中心,以硬件建设倒逼规范执法;深入推进最多跑一次改革,启用"一窗通办"业务,推进车辆检测"一件事"集成改革,推出"融警务"模式,以改革创新助推提质增效;坚决扫黑除恶,创建"枫桥式公安派出所",以防范惩治维护社会稳定。

深入推进守法普法工作。坚持党对守法普法工作领导,衢州市委全面依法治市委员会下设守法普法协调小组,统筹全市普法工作;健全"谁执法谁普法"普法责任制,打造市级县级普法讲师团;开展推动"法治锦鲤"进工地等项目活动,聚焦重点精准普法。

如今的衢州法治氛围浓厚,法治成效突出,依靠法治取得了一系列成果,也必定依靠法治不断开创更加美好未来。

"信用衢州"建设:千年古城焕"信"颜

国之信,重九鼎;人之言,诺千金。良好的信用是一个国家兴旺发达的前提条件,是社会运转有效的重要前提,是个人安身立命的关键所在。随着社会主义市场经济体制的进一步完善,信用这个市场经济的基石,发挥着极其重要的作用。拥有千年儒学风气的衢州极为推崇儒家"仁义礼智信"道德观念,极为重视"信"的作用,在社会信用建设方面辛勤探索。

早在 2002 年,衢州便提出打造信用城市,随后开始了一系列相关工作推进信用城市建设。2014 年,随着政府数字化转型深入开展,衢州提出了打造信用城市体系化建设。2016 年,时任浙江省省长的袁家军同志提出了"531X"信用体系,为此衢州制定社会信用体系建设三年行动方案,扎实推进"信用示范之城"。

为深入贯彻落实党中央、国务院关于加强社会信用体系建设的决策部署,衢州市充分发挥独特文化优势,衢州坚持以守正创新为重点,以数字化改革为动力,充分发挥独特文化优势,高标准建成全国社会信用体系建设示范区,持续擦亮"南孔圣地·衢州有礼"城市信用品牌。不俗的成就,是衢州上下一心共同努力的结果。

强化制度支撑,加强数字赋能,不断夯实信用建设基础。成立以市长为组长的衢州社会信用体系建设领导小组,把信用体系建设作为"一把手"工程来推进,建立较为完善的信用承诺、信用评价、分级分类管理、信用奖惩、信用修复等200多项信用管理与服务制度。通过营商环境数据仓建设,市信用信息共享平台归集的数据通过按需分流的形式,打通市衢融通、政企通、政策兑现、互联网＋监管等20多个系统。运用大数据等信息技术手段,依托公共信用信息共享、互联网监管等平台,建立"信用数据归集—信用评估—信用风险预警—信用风险处置—失信联合惩戒—再生性信用数据归集"的闭环信用管理体系,形成市场主体信用记录,实现信用分级有效监管,对于守信人员努力做到"无事不扰",对于失信人员保持"利剑高悬"。

创新应用方式,重点突破,服务实体经济发展。推出个人信用分"信安分",在"医信付""优惠停车""公积金贷款增额"等方面得到有效应用。创新"信用蓝码"应用,在企业层面建立"信用码联盟",向持有蓝码和绿码的市民提供多样优惠,打造企业(商户)市民"双赢"格局。扩大"信用码"使用范围,在浙江省率先启动杭衢"信用码"互认互通,凭借此码,市民可获得多项优惠。开展国担"信易贷"创新试点工作,全衢州6家信保公司已实现平台入驻,推出信保产品50多个,担保在保余额累计超40亿元。建设衢融通平台暨全国"信易贷"平台衢州站,实现与国家级、省级信易贷平台联网互通,发放信用贷款超700亿元。

同向发力,厚植诚实守信社会氛围。加强宣传,营造宣传声势。各部门、乡镇(街道办事处)借助线上线下两个渠道对守信群体公开表扬,对失信群体公开曝光;依托乡村振兴讲堂,让信用课堂深入基层一线;邀请区营商办等部门工作人员开展信用常识宣讲。开展诚信宣传活动,在"3·15"国际消费者权益日、"6.14"信用记录关爱日等,联合市市场监管局、市人行等单位开展诚信宣传活动。以互联网+监管工作为契机,结合"失信对象执法检查活动周",针对被有关部门列入失信对象的主体、一年内已被行政处罚的主体、被列入严重违法企业名单的主体进行上门走访、警示约谈。对在商户自律互查、诚信示范街创建和信用示范乡镇(街道、办事处)、信用示范村(社区)、信用示范户评定等工作中涌现出来的一批守信主体给予重点支持、优先享受、绿色通道、降低银行信贷利率等一系列激励政策。开展反征信诈骗专项行动,让征信类反诈知识、反诈意识深入人心,遏制诈骗案件高发态势,避免社会公众财产损失,营造"守法经营,诚信服务"的社会氛围。

信用建设要久久为功、持续发力。衢州坚持以习近平新时代中国特色社会主义思想为指导,持续推进体制框架继续完善,形成并推广具有衢州特色的社会信用体系建设模式,全面打响"信用衢州"城市品牌,持续优化营商环境,为衢州高质量发展增添动力。

"平安衢州"建设:实现全域"满堂红"

自 2004 年浙江省第一次明确并践行平安浙江的设想以来,平安浙江的征程已走过近 20 年。为充分调动全省各市区县平安建设积极性,浙江省委、省政府每年开展平安市、县(市、区)创建命名工作,根据连续获评年限设置不同奖项,连续三年、六年、九年、十二年、十五年、十八年获评分别授予"平安鼎""平安铜鼎""平安银鼎""平安金鼎""一星平安金鼎""二星平安金鼎"。在 2023 年 3 月 20 日召开的建设平安浙江工作会议上,平安衢州建设再创佳绩:衢州市和下辖柯城区、龙游县、江山市被授予"平安牌",衢江区、常山县、开化县连续 18 年被平安县(市、区)授予"二星平安金鼎",平安市创建实现"十七连冠"和全域"满堂红"。如此佳绩,吸引着人们去探究平安衢州建设的"硬核"举措。

坚持党建引领,构建"党委领导、政府负责、社会协同、公众参与"的大平安建设格局。"党建统领活的灵魂、一根红线贯穿始终。"党政统筹,多方发力,共同打造平安格局。提高政治站位,将平安建设情况汇报制度化,每季度向常委会汇报。提升监管力度,政府每年召开数次常务会议进行专题研究,科学开展行业安全监管工作。市、县两级平安办进行牵头抓总,制定相关任务清单,发展完善"月报分析、季度排名、常态暗访、交办整改"推进机制。强化主体责任意识,助推平安创建工作有效开展。坚持严的基调,将平安建设纳入相关督考审查体系,进行常态化暗访检查,助力社会平安建设。

坚持"县乡一体、条抓块统"推进市域社会治理体系现代化。衢州以数字化改革为牵引,深入推进党建统领基层治理体系,开展"县乡一体条抓块统"。持续优化"141"体系,强化治理"中枢大脑",在县级矛调中心的基础上,强化升级为县级社会治理中心,完善基层治理四平台功能,强化网格智治底线支撑,建好"1＋3＋N"网格治理团队,将问题解决在基层。直击基层治理痛点难点,以"一件事"切入"解纷码"等全面投用,提升基层治理效能。在全市推广"大综合一体化"执法监管,开展"综合查一次",实现扰企次数快速下降,问题发现处置数有效增加。在镇街、村社实现法院"共享法庭"全覆盖,有效调解减少基层纠纷。

坚持和发展新时代"枫桥经验",打好除险保安"组合拳"。衢州在常山率先试点平安指数,以村为单位,将警情、案情、访情、民情等平安要素纳入指数范围,精准刻画每个村的"平安画像",并针对问题短板对症下药、精密施策。平安指数与村集体项目发展、相关政策扶持等挂钩,连续两次以上指数排名后三位的村社暂停各类项目申报。同时,平安指数与镇、村两级干部考核捆绑。被评为"平安优质村"的,村里会获得平安建设专项奖励经费。2023年以来,衢州以全国市域社会治理现代化试点工作为契机,公安机关带头融入县乡村基层治理体系,联动相关部门和群防群治力量,将资源、要素、服务下沉村社网格,明确部门下沉任务清单和村社网格任务清单,落实"矛盾纠纷联处""基础数据联排"等一系列举措,及时、常态地在老百姓家门口发现和解决矛盾纠纷、问题隐患。2023年以来,衢州全市纠纷类警情同比下降29.75%,纠纷类警情联动处置率达到96.12%,矛盾纠纷化解率达94.2%,涉警信访积案保持动态清零。

衢州全力推进平安建设深化改革,以切实有效的实际行动,全力护航四省边际中心城市建设,提高群众的获得感和安全感,守住群众幸福生活。

创新绿色保险：为魅力衢州增添活力

　　绿色保险作为绿色金融的组成部分，对落实新发展理念，推动生态文明建设具有重大意义。衢州作为浙江省著名的化工产业制造基地，地处钱塘江的源头，担负着地方经济发展和守卫钱塘江生态安全的双重职责，如何既能保护好钱塘江源头生态环境，又能推进衢州经济绿色转型和高质量发展，成了衢州必然要处理好的战略问题。

　　衢州积极运用保险工具加快推进传统产业转型升级和参与新时期社会治理。2013年，全国首创生猪保险与无害化处理联动的"龙游模式"；2015年，衢州市委、市政府全面启动"全国绿色金融改革创新试验区"的各项创建工作；2016年，全国首创"安全生产和环境污染综合保险"（以下简称"安环保险"）衢州模式；2017年，全省首创电动自行车保险"衢州做法"；2019年，全国首创优化用电营商环境综合保险和"一村万树"绿色综合保险。2020年4月，为更好地服务衢州市绿色发展大局，助力"活力新衢州，美丽大花园"建设，人保财险衢州市分公司在衢州银保监分局的大力支持下，正式启动绿色保险专营机构的筹备工作，将绿色保险业务统一集中管理，承担绿色保险产品的研发及推广，负责全市的绿色保险业务管理工作。衢州绿色保险创新走在时代前列，为衢州绿色转型和高质量发展增添绿色动力。

　　改变保险传统职能，深入推进一体化建设。传统模式下，投保后保险只单纯地进行"赔偿"，衢州积极引入第三方安保服务机构，向"赔款＋解决方案"转型，为投保企业提供风险评级、安全巡查、安全培训等服务。推进政府、企业、保险三个方面深度融合，建立集政府主导、财政补贴、市场化运作和第三方风险管理服务于一体的"安环保险"风控体系。全市上下执行统一保险政策，实施统一的险种、费率、保障、服务规范。推行八大行业全覆盖，根据本地产业结构特点、行业风险程度等，除危化、矿山、金属冶炼、烟花爆竹等四个工矿领域法定投保行业外,还将电镀造纸等较高风险行业一并纳入实施范围。

坚持政府强力推进,建立长效管理机制。为提高企业参保的积极性,衢州市财政对"安环保险"投保企业的费用补贴由试点期间最高保费金额 50%,发展到扩面期间最高保费金额 40%,对保险公司继续维持最高保费金额 30% 的补贴,专项专用购买第三方服务,补贴金额由试点期约 700 万元/年,发展到扩面期约 2000 万元/年。建立市级"安环保险"工作联席会议制度,五大部门协调解决全市"安环保险"工作中的重大问题;固化"政府部门 + 保险机构"协同推进的工作机制,合力推进"安环保险"签约工作。强化"安环保险"服务与执法检查结合,铁腕倒逼企业闭环隐患整改,推动主体责任落实。

提升过程管控效能,全力构筑服务保障机制。出台并完善《衢州市安环险安全生产第三方服务管理办法》《安全生产和环境污染综合责任保险服务规范》《第三方服务机构服务指南》,加强制度规范。开展高频服务,每个年度服务周期至少为企业固定现场服务 18 次,其中安全服务不少于 12 次,环境服务 6 次,服务强度领跑全国。创新发展服务项目,推行"基础服务 + 点单服务"相结合模式,开展隐患排查、安全培训、特殊作业辅导、应急预案与演习等全类型服务。严格服务要求,统一服务纪律,统一服务反馈机制。推行"1 + 1 + N"风险管理模式,实现"风控设计、服务运行、监督分析、整改提升"等良性协调,不断推动保障能力再提升。坚持源头把关,严格第三方服务机构筛选标准,参与机构必须执业信誉良好、专业能力突出。指导保险机构完善第三方服务机构的管理考核办法及第三方服务过程质量跟踪评价体系,量化细化服务机构"KPI 考核"指标,通过"正向激励 + 反向倒逼"不断提高整体服务质量。

如今,衢州正不断升级完善"监管 + 保险 + 服务 + 科技"模式,发挥专营机构的专业优势、创新优势、政策优势,加快推动绿色建筑、社会治理、绿色农业等领域的产品创新、模式创新,为衢州绿色金融改革创新试验区提供更多的绿色保险方案。

儿童友好城市建设：以"一米高度"托起城市未来

　　2022 年以来，在省妇联的科学指导下，衢州市抓住国家儿童友好城市建设的契机，体系化推进儿童友好工作，做深做透"一老一小"中"小"的文章，成功探索出汇聚妇联工作"大"合力的有效路径，市委、市政府主要领导先后批示 6 次，出台 30 余个配套政策，建成 100 多处儿童友好场景，成功入选第二批建设国家儿童友好城市名单，为妇联战线打造"两个先行"重要标识和共同富裕标志性成果提供了衢州经验。

儿童友好城市建设场景

　　衢州市妇联积极对接，将争取国家儿童友好城市建设试点写入市党代会报告、政府工作报告，融入衢州打造四省边际中心城市的总体目标，纳入"一老一小"、普惠性公共服务、城市发展十大专项等重点工作中一体谋划实施。多方汇报争取，成立市委、市政府主要领导任双组长的领导小组，抽调干部组建工作专班,市委常委会专题研究,财政安排足额预算,高位推进儿童友好城市建设,并纳入市委市政府综合考核、市人大代表重点视察内容,获得了前所未有的领导关注和要素支持。

以顶层设计推动市县联动高效协同,科学谋划儿童友好城市建设实施方案,提出"1511"工作体系,邀请省妇联和市政府领导出席召开工作部署会。各地各部门迅速行动、积极参与,制定细分领域工作方案、指引及配套激励政策等30余个,率先在全省构建儿童友好试点单元建设指标体系。谋划推动4个儿童友好项目纳入市政府民生实事项目,带动全域10类试点单元建设,完成1.9万平方米公共空间适儿化改造,新增儿童室内外活动场所和游乐设施111处,在为儿童健康快乐成长创造良好环境的同时,极大地提升了妇联工作的社会满意度。

公开征集确定并充分运用儿童友好标志标识,在各类媒体广泛开设专刊专栏,实现儿童友好工作推进到哪里,标志标识、宣传报道就跟进到哪里,广泛宣传营造浓厚社会氛围。儿童友好城市建设正式启动不到10个月,已新建儿童标识标牌系统190个,在中央及省、市各类媒体刊发新闻报道900余篇,有力推动儿童友好从概念落地为集体行动、升华为全市共识,"儿童友好"荣登2022年度衢州十大热词榜前三,赢得了社会各界广泛认可。

围绕中心助力营商环境"一号工程"。聚焦随迁子女等重点人群推行"最便民"入学政策,打破户籍限制、增加入学选择权,确保随迁子女100%有学上,切实解决外来务工人员后顾之忧。鼓励工业园区开展友好学校建设,围绕企业职工子女开发特色课程、针对家长开设特色课堂,有效提升家校共育水平。积极开展友好单位建设,提供课后及假期托管等服务60余场,助力企业轻装上阵。

强化政策创新引领社会治理变革。率先出台全国首个重大事项儿童影响评价指引文件,创新制定程序规范以及涵盖"权利保障、公共服务、成长空间、社会环境"四大领域共25项指标的评价体系,填补了国内该领域制度空白,有效指导与儿童相关的规划、政策、项目等重大事项前期决策阶段关注和评估可能对儿童长远健康发展产生的影响,源头推动城市规划建设体现儿童的"一米视角",得到中国儿童中心、中规院相关负责人充分肯定。

双管齐下赋能衢州城市品牌。在硬件上开展《衢州市儿童友好空间体系研究》,以"优先保障+融合共建"推动空间蝶变,"城市之心"的各大公共场所优先为儿童提供近3万平方米专属空间,融合适老化、残疾人无障碍环境建设推动公共设施适儿化,结合诗画风光带和未来乡村建设打造城乡儿童友好集成示范区,不断提升城市友好度与美誉度。在软件上将南孔文化充分融入学校教育和家庭家教家风建设,以"友礼儿童"赋能城市品牌,面向全社会征集"南孔圣地·友礼儿童"公约,研发制定"南孔三礼"仪规仪程,为"有礼"城市增添儿童视角的价值理念和行为准则,进一步丰富城市精神内涵。

突出"全覆盖"扩大服务范围。树立"儿童友好,一个都不落下"的理念,围绕公共服务普惠供给以及孤困儿童等特殊群体保障,实施10个"全覆盖"行动,计划通过三年努力,打造覆盖全龄段、精准回应不同儿童需求的服务网络、长效机制,全面提升公共服务水平。创新实施"浙心晴"未成年人心理健康、"护翼童行·家庭赋能"孤独症儿童康复服务项目,搭建"放学来吧"留守儿童课后服务平台等载体,截至2023年8月,已推出精品研学线路等特色服务10余项,服务各类儿童4万余人次,保障帮扶困境儿童5486名、困难残疾儿童512人次,救助孤独症儿童147人。

发动"社会建"健全公益体系。成立衢州市关爱儿童公益服务联盟,着力破解帮扶对象和帮扶主体供需不对称、帮扶不及时精准等难点痛点,构建政府主导、社会力量积极参与的资源整合和运作模式,截至2023年8月,已吸纳68家成员、发动捐款捐物102万元,实施23期公益项目,惠及低保低边户5000余名儿童,积极谋划成立全市首支妇女儿童专项公益基金;探索建立社区牵头打通多方资源的制度机制,涌现社区"达人库""居民帮帮团""君君妈妈""共享奶奶"等一批志愿服务队伍。

引入"童治理"放大参与效果。两年来,在全市公共场馆、社区共成立115个儿童观察团,开展"问政小主人"对话会等儿童参与和能力培训类活动1000余场,收到儿童各类建议300余条;编制儿童参与工作指引,为儿童参与社会事务提供规范指导和制度保障,创新提出九大工作评价维度;建立儿童建议征集办理反馈工作机制,推动首届图书漂流大会举办、首条彩色斑马线施画等179条建议落地,有效推动儿童参与多领域覆盖、儿童意见全闭环落实、儿童需求全社会关注。

医保"一站式"结算:"医"心为民服务

通过一次刷卡,完成基本医疗(含职工医保、城乡居民医保)、大病保险、医疗救助、工会互助、公务员补助、抚恤优待对象医疗补助、惠民医保、乡村儿童大病、商业保险等结算程序,参保人无须再到各个单位办理报账手续,结算时参保人员只要支付最终个人承担的部分即可。通过"一站式"结算,有效解决报销程序烦琐、报销难等问题,极大便利了群众生活。

衢州市医保"一站式"结算系统

为了更好地守卫人民群众生命健康,真正破解人民群众就医看病后顾之忧,衢州坚持"以人民为中心"的服务理念,坚持"最多跑一次"刀刃向内的勇气,坚持以技术支撑助推治理体系现代化的路径,切实解决人民群众看病"事后结算烦、延时报销难"等急难愁盼问题,探索出具有衢州特色的医保"一站式"结算模式。2019 年 7 月 1 日,于全国率先上线运行医疗费用"3 + N"报销

"一站式"自动结算平台("3"指的是3个保险:基本医疗保险、大病保险、医疗救助;"N"指的是N个事项:退役军人抚恤优待对象医疗补助、工会职工医疗互助、公务员医疗补助、精神患者免费服药、惠民医疗补助、残疾人意外伤害保险等事项),实现医疗费用报销"零跑腿""零材料""零等待""零垫付"。随着纳入平台报销事项不断增加,2021年以国家"智慧医保"平台项目衢州落地为契机对平台进行迭代升级,将"3+N"调整为"2+N+1+1"并联式结算、串并双重式支付模式[2是基本医疗保险、大病保险;"N"就是工会互助、公务员补助、优抚补助、精神患者免费服药、两慢病免费服药,第一个"1"指医疗救助,第二个"1"指商业医疗保险(惠衢保)],极大方便群众就医看病,呵护群众生命安全。

四省边际中心医院(衢州市人民医院)

建立准入退出机制,推动多部门保障政策的规范统一。规范各部门政策,共同执行"一个标准"。出台医疗费用"一站式"结算管理实施办法、资金结算流程等一系列的配套政策,明确准入退出标准、资金结算清算规范、协同部门职责等,推动相关部门以"全市政策统一"和"基本医保报销信息"为前提,对不符合平台标准的政策进行优化完善,促进多层次医疗保障体系政策的统一和衔接。依托医保数字化平台,共用"一个系统"。在原有保障政策保持不变等条件下,医保与相关部门签订相关合作协议,实现全过程全链条协同发力共同维护。通过信息平台将多部门的线下窗口服务转变为线上"一站式"智能化办理,有效节约了部门工作成本,提高了工作效率。"全联"扩大医药机构范围,实现就医服务"一个范围"。通过医保结算系统把医保定点机构全部纳入服务范围,解决原各部门政策规定的就诊定点机构范围较小且不一致的问题,实现了就医服务范围的扩大和统一。

创新建立"资金池",实现医疗费用报销(补助)"一池"清算。深入推进报销服务便捷化,将多个部门和医疗机构清算调整为医保和医疗机构清算。在医保基金支出户下开设专户,用于"一站式"结算资金预付款收缴等资金拨付。通过向专户预拨 3 个月资金预付款,形成"资金池",每月定期结算,方便参保人员的同时也减轻了部门管理成本。多个医保经办机构和医疗机构清算调整为就医地医保部门和医疗机构清算。推动以县(市、区)为中心的支付一体化,所有医疗费用由就医地医保部门统一结算支付,市级医保部门按月向各县医保部门预拨资金,各县(市、区)医保部门通过市级结算清算中心按月完成清算。通过各地按参保地拨付向按就医地拨付机制的改变,彻底解决了不同结算部门多次拨付造成的医疗机构对账难、医保部门拨付繁问题。

在医保"一站式"结算下,群众可就医问诊的医院多了(能联网的定点医院),携带的证件少了(只需要一张"医保卡"),结算更加便利化了(参保人无须再到各个单位办理报账手续),大幅提高了医保治理能力。

全球免费游衢州：有朋自远方来，不亦乐乎

　　衢州位于浙江省西部，地处福建、安徽、浙江、江西四省交界，是中国优秀旅游城市、国际花园城市、国家全域旅游示范区创建城市，是浙江省大花园的核心区，拥有江郎山、人类非物质文化遗产九华立春祭、世界灌溉工程遗产姜席堰 3 处世界遗产，此外境内还有国家 5A 级旅游区 2 处，国家级自然保护区 1 处，国家级森林公园 5 处，国家地质公园 1 处，自然历史文化资源十分丰富。

江郎山风景区

　　习近平总书记指出："人民对美好生活的向往就是我们的奋斗目标"。旅游在提升人民群众生活质量、满足人民对美好生活的向往方面具有重要的作用。旅游资源十分丰富的衢州高度重视旅游业的发展，推动"全域景区化"建

设,紧紧围绕"活力新衢州,美丽大花园"的建设目标,全力打造"南孔圣地·衢州有礼"城市品牌,始终致力于"主客共享""还景于民"的文旅发展理念,积极推动景区门票降价,实现旅游惠民利民。2017年,衢州创新推出了"全球免费游衢州"活动。一经推出,大受欢迎,既方便了游客旅行,也进一步提高了这座城市的名气。

持续增加游客免费景区。衢州的主要旅游景点大部分是完全免费向群众对外开放的,包含所有国家5A级游玩景点和大部分4A级旅游景区,5A级风景名胜区包含江郎山风景区、根宫佛国文化艺术旅游景区,4A级风景名胜区包含龙游石窟、民居苑、药王山、天脊龙门、三衢石林、浮盖山、梅树底旅游景区等。有15个核心景区、80余个文旅景区(场所),总计超过100个景区(场所)免费。除信安湖水利风景区外的14个核心景区每逢周一至周五对全球游客免费开放;信安湖水利风景区及其他80余个文旅景区(场所)全年免费开放。

扩大旅游受惠人群。针对全国现役军人、消防救援人员、全国退役军人、省级以上劳动模范、器官捐献者直系亲属、造血干细胞捐献者等特殊群体和70周岁以上老年人、衢州籍残障人士等弱势群体全年全免,以及针对特定的客源市场实行阶段性全免政策。面向衢州市民规定每年11月1日—12月31日为衢州市民的"全民免费月",各参与景区对衢州市民免费开放。各参与景区对衢州市对口合作城市——吉林省公主岭市,东西部协作城市——四川省平武县、四川省北川羌族自治县,对口支援城市——新疆维吾尔自治区乌什县市民全年免费开放。全力配合"南孔圣地·衢州有礼"城市品牌推广,各参与景区对特定的目标客源市场开展阶段性免门票活动。

全市统筹提供全程服务。市政府出台工作方案,落实市县两级财政分担补助机制、参与景区考核激励机制、职能部门分工联动机制,营造"全球免费游衢州"活动的整体合力。强化政府主导、分级负责、市场参与、社会协同,以旅游交通、安全监管、智慧旅游等项目为重要抓手,推动全市旅游公共服务体系人性化、标准化、国际化。积极提倡"免费不免服务",出台"全球免费游衢州"操作细则和考核办法,加强监管,保障旅游质量,保证游客安全,提供最优质的服务。

延长旅游产业链,拓展"免费游"政策红利。鼓励企业创新"免费游 + "经营模式,酒店、民宿、农家乐、餐饮等旅游相关业态对参与免费游的旅游团队给予一定额度的抵金券、打折券;在免费游预约系统上增加在线 OTA 平台链接,推出组合产品,增加销售渠道,强化精准营销。

"全球免费游衢州"活动自开展以来便获得了良好效果,既方便了游客出行,又打响了衢州旅游城市品牌,开创了游客品质出行和衢州旅游业发展双赢新局面。免费游改变了衢州旅游的市场地位,提升了衢州对游客的吸引力,旅游半径不断得到拓展,有效提升了衢州旅游产品市场地位。衢州市委宣传部和市文旅局赴全国多个主要城市开展城市品牌及文旅宣传,在不同地方针对性推出免费月活动,发挥了"免费游 + 城市品牌"的叠加效应。免费游吸引众多游客涌入,助力衢州提升四省边际中心城市地位,同时倒逼旅游景区转型,带动旅游全产业链发展,增加了旅游项目收益,有效帮助企业纾困解难。

08 让南孔文化重重落地

进一步发挥浙江的人文优势,积极推进
科教兴省、人才强省,加快建设文化大省。

文化是一个国家、一个民族的灵魂。中华文明有着独特的历史脉络、浓厚的文化底蕴,其突出特性承载着生生不息的基因密码,为我们坚定文化自信提供了深层而持久的驱动力。

浙江省委十一届四次全会把进一步发挥人文优势、加快文化大省建设作为"八八战略"的重要举措之一。衢州市紧跟浙江省政府的步伐,充分挖掘自身独特的人文优势,积极探索符合地方特色的文化发展之路,为浙江建设文化大省贡献一份力量。衢州市在推进人文优势的发掘和创新方面,取得了一系列显著的成就,这些成就不仅有利于推动衢州经济社会的发展,同时也有助于提升衢州的文化软实力,让更多人认识衢州这座历史文化名城。

持续推进"两子文化"保护开发,城市文化品牌确立。衢州市坚持以"两子文化"为引领,结合衢州优秀传统文化,推进优秀传统文化复兴。推动"南孔文化重重落地",恢复南孔祭典并提出"当代人祭孔"的理念,积极创建推动南孔圣地文化旅游区创建 5A 级景区,创建国家级儒学产业示范区,推动南孔文化创造性转化、创新性发展;加强"棋子文化"建设,建设世界围棋圣地,发布了全国首部围棋条例《衢州市围棋发展振兴条例》,办好"烂柯杯围棋冠军赛"等系列围棋赛事,提高衢州围棋的普及率和整体水平;打造"南孔圣地·衢州有礼"城市品牌,全力提升城市品牌的辨识度和显示度,使南孔文化的影响力和知名度持续提升。"南孔圣地·衢州有礼"这一城市品牌从无到有,逐步深入人心,广为传播,已成为衢州对外宣传的一张金名片。全市城市品牌"一盘棋"的格局打造成型。2023 年,衢州城市品牌影响力位列全国第 33 位。城市品牌与旅游产业、文化事业、文化产业等各方面深度融合,为各类产品不断赋能升级。衢州文化形象更加鲜明,文化自信充分彰显,文明程度显著提升。

提高全社会文明程度,文明城市高位创成。衢州市围绕培育和践行社会主义核心价值观,积极推进新时代文明实践行动,提高全社会文明程度。积极创建全国文明城市,首创"有礼指数"测评体系,用可量化的标准、机制化的手段,提升城市文明水平;全市域体系化高质量推进 8090 新时代理论宣讲工作,让习近平新时代中国特色社会主义思想飞遍城乡山川,致力打造"青年理论宣讲工作先行区、全域青年思政工作创新实践区、党的创新理论大众化示范区";积极开展"最美衢州人"评选,选树最美典型 1.2 万余人,发挥模范典型作用,在全社会凝聚起向善向上的思想情感认同;提炼弘扬新时代衢州人文精神,助推新时代精神文明建设,让新时代衢州人文精神逐渐融入衢州人的日常生活与行为习惯。衢州市委、市政府将创建全国文明城市作为提升城市综合发展水平的"龙头"工程、提高城市文明程度的"牛鼻子"工程,坚持创建为民、创建惠民、创建靠民,通过几年的不懈努力,衢州城市管理水平、城市基础设施建设、社会文明程度不断提升,人民群众的获得感、幸福感、归属感得到了进一步加强。2020 年高位创成第六届全国文明城市,在 2021 年度全国文明城市测评中衢州位列 114 个地级市第一。

促进文化和旅游深度融合,全域旅游稳步推进。衢州市积极推进文化和旅游深度融合,在统筹文旅资源开发利用、强化制度和载体建设融合、推动文旅科技创新等方面开展一系列措施。开展文旅资源普查工作,全面摸清全市文旅资源情况,建立"衢州市文化和旅游资源库",精细化开发利用文旅资源;建立文化和旅游深度融合的制度体系和工作机制,加大政策支持力度,实施文旅融合 IP 工程,培育南孔圣地文化旅游区、"衢州有礼"诗画风光带、龙游石窟音乐小镇等 10 张文旅"金名片",突出地方优势资源;高水平推进市域文旅治理现代化,将全息投影、AR/VR 技术、人工智能等最新科技成果应用到文旅产业领域,提升游客体验感。衢州市县联动构建形成争创国家级、省级全域旅游示范单位梯队,江山市获评为首批国家全域旅游示范区,开化县、龙游县获评为浙江省全域旅游示范县。江郎山—廿八都旅游区成功创建 5A 级景区,创建江南儒城·水亭门景区、龙天红木小镇、梅树底风景区 3 家 4A 级景区,创建东方巨石阵、隐柿东坪、花田荷塘等 30 家 3A 级景区。开化县成功创建 4A 级景区城。金星村、大陈村、浔里村等村庄列入全国乡村旅游重点村。以"衢州有礼"诗画风光带为串联的市、县、镇、村全域旅游空间构架基本形成。

加强文化遗产保护传承利用,遗产保护扎实开展。衢州市是中国历史文化名城之一,拥有丰富的文化遗产资源。衢州市在文化遗产保护方面,做了大量具体工作,积极推行保护、开发、利用的方式,取得了丰硕成果。加强文物保护工作,包括加强对具有历史纪念价值的建筑、古迹的保护,实施生态修复、城市修补、文化修成"古城三修"工程,并建立了相关的法律法规和标准规范;加强非物质文化遗产传承人队伍建设,推进衢州学院、衢州职业技术学院等高校文化和旅游类专业学科建设,加强文化和旅游专业职业教育,并引进一批文化和旅游高层次人才与紧缺人才;持续推进城址及聚落遗址考古发掘工作、"荷花山遗址"考古勘探工作,打造考古遗址公园,推出富有衢州特色的文物主题旅游线路,增强衢州的吸引力。文物和非遗保护传承迈上新台阶。姜席堰被列入世界灌溉工程遗产。江山山崖尾遗址、衢江区庙山尖土墩墓考古发掘和衢江区孟姜村古墓葬被评为浙江十大考古重要发现。龙游县荷花山遗址考古公园被评为第三批省级考古遗址公园。九华"立春祭"入选人类非物质文化遗产。

未来,衢州也将牢记习近平总书记的殷殷嘱托,全面落实中央和省委省政府的决策部署,忠实践行"八八战略",奋力打造"重要窗口",坚定文化自信,立足深厚的"两子"文化底蕴,推行以精神富有为标志的文化发展模式,增强先进文化凝聚力,为建设四省边际中心城市、争当"两个先行"示范窗口提供强有力的精神支撑,努力将衢州打造成为全国具有重要影响力的文化和旅游融合样板地、四省边际文化新高地。

衢州争取建成文化和旅游融合样板地。推动建设富有文化底蕴的世界级景区,创成富有文化底蕴的5A级旅游景区和国家级旅游度假区、国家级文化特色鲜明的旅游休闲城市和街区,成为全省、四省边际、全国具有重要影响力的文化和旅游融合样板地。形成文旅对外开放新格局。以讲好南孔故事、衢州故事为着力点,不断深化与四省边际城市、港澳台地区、东南亚、"一带一路"共建国家和地区的文化交流,提升对外传播能力。持续打造一座最有礼的城市。贯彻落实习近平总书记"让南孔文化重重落地"的重要指示精神,社会主义核心价值观更加深入人心,文明城市建设成果不断巩固,市民文明素养和社会文明程度显著提高。持续打造南孔古城复兴和南孔文化复兴,让南孔文化有景可游、有书可看、有剧可赏、有物可享。补齐公共文化服务短板,发挥衢州公共文化特色与优势,形成具有衢州特色的现代公共文化服务体系。持续打响"南孔圣地·衢州有礼"城市品牌,创新城市主题推介体系、赋能体系,打造"衢州有礼"矩阵,城市品牌与城市特质深度融合,成为"有国际影响、中国气派,古今辉映、诗画交融"的文旅金名片,使衢州成为深具辨识度的文化新高地。

南孔文化:千年儒风润衢城

衢州是一座历史文化名城,有江南地区保存最好的古代州级城池衢州府城、全国重点文物保护单位衢州府城墙,复建的天王塔院、文昌阁等历史文化古迹。它还是儒学文化江南传播中心,素有"东南阙里、南孔圣地"美誉,位于市区的衢州孔氏南宗家庙是全国仅存的两座孔氏家庙之一。

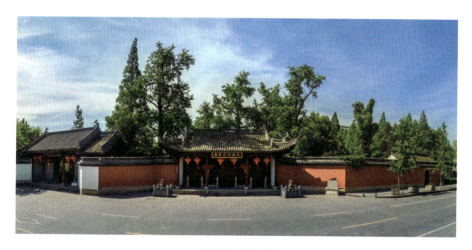

孔氏南宗家庙

公元1129年,孔子第48代嫡长孙、衍圣公孔端友奉诏陪祀,携孔子夫妇的先圣楷木像等圣物南渡,宋高宗赵构驻跸临安后,念其随驾南渡、扈跸有功,遂赐家在临安附近的衢州建家庙。至元十九年,元世祖下诏在衢州的南宗衍圣公孔洙及嗣子进京,命孔洙载爵返回曲阜奉祀祖庙。但孔洙因南宗历代先祖的坟冢在衢州而不忍离去,让出了"衍圣公"爵位,在衢州延续了中华文脉。由此,衢州成为孔子后裔的世居地。

南孔儒家文化在三衢大地上得到了很好的传承发展。衢州柯城区沟溪村是衢州孔氏后裔的重要聚居地,建有醒目的孔子雕像,还保留着完整的孔氏族谱、沟溪孔氏家训和清朝的孔氏祖宅,至今仍然坚持每年举办"民间祭孔"活动,儒家文化和乡风文明在这里传承和发展。在 2004 年,孔子第七十五世嫡长孙、末代"南宗奉祀官"孔祥楷恢复了孔氏南宗祭孔大典,首次提出"当代人祭孔"的理念,这是孔氏南宗家族的又一次大胆革新。南孔祭典在经历了几十年的沉寂之后重启,于 2011 年被列为国家级非物质文化遗产,其影响力越来越大。

2005 年 9 月 6 日,习近平同志第五次到衢州调研时指出:"衢州历史悠久,是南孔圣地,孔子文化值得很好挖掘、大力弘扬,这一'子'要重重地落下去。"[①]2006 年 9 月 28 日,"2006 中国·衢州国际儒学论坛"开幕。习近平同志在百忙中发来贺信:"认真研究探讨儒家文化与和谐社会的关系,深入挖掘儒家文化中的社会和谐思想,可为构建社会主义和谐社会提供可资借鉴的重要思想资源,对于弘扬优秀传统文化、促进社会和谐发展具有重要的现实意义。"[②]

凡树有根,方能生发;凡水有源,方能奔涌。衢州认真贯彻落实习近平总书记提出的"让南孔文化重重落地"的重要指示精神,沿着"八八战略"指明的方向,把南孔文化作为城市的"根"和"魂",推动优秀传统文化创造性转化、创新性发展。衢州市委、市政府高度重视文化高地建设,举办南孔文化创造性转化创新性发展研讨会,编纂出版《孔氏南宗文献丛书》,推动南孔文化的文旅融合,开展"南孔文化季"系列活动,全面实施生态修复、城市修补、文化修成"古城三修"工程,扎实推进南孔圣地文化旅游区创国家 5A 级景区,结合创建全国文明城市,全力打响"南孔圣地·衢州有礼"城市品牌,让"崇学尚礼、义利并举、经世致用、知行合一"的南孔文化精神焕发光彩。组织了"四省边际城市群文化沙龙"活动,探索出非遗保护和传承的省域合作新模式,释放了文化产业高质量发展的新动能,走出了文化赋能城市的新路子,进一步提升

---

① 本书编写组.干在实处 勇立潮头:习近平浙江足迹[M].杭州:浙江人民出版社.北京:人民出版社,2022:235.

② 本书编写组.干在实处 勇立潮头:习近平浙江足迹[M].杭州:浙江人民出版社.北京:人民出版社,2022:235.

了衢州四省边际公共文化辐射力。

南孔祭典

2011年,衢州市决定以文化产业发展为基石,以"南孔文化"为灵魂,通过整合优势资源,设立衢州儒学文化产业园,并于2014年成为全省首个国家级文化产业试验园区,旨在推动衢州经济社会发展、提升衢州文化形象、满足人民精神生活等方面有着重要作用。2020年初,衢州高规格成立衢州南孔文化发展中心,充分整合孔氏南宗家庙、中国儒学馆、衢州学院南孔文化研究中心等资源,深入开展南孔文化研究,取得了一系列高质量的理论研究成果,并在普及、传承和弘扬中将南孔文化有机融入社会主义核心价值观的培育与实践之中,让南孔文化在新时代焕发出了新的生机与活力。2020年,南孔文化作为全省重点挖掘的三大文化之一,被列入省政府工作报告。衢州认真贯彻落实省委、省政府会议精神,开展基因解码工程,对南孔文化元素进行了系统梳理,解码成果被评为省级优秀,南孔文化被列为首批"浙江文化标识"培育项目,大宗南渡、孔氏南宗家庙、南孔祭典、南孔圣地品牌等4个项目被评为"优秀解码项目"。2023年9月,由中共衢州市委宣传部和浙江演艺集团(浙江歌舞剧院有限公司)联合打造的大型音乐剧《南孔》在中央歌剧院演出,这是中国首部南孔文化题材的音乐剧,讲述了儒家历史上为后世津津乐道的"孔洙让爵"的典故。2023 年 11 月,《南孔》剧组到厦门参加第二届全国优秀音乐剧展演,2024 年开展全国巡演。来自东南阙里的"新国风"将吹向全国,衢州也将以一种新的形象再次进入全国人民的视野。

音乐剧《南孔》

作为南孔文化的重要发源地,衢州人自觉将南孔文化发扬光大,这是对中华优秀传统文化自信的体现。接下来,衢州将继续完善孔子故里文化版图,以儒家思想为载体,将历史文化和遗存转化为城市经济和特色产业,聚集向上向善的力量,在服务当地的同时,走出衢州,走出中国,走向世界,让更多人了解南孔文化、感知衢州城市品格,为推进现代化建设和共同富裕注入强大的精神文化力量。

"南孔圣地·衢州有礼"城市品牌：
衢州最闪亮的名片

　　随着经济发展和社会进步，城市品牌建设愈加重要。城市品牌作为城市发展的重要组成部分，对于吸引投资、促进城市经济、提升城市形象、塑造城市文化、提高城市居民生活质量等方面都有着重要作用。因此，如何建立好城市品牌，成了各城市发展的关键问题，衢州也不例外。

衢州市信安湖

　　近年来，在"八八战略"的推动下，衢州市委、市政府高度重视南孔文化建设和城市品牌建设工作，全力打造"一座最有礼的城市"，将"南孔圣地·衢州有礼"城市品牌成功打响。"南孔圣地·衢州有礼"是一个具有代表性的城市品牌，是衢州市的一个亮点。

　　此前，衢州市委、市政府就城市品牌建设，在线上线下发动全市群众进行充分的讨论,广泛听取了各方面的意见,在全社会形成高度共识,于 2017 年首次提出"南孔圣地·衢州有礼"的城市品牌框架,这是衢州最闪亮的名片和最鲜明的标识。衢州致力于创造一个"有礼之城"的形象,倡导市民从"礼"的角度出发,注重文明、尊重他人、团结友爱、与自然和谐相处,营造和谐社会氛围。这个"礼"指的是对历史有礼、对自然有礼、对社会有礼、对未来有礼。衢州各县(市、区)也积极响应,坚持全市"一盘棋",把品牌、口号、资源统起来,以城市品牌引领全市发展,一系列的县域品牌应运而生,如"衢州有礼·运动柯城""衢州有礼·天下龙游""衢州有礼·锦绣江山""衢州有礼·根缘开化"等,初步形成了系统化、多层次的城市品牌"1＋6"体系。

2018 年 4 月 8 日起,衢州面向全球征集"南孔圣地·衢州有礼"城市品牌标识、吉祥物、卡通形象。随后市委常委会确定城市品牌标识为作揖礼、吉祥物为快乐小鹿、卡通形象为南孔爷爷,在 7 月 25 日的新闻发布会对社会公布。确定好的城市品牌"三大符号"立即投入全市的各个角落,随处可见,这也是将南孔文化植入人民生活的方方面面,让人们感受到身边无处不在的有礼气氛,增强了衢州人民的文化归属感和自豪感。

为提高衢州的影响力和知名度,增强城市软实力和竞争力,衢州市委、市政府高度重视城市品牌建设,把城市品牌打造上升为城市文明战略任务,纳入市委"1433"发展战略体系中,肩负起"让南孔文化重重落地"的历史使命,加快南孔圣地礼仪城的建设,全力打造"一座最有礼的城市"。衢州全面做好品牌融入和宣传推广工作,开展高频密集的宣传行动。2021 年 9 月,衢州市委召开了文化工作会议,出台了《关于打造文化高地金名片的实施意见》,对品牌专班赋予了打造文化高地金名片的职能,使两者融为一体。2022 年 5 月,衢州市委、市政府召开打造四省边际中心城市工作推进会,部署开展城市发展"十大专项"行动。从那时开始,品牌专班先后在长三角、珠三角、京津冀等重点地区举办衢州城市主题推介会,城市宣传语亮相上海中心、广州塔、天津之眼。还联合各部门单位创新"城市＋"主题推介模式,放大城市品牌＋产业＋文旅＋人才招引的整体效应。联合城市发展"十大专项"行动推进办,举办"通航城市进衢州"系列活动,推动文和友、望仙谷、陶陶居等 120 多名知名品牌主理人、文旅达人、投资业主来衢州走访考察,洽谈合作。联合全球最大的比萨饼连锁品牌必胜客,推出联名系列活动,在北京、上海、杭州、天津、广州等地开设了 17 家必胜客南孔文化主题餐厅,2800 多家门店推出联名套餐,累计赠送 28 万套带有衢州城市品牌元素的应援套装。在各部门的齐心合力下,衢州市的城市品牌知名度不断提升,引领作用不断显现。

在一系列建设城市品牌措施的实行下,"南孔圣地·衢州有礼"城市品牌营销系列案例在第五届博鳌旅游传播国际论坛上斩获 2020 年度品牌营销唯一金奖;2023 年 5 月,衢州市"南孔文化季"品牌活动入选 2022 年全国城市品牌创建十大经典案例;衢州在 2023 年第三次跻身中国城市品牌百强榜(地级市),位列全国第 33 位,创历史最好成绩。"南孔圣地·衢州有礼"城市品牌将衢州最具特色、最富代表性的文化元素深度融合,很好地彰显了衢州独特的城市精神和价值主张,在发展中更好地促进了儒学文化的传承与弘扬,也切实有效地提升了城市品牌的辨识度、显示度,给其他城市作出了很好的示范作用。

高水平创成全国文明城市：打造
"一座最有礼的城市"

　　1995 年,全国文明城市创建活动正式拉开了序幕,此后,全国各地相继启动了文明城市创建工作。文明城市创建是指在城市基础设施、公共服务、社会管理、公众精神和道德建设等方面,通过持续的努力和改进,提高城市的整体文化氛围和品位,使之成为文明、和谐、绿色、宜居的城市。

衢州有礼

　　在全国文明城市创建的大背景下,衢州市具有得天独厚的优势和潜力。全市各级政府和广大群众已经意识到,文明城市建设的意义和必要性。衢州市正在不断加强城市基础设施建设,改善公共服务水平,提高社会管理和公共精神道德素质,为打造文明城市奋斗不息。自 2015 年 7 月全市召开创建全国文明城市动员大会以来,衢州市在全省城市文明程度指数测评中,由 2014年的 660.5 分提高到 2017 年的 827.5 分,每年都有显著提升,于 2018—2020年入选创建周期全国文明城市提名城市,正式获得第六届全国文明城市创建的"入场券"。

自全国文明城市创建以来,衢州始终坚持以人民群众的利益为中心,从惠民的小事干起、从利民的小处改起。2020 年 7 月,衢州市委书记徐文光在创建全国文明城市决胜誓师大会上强调,"全面推进'八个一'有礼系列行动落地落实,全力打造'一座最有礼的城市',决战决胜高水平创成全国文明城市"。2020 年,在第六届"全国文明城市"评选中,衢州市以全国第四名的优异成绩荣获此称号,这是衢州建设"活力新衢州、美丽大花园"进程中的辉煌成就。2021 年在全国文明城市测评中,衢州位列 114 个地级市第一。这些殊荣是衢州市多年来努力的成果,也是全市各界广泛参与、密切配合、共同奋斗的结果。

文明城市建设体现在"硬实力"和"软实力"上。衢州市十分重视城市环境,这是城市文明程度最直接的表现,它按照《衢州市城市市容和环境卫生管理条例》要求,统筹推进"五四三"工作,从十大专项整治工作入手,如"牛皮癣"专项整治、网吧专项整治、学校周边环境专项整治、交通秩序专项整治等。在精神文明建设方面,衢州市以"最多跑一次"改革为龙头,大力推进文明单位创建,大力开展"文明创建·志愿者加油干"学雷锋志愿服务、"衢州有礼·让出文明"万名志愿者文明劝导行等志愿活动,打造"有礼之家""有礼亭""有礼站"等网格化志愿服务实体阵地,有效引导广大市民在实践中提高文明素质。并且连续十一年举办"最美衢州人"十大年度人物评选和颁奖仪式,近年来共评选产生有礼之星(身边好人)720 人,先后涌现出早餐奶奶、最美教师、万少华团队等一批先进典型,最美风尚浸润衢城,善治故事走向全国。在经济、平安、民生、生态四张报表基础上,衢州创新推出"有礼指数"测评体系,在全国率先推出"衢州市'有礼指数'CI 测评体系",并逐步迭代升级为"浙江有礼·衢州先行评价体系"，将礼的文化、礼的规范、礼的要求量化，每季度分类别进行测评排名，构建了多元实绩评价体系，有效推动了城市文明程度的提升。在创建全国文明城市的进程中，衢州各处都发生了巨大的转变，城市环境全面改善，市民素质极大提升，城市魅力不断升华。

自"八八战略"实施以来，衢州市委、市政府主要领导亲自谋划、部署、推动，一任接着一任干、一张蓝图绘到底，突出打造一座最有礼的城市，"衢州有礼"上升为"浙江有礼"。衢州市的文明城市创建，是对城市未来的规划和建设，也是对城市发展方向的引领和支撑。在城市文明建设的过程中，全市各级政府和广大群众密切合作，持之以恒，不断完善城市公共基础设施，优化城市空间布局，构建良好的社会管理体系，提高公民素质和道德水平，为打造文明城市做出积极贡献。衢州将以永远在路上的姿态，发扬创建全国文明城市的精神，巩固创建全国文明城市的成果，实打实地为人民服务，努力打造富有特色的新时代文明生活示范市，让衢州真正成为名副其实的"一座最有礼的城市"。

新时代衢州人文精神：铸精神之魂，聚奋进之力

　　人文精神是指一种特有的价值观念和文化传统，反映出一定历史时期的社会意识和精神追求。每一个地区都会孕育出有自身特色的人文精神。随着时代的变迁，衢州的人文精神也在不断地进行转型和更新。衢州人文精神是衢州人民在厚重历史和独特地理环境下所形成的独特精神，其涵盖了勤劳、诚信、团结、开放、有礼、创新、自信等多个方面。在许多行业和领域中，衢州人文精神也扮演着不可或缺的角色，这也是该城市独特的发展优势之一。

　　人无精神不立，城无精神不兴。中国共产党浙江省第十五次代表大会提出，在高质量发展中奋力推进中国特色社会主义共同富裕先行和省域现代化先行，凝聚广泛共识，擘画壮美蓝图。衢州市第八次党代会以来，在市委宣传部的领导下，经过全员发动、广泛征集、深入研讨、评选论证等过程，总结出了新时代衢州人文精神。2022年7月，中共衢州市委举行以"弘扬新时代衢州人文精神 争当'两个先行'示范窗口"为主题的新闻发布会，正式对外公布了"崇贤有礼、开放自信、创新争先"的新时代衢州人文精神，并提出要大力培育弘扬新时代衢州人文精神，凝聚全市人民万众一心、众志成城的强大合力。

　　"崇贤有礼、开放自信、创新争先"是新时代衢州人文精神核心内涵。这12个字既契合了习近平总书记在浙江工作期间多次对衢州发展作出的重要指示精神，也是贯彻落实省第十五次党代会精神的现实需要；既传承了衢州深厚的文化底蕴，也提振了衢州人干事创业的精气神，为争当"两个先行"示范窗口凝聚精神力量。"崇贤有礼"，体现了衢州人民向上向善、知行合一的人文精神；"开放自信"体现了衢州人胸怀宽广、自强不息的内在素质；"创新争先"，体现了衢州人民勇于开拓、勇创一流的时代精神。三者相辅相成、密不可分。

　　新时代衢州人文精神是衢州文化的精髓，是衢州人民的精神追求和价值信仰，具有鲜明的实践性、传承性、时代性和引领性。作为南孔圣地的衢州，

在孔子儒家思想的熏陶下，孕育了衢州人以德立人、以礼待人的精神品质，涌现出了一大批"最美衢州人"，结出了社会主义核心价值观文明硕果。衢州把弘扬践行新时代衢州人文精神纳入精神文明建设重要内容，结合"浙江有礼·衢州先行"文明新实践行动和全国文明城市创建等工作，推动市民文明素养和城市整体形象的提升。

2018年，衢州市以打造"一座最有礼的城市"为目标，提出"南孔圣地·衢州有礼"城市品牌，营造"人人讲礼，处处见礼"的良好风气。"南孔圣地·衢州有礼"的城市品牌建设，为践行新时代衢州人文精神提供有效的平台载体。城市品牌的凝练，深刻揭示了本地文化的特质、精准提炼了历史文化的资源，对衢州文化发展作了清晰的定位，也是弘扬新时代衢州人文精神的重要基础和载体。为了更好地发挥典型引领的示范作用，经过广泛推荐、反复遴选，衢州聘任16位新时代衢州人文精神代言人，他们来自各行各业，有在外打拼多年、取得卓越成绩的著名乡贤，有为衢州经济社会发展作出重大贡献的新衢州人，有为"工业强市、产业兴市"作出突出贡献的企业家，还有文化工作者代表、基层工人农民代表、"最美衢州人"代表等，目的就是通过实施理论阐释、新闻传播、文明践行等六大行动，发挥示范效应，带动全社会掀起弘扬践行新时代衢州人文精神的新热潮。2023年5月—7月，衢州发起新时代衢州人文精神国际表达全球征集活动，共有56个国家和地区参与，收到作品9600多件，人民日报、新华社、央视、"学习强国"学习平台等700多家国内外媒体广泛报道，全网点击量突破1亿。同时，还征集评选并发布了新时代衢州人文精神十佳践行案例，启动新时代衢州人文精神践行月系列活动，通过深层次解读、多角度宣传、全方位践行新时代衢州人文精神，汇聚起推动衢州高质量发展的磅礴力量。

新时代衢州人文精神已逐渐融入衢州人民的日常生活与行为习惯，推动衢州城市实力的全面提升。衢州人文精神是衢州文化的灵魂和核心价值，也是衢州人民的精神追求和价值信仰，必须坚持与时俱进地赋予其新的内涵，使之适应时代的发展。唯有将衢州人文精神继承与弘扬下去，才能推动衢州文化的繁荣与发展，提升衢州市的文化软实力和综合实力。

8090 新时代理论宣讲:唱响新时代"青春之歌"

"青年强,则国家强。当代中国青年生逢其时,施展才干的舞台无比广阔,实现梦想的前景无比光明。"①习近平总书记在党的二十大报告中勉励广大青年坚定不移听党话、跟党走,怀抱梦想又脚踏实地,敢想敢为又善作善成,立志做有理想、敢担当、能吃苦、肯奋斗的新时代好青年,让青春在全面建设社会主义现代化国家的火热实践中绽放绚丽之花。

龙游县"8090 新时代理论宣讲团"宣讲员开展宣讲活动

---

① 习近平.高举中国特色社会主义伟大旗帜 为全面建设社会主义现代化国家而团结奋斗——在中国共产党第二十次全国代表大会上的报告[M].北京:人民出版社,2022:71.

当代青年要用"青春之我"和"奋斗之我"来书写"青春之歌",担负起沉甸甸的使命,把历史的接力棒传递下去。衢州"8090新时代理论宣讲团"正是顺应时势,与时俱进,用青年人的眼光与思想,学习理论,领悟原理,用通俗易懂的语言、喜闻乐见的形式传播新时代新思想新理论,展示出了新时代年轻人积极向上的精神风貌。这是一次新时代创新理论有效传播的生动实践。

党的十八大以来,习近平总书记高度重视青年和青年理论武装工作,强调要"把理想信念建立在对科学理论的理性认同上"。2020年6月,习近平总书记对衢州市"8090新时代理论宣讲团"作出重要批示,充分体现了总书记对青年理论宣讲工作的关心关注。① 衢州牢记总书记的殷殷嘱托,全域化体系化高质量推进8090新时代党的创新理论宣讲工作,努力培养在讲好党的创新理论中堪当民族复兴大任的时代新人。

衢州"8090新时代理论宣讲团"发端于龙游以年轻人为主体的团队,其逐渐被社会所熟知所认可,受到人民群众的普遍欢迎,一时间风靡三衢大地。8090新时代理论宣讲涵盖的领域和范围很广,不仅涉及经济、文化、生态、社会主义核心价值观等多个方面,还涉及教育、医疗等民生问题。在理论宣讲中,政府和社会各界不仅可以传播具体的政策和理论,还可以营造良好的社会氛围和文化氛围,为构建和谐社会和文明城市作出重要贡献。随着经济社会的快速发展,衢州市在加快创建全国文明城市的进程中,"8090新时代理论宣讲团"成了一种新的推动力。因此,衢州积极推动党的创新理论"飞入寻常百姓家",2020年,衢州"8090新时代理论宣讲团"获得习近平总书记重要批示,现已成为浙江宣传工作的一张金名片。2023年年底,全市共有青年宣讲队伍100多支,注册宣讲员1.2万余名,开展宣讲5万余场,受众逾630万人次。

开展新时代理论宣讲工作,既是学习贯彻习近平新时代中国特色社会主义思想的重要抓手,又是培养担当民族复兴大任的时代新人的有效途径。衢州市积极开展8090新时代理论宣讲工作,精心选拔一批青年宣讲员组建

---

① 浙江省习近平新时代中国特色社会主义思想研究中心(执笔:陈谦、朱宇翔、倪佳凯、周俊).在讲好党的创新理论中培养堪当大任的时代新人[J].红旗文稿,2022(19).

"8090"理论宣讲队伍,举办"8090"新时代理论宣讲比赛优化丰富内容体系,走进农村、社区、企业等基层去拉近与群众之间的距离,用心讲好故事,传播"时代声音"。"8090新时代理论宣讲团"是走好新时期党的群众路线的创新举措。这要求宣讲团成员在学习中宣讲,在宣讲中学习,既学习理论知识,又学习实践经验,使宣讲言之有物、言之有理,让自己的"讲得清"化为广大群众的"听得懂",让自己的"讲得好",化为广大群众的"记得牢",用深入浅出的语言宣传习近平新时代中国特色社会主义思想的实质和核心要义,推动党的创新理论"飞入寻常百姓家"。

党的二十大召开以来,衢州市委宣传部组织策划了"奋进新征程 礼堂大学习"群众性宣传教育活动。按照"一县一品"结合本地实际的宣传宣讲导向,衢州全市以农村文化礼堂阵地为载体,迅速掀起学习宣传贯彻党的二十大精神热潮。柯城区华墅乡上墅村文化礼堂开展"礼敬二十大 共赴新征程"专题宣讲,乡8090宣讲员以案例分享+现场互动的形式,从多角度谈体会、话未来。衢江区湖南镇湖南村文化礼堂开展"踔厉奋发,笃行不息"——阅读党的二十大报告主题系列活动,旨在深入学习贯彻党的二十大精神,将党的声音传播到基层。衢州市全县都在紧跟党中央的脚步,按照市委、市政府的规划,落实好各项乡村振兴政策,提高农村群众对党的二十大精神的理解和认识,让党的最新理论创新成果在基层落地生根,不断强化群众的思想认同、价值认同。2022年,衢州市开展2万多场党的二十大精神和习近平总书记系列重要讲话精神宣讲活动,10场名师工作室分享活动。衢州市委机关"有礼先锋"宣讲团、"三衢新声代"宣讲团被评为全省基层理论宣讲成绩突出集体。

"8090新时代理论宣讲团"现已经迭代为"8090+",进一步推动理念创新、路径创新、机制创新,已逐步向"00后"乃至"10后"拓展,打造以老带新、薪火相传的宣讲队伍。截至2023年8月,已吸纳"00后"宣讲员1000余人。他们注重把宣讲工作与衢州贯彻"八八战略"、践行"八大嘱托"、推进"八大任务"等中心工作结合起来,把党的创新理论传遍衢州大地,用青春声音传递青春力量,引导更多人成为党的新时代理论的坚定信仰者、积极传播者、忠实践行者,推动衢州大发展快发展高质量发展。

最美人物选树:最美榜样照亮前行路

　　衢州是孔子嫡系后裔的世居地,这里山清水秀、人文荟萃、民风淳朴。这一方好山好水,孕育和滋养了一个个崇德向善、古道热肠的衢州好人。

　　2011年盛夏,65岁老人占祖亿救起溺水少年,自己却沉入江中,人们称赞他是"最美爷爷"。这一年寒冬,陈霞、姜文、江忠红三位老师,用一种"无论你在哪里,我们都要找到你"的坚定和执着,挽救了因煤气中毒、命悬一线的学生一家三口,他们被誉为"最美教师"。2012年的春天,17岁的少女徐雨文因病去世,她的母亲徐萌仙在承受丧女之痛的同时,无偿捐献出女儿的器官,让4名病患者重燃生命之火,他们被称为"最美一家人"。此外,还有"最美村官""最美护士""最美警察""最美大学生""最美干部"等一系列"最美",各具特色,可敬可亲。

　　他们,或见义勇为,或助人为乐,或诚实守信,或孝老爱亲,或敬业奉献;或许已为我们熟知,或许依然默默无闻。他们身上汇聚着道德的力量,彰显了好人的风采,让我们为之感动和振奋。他们,用质朴平实但义薄云天的行为和精神,激荡人心,熏陶世风,使践行社会主义核心价值观变得具体而生动。这些发生在平凡之中、体现于危难之际的"最美",不仅为我们提供了可信可学的"草根"示范,更体现着衢州人民共同打造道德高地、实现精神富有的不懈努力和显著成效。一时间,衢州"最美现象"层出不穷,和谐友爱蔚然成风,并逐渐衍化为一种共同发现和弘扬真善美的社会风尚。2012年下半年,衢州市委宣传部组织开展了"做最美衢州人——我们的价值观"大讨论问卷调查,收到有效问卷3360份,83.3%被调查者曾参与过道德实践活动,"最美教师""最美爷爷"等感人事迹几乎家喻户晓。

　　衢州市委、市政府自2012年以来开始举办"最美衢州人"活动,把培育弘扬社会主义核心价值观作为关系全局的重要工作来抓,引导广大人民群众要有善心、做善举、行善事，争做最美人物，为全国文明城市创建出一份贡献。

衢州"最美人物"合影

　　衢州最美人物在各行各业纷纷出现，与区域特色文化的积淀有密切关系。衢州市最美人物评选在不断发展中，逐渐形成了一种独特的文化现象，这不仅是衢州市文化发展的重要组成部分，也是人民群众追求精神文明、感受社会正能量的重要方式。衢州最美人物评选是一项具有重要意义的活动，其意义不仅仅在于表彰那些有杰出贡献、品德高尚、形象突出的人物，更在于推动社会、文化、政治、经济等各方面的发展。

　　十几年来，三衢大地上不断涌现出一批先进人物，涌现出许许多多的"最美"事迹：中国最美乡村、江山市大陈村支书汪衍君带领大陈村村民苦干实干，让"后进村"成了"后劲村"，实现曾经作出的"富民强村"的庄严承诺；常山县新桥小学前山教学点教师张启良克服各种孤寂和困难，独自坚守深山40年，为山里娃编织着美好梦想，将自己的青春奉献给了山区的教育事业；开化县林山乡霞湖村村民詹正卫忍痛将年仅17岁因脑出血身亡的儿子詹新诚的器官和遗体无偿捐献，成为衢州市首位同时捐献器官和遗体的志愿者；衢州市文化馆研究馆员毛芳美发起"毛芦芦文学点灯"行动，每月深入衢州各社区、山村、文化礼堂和中小学校,给老百姓和中小学生做文学公益讲座、亲子公益讲座,传递精神力量……衢州最美人物的事迹就是践行社会主义核心价值观的生动写照,"崇贤有礼、开放自信、创新争先"的新时代衢州人文精神在这些平凡而伟大的群众身上熠熠生辉。

衢州最美人物是这个城市最为闪亮的精神文化名片,是这个城市的文化和形象展示。衢州最美人物评选作为城市品牌建设的一个重要组成部分,得到了市委、市政府的高度关注,责成新闻媒体做立体式、全方位的报道,扩展和延伸最美人物宣传路径和渠道,通过微博、微信等网络媒介普及推广,使最美人物的事迹得以迅速传播,让社会主义核心价值观传播更为便捷,直抵人心。除了举办"最美衢州人"年度评选外,衢州市每月还有"最美衢州·身边好人"的评选活动,让最美人物的影响力无处不在、无时不有。在理论层面,也邀请专家们深入挖掘最美人物的精神内涵,同时,针对身边的最美人物,创作文艺节目,开设专题专栏,为社会创造一个良好的舆论环境。从首届"最美衢州人"十大年度人物颁奖盛典起,人民日报、新华社、中央电视台等主流媒体持续关注衢州最美现象,仅 2013 年,衢州最美人物就四上央视《新闻联播》,在全省乃至全国都引起了很大的反响。

一大批草根英雄走上舞台,用他们的凡人善举诠释衢州人文精神,感染着衢城百姓,在他们的感召下,崇德向善蔚然成风,越来越多的人加入到"最美"之中来。在未来的发展中,衢州市将继续重视发扬衢州市最美人物评选的精神,不断完善和推进评选活动的各项工作,深入推进社会主义核心价值体系建设,激励广大市民为建设美好衢州作出积极贡献,展示出衢州的城市形象和文化底蕴,推动衢州经济社会全面发展。

深挖烂柯文化：一"棋"向未来

　　山不在高，有仙则名。衢州烂柯山不仅是浙江省重点名胜风景区，而且是"王质遇仙，观弈烂柯"传说的发生地，被誉为"围棋仙地"。北魏郦道元的《水经注》有记载：晋代樵夫王质到石室山砍柴，遇见二童子下围棋，就在一旁认真观看，一局都还没结束，他的斧柄就烂了。王质赶回村里才知已过了数十年。浙江衢州的烂柯山就此与围棋结下深厚的情缘，"烂柯"成为围棋的代称。

第一届"衢州烂柯杯"世界围棋公开赛决赛

　　围棋自古以来是中华优秀传统文化的一颗明珠，承载着中华民族的文化自信。党的二十大，习近平总书记把增强文化自信摆在了更加突出的位置。

发源于中华文化的围棋正是中华文明的文化精髓,需要衢州人民发扬光大。

衢州市认真贯彻落实习近平总书记关于"两子文化"的重要指示,积极挖掘特色文化内涵,打造"两子"文化品牌,推进特色文化标识建设。这"两子"指的就是孔子文化和棋子文化,是衢州特色文化的两大要素,也是衢州对外宣传的"金字招牌"。对待"两子"文化,衢州市两只手一起抓,摆在同等重要的位置一起规划和发展,使得南孔文化在三衢大地扎根,围棋事业在衢州正蓬勃发展。将围棋和衢州发展结合是衢州市委、市政府的一招"妙手",依托这一特色文化资源,衢州与中国围棋协会深度合作,连续举办 9 届"衢州·烂柯杯"中国围棋冠军赛,多次承办全国围棋锦标赛、全国围棋甲级联赛等一系列大型围棋赛事。"衢州·烂柯杯"中国围棋冠军赛是中国围棋首次以"围棋仙地"烂柯山命名的重要赛事,每两年举行一届,影响深远,受到人民日报、新华社、中央电视台等各大知名媒体的高度重视。这不仅广泛提升了衢州的知名度,而且大力推动了中国围棋的发展。

为了大力弘扬"两子文化",推动烂柯围棋文化在柯城重重落地,2019 年 8 月 22 日,衢州市柯城区与多个公司进行签约,正式与"围棋人工智能产业联盟"建立战略合作伙伴关系,为中国围棋事业、产业和文化发展贡献力量。次日,又正式与中国围棋协会签约,继续冠名 2020 年中国围棋之乡联赛,推动烂柯围棋走出国门、走向世界。

衢州市委、市政府对中国围棋事业的发展具有高瞻远瞩的眼光,为发展围棋事业提供了新高度新市场。衢州在 2021 年率先建成了全国首家国际围棋文化交流中心、首个国家围棋队地方集训基地和中国青少年职业围棋棋手训练基地,为中国和世界围棋的发展作出重要贡献。其创新性举措还体现在与围棋有关的立法方面,《衢州市围棋发展振兴条例》自 2022 年 4 月 1 日起在浙江省衢州市正式实施,这是中国首部涉围棋的地方性法规,也是体育项目发展振兴的条例,从制度层面保障了围棋事业的高质量发展。同时,衢州市政府一直持续开展围棋进校园等活动,为围棋立法奠定基础;还创办了全国第一个围棋少体校,推动青少年围棋人才的体系化、专业化。2022 年 8 月,第一届"衢州烂柯杯"世界围棋公开赛在衢州举办,这是中国主办的首项每年一届的世界围棋公开赛,在全国乃至世界产生了重要影响。同年11月16日,衢州市烂柯围棋文化委员工作室揭牌仪式在衢州国际围棋文化交流中心举行,为进一步向基层延伸、助力建设"世界围棋圣地"搭建了一个全新平台,让围棋走进更多人的视野,普及宣传中国围棋文化。

在国内外交流合作方面,衢州市政府站在围棋事业发展的新起点上,促进国际围棋文化深度交流。2023年5月5日,"亲情中华·与'子'偕行"首届烂柯文化国际学术研讨会在衢州学院举行,来自全国各地的专家学者开展了热烈的学术研讨,将衢州烂柯围棋文化作为对外交流的重要窗口,把"世界围棋圣地"这张金名片擦得更亮。

近年来,衢州系统挖掘、开发烂柯围棋文化,按照"世界围棋看中国,中国围棋看衢州"的目标定位,大力推广围棋这"一项最有礼的运动",实施一系列促进围棋发展的举措,形成了一批重大标志性成果。未来,衢州将继续加快高质量建设"世界围棋圣地",做实烂柯围棋文化产业,打造具有全球影响力的围棋文化传播桥头堡,推动烂柯围棋文化走进群众、走向全国、走向世界。

参考文献

[1] 本报评论员."面对面"方能"心贴心"[N].衢州日报,2022-05-25(01).

[2] 本书编写组.干在实处 勇立潮头:习近平浙江足迹[M].杭州:浙江人民出版社,北京:人民出版社,2022.

[3] 本书编写组."八八战略"的理论逻辑与时代价值[M].杭州:浙江人民出版社,2023.

[4] 本书编写组.八八战略[M].杭州:浙江人民出版社,2018.

[5] 本书编写组.中国特色社会主义政治经济学十五讲[M].北京:中国人民大学出版社,2016.

[6] 陈家俊,姚晴佩,朱珊.常山"早上好"兴村品牌入选全省第二批共富最佳实践案例[EB/OL].常山发布,2022-12-25.

[7] 陈璇,姜函,姜霁轩,等."把大变化写进新村志":从浙江白沙村看中国乡村巨变[N].澎湃新闻,2022-10-12.

[8] 段涵,吴康平.盈川打造初唐特色民俗风情文化未来乡村[N].衢州日报,2022-06-02.

[9] 范良银,蓝水高.南孔圣地 衢州有礼:档案见证衢州市牢记嘱托奋力打造"一座最有礼的城市"[J].浙江档案,2021(1):12-14.

[10] 方利军,刘畅,柴建明,等.打开衢州追赶跨越新通道:"八八战略"实施二十周年系列综述之一[N].衢州日报,2023-07-10.

[11] 方利军.科技小院:驻扎在窄窄的田埂上[N].衢州日报,2023-08-01.

[12] 葛锦熙,舒俊.打造交通惠民富民新样板:常山县建设"四好农村路"纪实[N].衢州日报,2023-08-02.

[13] 龚艳平,王媛.浙皖闽赣"联盟花园"出实招 "四叶草"绽放四省边际[N].江西日报,2021-07-21(01).

[14] 顾志鹏.创新之花美丽绽放 人保财险衢州市分公司探索绿色保险发展纪实[N].浙江日报,2017-09-22(013).

[15] 郭海峰,龚晓峰,张正浩.衢州:深度融合蓄能启航 有礼之城开启新篇[N].浙江日报,2023-05-19(021).

[16] 韩怿,毛瑜琼.绿色金融擦亮高质量发展底色[N].衢州日报,2023-01-20(01).

[17] 洪恒飞,王霞君."链"就六大产业 浙江衢州要当工业发展"后劲生"[N].科技日报,2023-04-07.

[18] 胡晨敏,付小飞,徐林."山"呼"海"应唱响发展协奏曲:"八八战略"实施二十周年系列综述之六[N].衢州日报,2023-07-17.

[19] 胡承槐,胡文木.浙江精神与"八八战略"[M].北京:中共中央党校出版社,2020.

[20] 胡翀.从做加法到做减法,变"群众跑腿"为"数据跑路"衢州:"最多跑一次"改革的先行者[N].浙江工人日报,2018-09-21(01).

[21] 胡静漪,汤天承."碳账户"让绿色低碳转型有据可依[N].浙江日报,2022-06-17(03).

[22] 胡宗仁.吴华军:渔家乐"鲟"得共富路[N].衢州日报,2023-06-02.

[23] 黄浩.创建全国文明城市需要长效管理机制[N].衢州日报,2019-05-18.

[24] 黄欢,邱雄军.常山县交通共富指数居全省山区26县第一[N].衢州日报,2023-06-11.

[25] 蒋洋凯,余一鸣,周瑜,等.共富看开化 生态经济篇:做优"生态经济",走好"生态共富"路[EB/OL].开化发布,2023-03-28.

[26] 康岩.提升治理实效 建设平安城市[N].人民日报,2021-11-03.

[27] 柯兰."一次都不用跑"更加彰显民生情怀[N].衢州日报,2023-02-01(03).

[28] 柯兰.期待科技小院成为农业发展好帮手[N].衢州日报,2023-06-14.

[29] 柯兰.新时代村规民约需要与时俱进[N].衢州晚报,2023-07-07.

［30］蓝晨,毛柳元,2023.全国第一背后的"硬核"逻辑［N］.衢州日报,2023-7-7(02).

［31］蓝晨,祝斌斌.大格局撬动旅游大发展:"挺进桥头堡"系列综述(六)［N］.衢州日报,2023-02-18(01)(04).

［32］蓝晨.打造城乡共享共荣新场景:"八八战略"实施二十周年系列综述之四［N］.衢州日报,2023-07-13.

［33］蓝晨.衢州"碳账户"缘何频频被高端关注［N］.衢州日报,2023-04-25(04).

［34］李晓霞.加快浙皖闽赣国家生态旅游协作区建设［N］.中国文化报,2022-03-14.

［35］李啸.迈向开放开发新征程:"八八战略"实施二十周年系列综述之二［N］.衢州日报,2023-07-11.

［36］李欣宁,徐露霞,徐俊灵.新昌乡达塘村:"头雁"引领 奔走在乡村振兴路上［EB/OL］.常山发布,2020-06-26.

［37］刘青.我们村的"共富路":郭塘村共富路上开满"幸福花"［EB/OL］.常山发布,2022-06-04.

［38］罗培剑,金晓伟,等.三衢南孔地 奋建桥头堡［M］.杭州:浙江大学出版社,2023.

［39］吕楠,王强.增强价值共创能力推进政务服务增值化招［N］.衢州日报,2023-07-29.

［40］毛慧娟.奋力开创法治衢州建设新局面:科学立法、严格执法、公正司法、全民守法［N］.衢州日报,2022-12-15(08).

［41］毛慧娟.着力打造市域社会治理现代化试点城市 推动更高水平的平安衢州建设［N］.衢州日报,2022-03-31(04).

［42］毛瑜琼.人保财险:创新绿色保险 为绿水青山筑起保险屏障［N］.衢州日报,2022-02-25(03).

［43］梅玲玲.禾川科技上市！山区26县首家科创板上市企业为何诞生在龙游？［N］.浙江日报,2022-04-28.

［44］钱关键,汪宇.潮起钱江源:钱江源国家公园探索体制试点创新［N］.浙江日报,2020-10-14(12).

［45］邱文冬,2023.打造高质量就业创业体系 探索共同富裕就业工作新模式［N］.衢州日报,2022-07-23.

［46］衢州日报.一村"红"带动一片"红" 上安红高粱酿出边际"共富酒"［N］.衢州日报,2021-11-11.

［47］衢州日报评论员.持续擦亮新时代"三民工程"金名片［N］.衢州日报,2023-07-06.

［48］衢州市委依法治市办.蹄疾步稳开新局:法治浙江建设的衢州实践［N］.浙江日报,2021-04-19(012).

［49］沈晶晶.改革,决定命运的关键一招［N］.浙江日报,2023-06-27.

［50］施力维,钱祎.筑平安,2023.此心安处是我乡［N］.浙江日报,2023-7-5.

［51］孙心悦,梁浩翔.落好"两子文化"发展先手棋［J］.浙江人大,2022(4):72-73.

［52］汪诚,梅新然.衢通四省向未来［N］.衢州日报,2023-02-26.

［53］汪基建,吴麟煜.衢州:抓民生促平安 抓平安保民生［N］.浙江法治报,2022-04-02(04).

［54］汪江渔,周洋,周小莉,等.笑语盈盈"盈川渡"［N］.衢州日报,2022-09-17.

［55］王春,2023."县乡一体 条抓块统"激发治理新活力,衢州全力推进社会治理现代化［N］.衢州日报,2022-08-03.

［56］王继红,鄢财宝,冯霞.从百亿元到二千亿元的衢州答卷:"八八战略"实施二十周年系列综述之三［N］.衢州日报,2023-07-12.

［57］王霞君.浙大衢州双向奔赴,校地合作结硕果:青年人才集聚,四省边际崛起技术创新中心［N］.浙江日报,2023-06-26.

［58］王毓慧,周芸.衢州被列入全国首批"绿水青山就是金山银山"实践创新基地［N］.衢州日报,2017-09-22(02).

［59］伟平."三民工程"要常做常新［N］.衢州日报,2023-07-23.

［60］习近平.之江新语［M］.杭州:浙江人民出版社,2007.

［61］新昌乡政府.常山微改精提:油茶强镇 红旅之乡:"微改造 精提升"助力郭塘村美丽蝶变［EB/OL］.常山文旅体资讯,2022-12-12.

［62］徐聪琳,方思远.十二年驰而不息"落"一子［N］.衢州日报,2023-04-03.

［63］徐建国,于山,钱关键.三民工程做百姓的满意工程［N］.浙江日报,2023-08-11.

［64］徐敏.汇聚奋进新征程的精神力量:"八八战略"实施二十周年系列综述之八［N］.衢州日报,2023-07-19.

［65］徐双燕,刘青,姚雪,等.激活绿色发展新动能:"八八战略"实施二十周年系列综述之五［N］.衢州日报,2023-07-14.

［66］徐文光.衢州:全力打造"一座最有礼的城市"［J］.政策瞭望,2018(6):16-19.

［67］徐文光.让衢州有礼行动成为高质量发展新引擎［J］.绿色中国,2020(9):18-21.

［68］徐颖之.电子科大长三角研究院启用,浙江省无线电产业基地揭牌［N］.衢州日报,2022-07-16.

［69］徐颖之.衢州吉利三电系列项目全面开工［N］.衢州日报,2022-07-19.

［70］杨益波.伟大变革·新发展理念实践案例⑦丨"两山合作社"的常山实践［N］.中国经济时报,2022-08-31(05).

［71］杨钰莹."规"出善治 "约"出文明:看浙江省衢州市上洋村如何用好村规民约［N］.农民日报,2023-04-13.

［72］游欢欢,余劼,杨晓辉,等.抓党建促共富丨音坑乡下淤村:筑强山水之基,奔蝶变振兴之路［EB/OL］.开化组工,2023-05-11.

［73］于建福,施萍,盛雄生,等.传统与创新交融 文化与时代偕行［N］.衢州日报,2023-06-12.

［74］于山,钱弘慧.衢州构建企业家意见诉求直通机制 亲清半月谈 政企双向通［N］.浙江日报,2022-05-24(01).

［75］于山,肖国强,方金.衢州以历史最高分摘得国际花园城市桂冠:"绿色奥

斯卡"的启示[N].浙江日报,2019-04-17(06).

[76] 余蕾,蓝萦,戴郑.艺术乡建|文艺奏响下淤村"共富"强音[EB/OL].衢
州文艺,2022-09-14.

[77] 余秋格.常山县徐村村全力推进微改造,助力提升景区村旅游品质[EB/OL].
衢州文旅,2021-12-04.

[78] 余云全,朱灿,2022.常山"两山合作社"搭建共同富裕"桥"和"船"[N].
中国改革报,2022-12-22(7).

[79] 则正.再创体制机制新优势[N].衢州日报,2023-07-10.

[80] 张曌.共富路上"常"奏"山海协作"交响曲[EB/OL].常山发布,2022-08-
29.

[81] 章正,陆健.说说"礼"韵蔚然的南孔文化[N].光明日报,2023-05-31.

[82] 赵凯怡,周俊,张君怡.音乐剧《南孔》深度打磨再亮相[N].衢州日报,
2023-11-04.

[83] 赵璐洁,潘泓璇.只刷一次卡,就医报销全搞定[N].浙江日报,2022-10-
18(10).

[84] 浙江干部培训教材编审指导委员会."八八战略"与中国特色社会主义
在浙江的实践[M].杭州:浙江人民出版社,2020.

[85] 浙江省社会科学院课题组.践行"八八战略"建设"六个浙江".北京:社
会科学文献出版社[M].杭州:浙江人民出版社,2018.

[86] 浙江省思想政治工作研究会课题组.先进典型在社会主义核心价值观建
设中的作用:"最美衢州人"主题宣传实践活动为例[J].思想政治工作
研究,2018(3):29-30.

[87] 郑菁菁,符之欣.以环境之"优"谋发展之"进":"八八战略"实施二十周
年系列综述之七[N].衢州日报,2023-07-18.

[88] 郑菁菁.富美乡村入画来:"衢州有礼"诗画风光带巡礼[N].衢州日报,
2020-06-12(01).

[89] 郑小琼,徐媛.浙江衢州:"多部门"变"一扇门"县乡一体激发基层治理
新灵感[N].法治日报,2023-04-19.

［90］之江轩.解码:"八八战略"为什么行［M］.杭州:浙江人民出版社,2023.

［91］中共中央党史和文献研究院,中央学习贯彻习近平新时代中国特色社会主义思想主题教育领导小组办公室.习近平新时代中国特色社会主义思想专题摘编［M］.北京:中央文献出版社,党建读物出版社,2023.

［92］中共中央党史和文献研究院.习近平扶贫论述摘编［M］.北京:中央文献出版社,2018.

［93］中共中央国务院关于支持浙江高质量发展建设共同富裕示范区的意见［M］.北京:人民出版社,2016.

［94］中共中央文献研究室.习近平关于社会主义经济建设论述摘编［M］.北京:中央文献出版社,2017.

［95］习近平.习近平著作选读(第一卷、第二卷)［M］.北京:人民出版社,2023.

［96］中央党校采访实录编辑室.习近平在浙江(上、下)［M］.北京:中共中央党校出版社,2021.

［97］习近平.习近平谈治国理政(第四卷)［M］.北京:外文出版社,2022.

［98］周慧静.推动社会信用体系建设 打造衢州营商环境"金名片"［EB/OL］.(2019-12-05)［2023-10-11］.中宏网,https://www.zhonghongwang.com/show-189-160198-1.html.

［99］周芸.医保"心"服务 打出便民组合拳 暖心 贴心 细心 用心 上心［N］.衢州日报,2022-04-29(06).

后　记

　　20 年来,衢州深入践行习近平总书记的殷殷嘱托,在"八八战略"指引下,经济社会各领域改革发展取得突破性进展,实现了全方位、系统性、深层次的精彩蝶变。本书梳理总结"八八战略"实施以来三衢大地发生的巨变,充分展示衢州加快打造十个"桥头堡"、建设四省边际中心城市、争当"两个先行"示范窗口的生动实践、鲜活案例和精彩蝶变;从市域层面有力印证了"八八战略"的真理力量和实践伟力,为习近平新时代中国特色社会主义思想在浙江萌发实践提供了生动案例和鲜活样本。

　　在"八八战略"实施 20 周年之际,中共衢州市委宣传部基于与衢州学院马克思主义学院共建机制,委托我撰写本书。本书撰写得到了衢州市委宣传部、衢州市社会科学界联合会、各县(市、区)委宣传部、智造新城宣传部、智慧新城宣传部的大力支持,在此表示诚挚的感谢。在广泛调研和收集资料(包括图片)过程中,我得到了诸多单位和个人的热心帮助,深刻感受到了新时代衢州人文精神浸润了城市的每一个角落,衢州确实"是一座最有礼的城市"。在此对衢州市委组织部、纪委、发改委、政法委、国资委、改革办、营商办、农业农村局、生态环境局、文化广电旅游局、统计局、交通局、经信局、科技局、司法局、教育局、体育局、银保监局、医保局、妇联、开化县钱江源国家公园管理局及本书中涉及的公司、企业、村镇等单位,以及对本书撰写提供资料与帮助的个人表示衷心的感谢。

　　本书撰写得到了衢州学院马克思主义学院、中共衢州市委党校、中国计量大学马克思主义学院和中国农业大学马克思主义学院师生的大力支持,在此深表感谢。书中所用图片由中共衢州市委宣传部宣教处、理论处及各县

（市、区）宣传部提供，在此特别感谢，并对许军、吴石忠、刘芸等摄影师及其他未知名的摄影师表示衷心感谢。

由于时间仓促、水平有限，书中难免存在疏漏与不足，敬请广大读者批评指正。

李　芳

2023 年 12 月